"一带一路"营商环境法治研究丛书
"The Belt and Road" Legal Research Series on Business Environment

丛书主编：王莹莹

中亚营商环境法治研究系列

塔吉克斯坦营商环境法治研究

Research on the Rule of Law in the Business Environment of the Republic of *Tajikistan*

主编 - **贾同乐**
副主编 - **刘吉堂　陈凌云**

中国民主法制出版社
全国百佳图书出版单位

图书在版编目(CIP)数据

塔吉克斯坦营商环境法治研究 / 贾同乐主编. 北京 : 中国民主法制出版社, 2025. 6. --("一带一路"营商环境法治研究丛书 / 王莹莹总主编). -- ISBN 978-7-5162-3994-0

Ⅰ. D936.522.94

中国国家版本馆 CIP 数据核字第 2025WN0970 号

图书出品人：刘海涛
责 任 编 辑：陈 曦 贾萌萌
文 字 编 辑：刘 照

书名/塔吉克斯坦营商环境法治研究
作者/贾同乐 主编

出版・发行/中国民主法制出版社
地址/北京市丰台区右安门外玉林里 7 号（100069）
电话/（010）63055259（总编室） 63058068 63057714（营销中心）
传真/（010）63055259
http：//www.npcpub.com
E-mail：mzfz@npcpub.com
经销/新华书店
开本/16 开 730 毫米×1030 毫米
印张/15.25 **字数**/261 千字
版本/2025 年 8 月第 1 版 2025 年 8 月第 1 次印刷
印刷/北京建宏印刷有限公司

书号/ISBN 978-7-5162-3994-0
定价/99.00 元

“一带一路”营商环境法治研究丛书

指导单位

陕西省司法厅

主办单位

西北政法大学

新疆政法学院

编写单位

西北政法大学“一带一路”营商环境研究院

西北政法大学民心相通研究交流中心

商桥（西安）信息咨询有限公司

丛书国别主编及编写人员

《乌兹别克斯坦营商环境法治研究》

主　编： 刘卫锋

副主编： 卢文捷　郑嘉欣

编写组： 卢石宏　刘　洁　曹珂欣　魏亦欣　白　鑫　金羽珩　王乐田　聂荷珍　陈子玥　舒良缘　郭若卉

《哈萨克斯坦营商环境法治研究》

主　编： 贺小丽

副主编： 贺帅帅　江　海

编写组： 罗世琦　郭　菲　闫昱洁　宇文雅　唐　琪　张　懿　赵怡宁　陈　颖　马　楠　陈俊希　叶　娟　张　恒

《塔吉克斯坦营商环境法治研究》

主　编： 贾同乐

副主编： 刘吉堂　陈凌云

编写组： 刘宏刚　范　涛　陈梦琦　华伟聪　曾　卓　刘甫霖　李　露　耿　申　张琪文　韦一杭

《吉尔吉斯斯坦营商环境法治研究》

主　编： 汤　强

副主编： 孔得建　向　东

编写组： 杜　昆　许海龙　肖　扬　胡家榛　陆星宇　刘豆豆　廖　桐　刘季恒　牟苑双　孙宇杰

《土库曼斯坦营商环境法治研究》

主　编： 李思思

副主编： 李　洋　李泽西

编写组： 郭　帅　赵　亮　赵　敏　崔仪韵　韩佳雪　白雪玉　刘芳妤　郝秋蕾　程涵婧　乔文茹

总　序

“天下熙熙，皆为利来；天下攘攘，皆为利往。”熙攘繁荣的市场图景以成熟营商环境为描绘基础，我国北宋时期破除坊市、包容恤商，造就《清明上河图》中描绘的“八荒争凑、万国咸通”盛况。当今世界，全球经济格局正经历深度调整，“一带一路”倡议的纵深推进为欧亚大陆注入了新动能，中亚五国——哈萨克斯坦、乌兹别克斯坦、吉尔吉斯斯坦、塔吉克斯坦、土库曼斯坦凭借其地缘枢纽地位、资源禀赋与市场潜力，正成为跨国投资与区域合作的热土。在此背景下，有关中亚五国营商环境成熟度的考察、评估与分析，俨然成为“一带一路”营商环境法治研究的重要命题。

根据世界银行《营商环境报告》（*Doing Business*，2020）曾以量化指标勾勒出的营商环境“区域画像”，中亚五国整体建设水平呈现梯度化趋势。哈萨克斯坦是中亚地区营商环境建设的先驱者与领跑者，其借助国内《国际商事仲裁法》实现与《联合国国际贸易法委员会国际商事仲裁示范法》的接轨，吸引了众多跨国企业选择该国作为跨境争议解决的仲裁地。乌兹别克斯坦蓄势待发，自其推行全面经济改革以来，得益于放宽外资准入、建设自贸区、数字化服务等政策，营商环境优化效果显著。吉尔吉斯斯坦和塔吉克斯坦在改善营商环境方面亦有成效，如吉尔吉斯斯坦创新“破产预警监测系统”，以技术赋能提升公共服务效率与质量；塔吉克斯坦通过加大力度吸引外资推动国内基础设施建设。土库曼斯坦近几年在公共服务、外资准入、关税改革等领域不断推进营商环境优化。

中亚五国由于地理环境、历史传统、宗教习俗、语言文化等因素，其法律体系与我国有共同点，也存在差异，这种差异会给相互之间的商贸往来带来障碍。鉴于此，西北政法大学“一带一路”营商环境研究院聚焦营商环境法治建设，编纂中亚五国营商环境法治研究系列丛书，紧扣世界银行《营商环境成熟度报告》（*Business Ready*）指标，以法治评估为主线，宏观上萦绕营商主体“准入—兴业—退出”的全法律生命周期，微观视角下紧密联系“市场参与度、公共服务获取、劳动者保护、反垄断与反不正当竞争、税收政策”等外商投资标准，分《哈萨克斯坦营商环境法治研究》《乌兹别克斯坦营商环境法治研究》《吉尔吉斯斯坦营商环境法治研究》《塔吉克斯坦营商环境法治研究》《土库曼斯坦营商环境法治研究》五册展开国别研究；从国情背景着手，立足于详实的法律文本、立法动态、世界银行数据及典型案例分析，通过系统解析中亚五国营商环境的法治要素，力求客观完整地诠释中亚地区营商环境的法治化现状，从而为学术研究者、政策制定者及企业投资者提供兼具理论深度与实践价值的参考与指南。

当“一带一路”倡议架起法治互联互通之桥，丝路商道焕发法治新貌，中亚五国正以法治为经纬，共同编织起地区安全与发展的时代锦缎。五部曲的付梓，不仅是对中亚法治图景的学术描摹，更是一份面向未来的承诺：让法治成为破除偏见、消弭冲突的桥梁，让合作成为超越分歧、共创繁荣的纽带。正如习近平总书记指出的：“法治是最好的营商环境。”在这条通向现代化的文明之路上，我们愿以法为舟，以信为帆，推动实现更加强劲、绿色、健康的全球发展，培育全球发展新动能，构建全球发展共同体。

是为序。

西北政法大学党委副书记、校长

范九利

前　言

当今世界正经历百年未有之大变局，为了推动普惠包容的经济全球化的浪潮，我国坚持推进高质量共建“一带一路”，不断深入与“一带一路”沿线地区和国家的交流，着力推动对外投资合作高质量发展，推动基础设施互联互通，贸易投资便利化和区域经济一体化，为共建国家提供了新的发展机遇。

塔吉克斯坦位于中亚的十字路口，是古丝绸之路的重要节点。作为“一带一路”的重要节点，自 2013 年加入“一带一路”倡议以来，其凭借独特的地理位置和资源储备，成为连接欧亚大陆的关键枢纽，吸引了来自中国及国际社会的广泛投资与合作。塔吉克斯坦的经济发展与对外开放战略依托于其地缘政治定位与资源矿产储备。作为中亚水资源最丰富的国家，塔吉克斯坦拥有整个中亚 60%的水资源储量，人均水资源拥有量位居世界首位，众多的河流为水能开发提供了丰富的资源。同时，塔吉克斯坦的矿产资源十分丰富，拥有铝矿、煤矿、银矿、锑矿、锡矿、金矿等各种金属与非金属储备，这些资源为该国的经济发展提供了坚强的物质基础。同时，该国拥有 1027 万人口（2024 年），劳动力资源丰富，为工业化发展提供了充足保障。然而，尽管坐拥丰富的资源储备，由于工业化程度以及技术问题，资源利用率却很低。经济发展面临各种问题，如基础设施建设较为落后、债务挑战艰巨、制度相对落后等。塔吉克斯坦政府也认识到了这些问题，近年来一直在为优化营商环境采取一些举措。

在此背景下，关注塔吉克斯坦营商环境的法治建设十分必要，研究该国营商环境法治现状对我国投资者的进入和制定商业版图尤为重要。塔吉克斯坦的法治建设是在传统遗留与现代交流借鉴中碰撞和交织的。塔吉克斯坦的法律体系既承袭苏联时代的法典化传统，又在独立后注入伊斯兰法和国际法元素；既追求与国际商事规则接轨，又保持着强烈的本土化特征。在“一带一路”倡议的推动下，塔吉克斯坦政府近年来积极修订了《投资法》《劳动法》等关键法规，并积极加入一系列国际公约，以此来增强外资吸引力。然而，法律文本与实施之间仍存在较大差距，如行政程序冗余效率不高、司法独立性的不足以及执行困难等问题，使得塔吉克斯坦营商环境法治建设仍面临诸多挑战。

为了研究塔吉克斯坦的营商环境法治状况，本书首先广泛收集了塔吉克斯坦的相关法律法规、政策文件以及国内外学者的研究成果，还原塔国的现状以及法治环境，解析塔吉克斯坦现行法律法规在整体框架和重点问题上的规定；其次围绕营商环境多个维度的问题，结合监管框架、公共服务和效率等方面，全面评估营商环境的优劣，并结合案例揭示法律实践中的争议问题；最后立足塔吉克斯坦的主要产业，解读塔吉克斯坦营商环境的规范细则。本书一方面可以为中国企业进入塔吉克斯坦提供法律风险防范指南，助力其在塔吉克斯坦市场的稳健经营；另一方面可以为塔吉克斯坦政府优化营商法律环境提供政策参考，从而推动“一带一路”倡议下的中塔合作迈向更高水平。

目　录

第一章　塔吉克斯坦共和国概况

一、历史发展

塔吉克斯坦的历史可追溯至两千多年前，其地理位置处于中亚十字路口，是古丝绸之路的重要节点。早在公元前 2 世纪，塔吉克斯坦（中国古代称为“粟特”地区）就是东西方商业贸易和文化交流的重要媒介，通过丝绸之路，佛教由印度经中亚传入中国。公元前 1 世纪，汉朝与西域的交往越来越密切，塔吉克斯坦地区开始与中国建立贸易和外交联系，汉朝使者张骞的“开通西域”行动，进一步巩固了中亚与中原的纽带。虽然后来汉朝对中亚的直接控制力逐渐减弱，但所发展起来的文化技术交流成果已经渗入到当地的历史长河之中。

公元 7 世纪，阿拉伯帝国东征，将伊斯兰教带入中亚，中亚地区逐渐伊斯兰化，不过当地文化并未被完全同化，而是与阿拉伯—波斯文化深度融合。公元 9 世纪至 10 世纪，萨曼王朝的建立标志着塔吉克民族主体文化的形成，其语言习俗体系基本确立。公元 10 世纪至 13 世纪，这里先后被纳入伽色尼王朝与花剌子模王朝的版图，后来遭受蒙古的军事入侵。14 世纪至 15 世纪归属帖木儿后裔统辖，16 世纪起成为布哈拉汗国的组成部分。步入近现代，1868 年沙俄对北部地区兼并，十月革命后，苏维埃政权于 1917 年至 1918 年间在北部建立，到 1918 年末达到全境覆盖控制。1924 年，因为行政区划分的变化而正式成立塔吉克自治共和国，并隶属于乌兹别克苏维埃社会主义共和国，到 1929 年成为苏联的一个加盟共和国。1991 年 9 月 9 日以塔吉克斯坦共和国之名正式独立。当下，塔吉克斯坦积极参与欧亚地区安全架构建设与区域经济合作。其是多个重要国际组织的成员，是独联体、集体安全条约组织、欧洲安全合作组织、北约“和平伙伴关系”计划、伊斯兰合作组织、上海合作组织、亚洲相互协作与信任措施会议（简称亚信会议）成员国。①

① 参见商务部对外投资和经济合作司等编：《对外投资合作国别（地区）指南：塔吉克斯坦》（2024 年版），第 2 页，载商务部“走出去”公共服务平台，https://www.mofcom.gov.cn/article/gb-dqzn，2025 年 2 月 12 日访问。

塔吉克斯坦在 1992 年与我国建交；2013 年 5 月建立了战略伙伴关系；2017 年进一步提升为全面战略伙伴关系；2023 年两国宣布构建世代友好、休戚与共、互利共赢的命运共同体。[①] 在全球化的背景下，塔吉克斯坦作为中国第一批签署政府间合作文件的国家，与我们一起携手踏上了“一带一路”这一伟大征程。在现有的利好形势下，两国经济互补共进，中国拥有的先进产能与前沿技术恰恰是塔吉克斯坦实现蓬勃发展亟须的重要动力，未来双方在经贸合作上存在着无限可能。

二、人文概况

（一）人口

塔吉克斯坦全国总人口截至 2024 年 3 月为 1036 万人。[②] 人口聚集程度较高的城市主要有杜尚别、库利亚布、胡占德以及曾被叫作库尔干秋别的波赫塔尔等。生活在塔吉克斯坦的华人数量大概有 1 万人，他们主要分布在杜尚别、胡占德、哈特隆州等区域。

（二）民族

塔吉克斯坦是一个民族构成丰富多样的国家，境内总共有 86 个民族。其中塔吉克族的人口数量居于首位，大约占全国人口的 85%以上，乌兹别克族的人口占 13%左右，俄罗斯族的人口占 1%。除此之外，塔吉克斯坦还生活着鞑靼族、吉尔吉斯族、乌克兰族、土库曼族、哈萨克族、白俄罗斯族、亚美尼亚族等多个民族。在塔吉克斯坦定居的华人数量稀少，他们主要从事小本经营、餐饮服务以及种植、养殖等行业，经济状况较好。

（三）语言

塔吉克斯坦国语为塔吉克语，属于印欧语系伊朗语族。通用语是俄语，此外还流行乌兹别克语。英语在塔吉克斯坦并未得到良好普及，近些年来，塔吉克斯坦学习中文的人员有所增加。

---

① 参见《中国同塔吉克斯坦的关系》，载中华人民共和国外交部网，https：//www. mfa. gov. cn/web/gjhdq_ 676201/gj_ 676203/yz_ 676205/1206_ 676908/sbgx_ 676912/，2025 年 2 月 28 日访问。

② 参见《塔吉克斯坦国家概况》，载中华人民共和国外交部网，https：//www. mfa. gov. cn/web/gjhdq_ 676201/gj_ 676203/yz_ 676205/1206_ 676908/1206x0_ 676910/，2025 年 2 月 12 日访问。

（四）主要节日

新年：1 月 1 日；纳乌鲁斯节（中东及中亚国家的穆斯林春节）：3 月 21—26 日；战胜德国法西斯纪念日：5 月 9 日；民族统一日：6 月 27 日；独立日：9 月 9 日；斋月：9 月（伊斯兰历）；开斋节：10 月第 1 天（伊斯兰历）；宪法日：11 月 6 日；古尔邦节：12 月 10 日（伊斯兰历）。

（五）货币

索莫尼（1 美元约合 10.91 索莫尼）。

（六）行政区划

塔吉克斯坦共分为 3 州 1 区 1 直辖市：索格特州（原列宁纳巴德州）、哈特隆州、戈尔诺—巴达赫尚自治州、中央直属区和杜尚别市。杜尚别，这座新兴的城市，其起源可追溯至十月革命后，由久沙姆别等 3 个昔日荒僻的小村落逐渐发展而来。1925 年起称市，1961 年改名为杜尚别，1991 年 9 月塔吉克斯坦独立后自然成为国都。杜尚别是集政治、经济、科学文化、教育中心于一体的国家中心城市，全市又细分为西诺区、伊斯莫伊利—索莫尼区、绍赫曼苏尔区和菲尔达夫锡区。其他主要经济中心城市有：胡占德市、博赫塔尔市、霍罗格市，主要产业有加工业、采矿业和农业。

（七）文化教育

塔吉克斯坦的教育体系在很大程度上延续了苏联时期的免费义务教育模式。全国中小学校共 3991 所，在校学生共 230 万人。塔吉克斯坦全国现有各类高等学校 39 所（包括分校），主要有：塔吉克斯坦国立大学、塔吉克斯坦技术大学、塔吉克斯坦师范大学、斯拉夫大学、胡占德大学、塔吉克斯坦商业大学、塔吉克斯坦农业大学、塔吉克斯坦医科大学、库尔干秋别国立大学等。现有各类学科研究机构 56 所，中等职业技术学校（包括分校）74 所。①

（八）科学技术

坐落在首都的塔吉克斯坦科学院是塔吉克斯坦的最高科研机构，它始建于 1951 年，之前是苏联科学院的分院。科学院系统内设 4 个分部及 23 个科研

① 参见《塔吉克斯坦国家概况》，载中华人民共和国外交部网，https：//www. mfa. gov. cn/web/gjhdq_ 676201/gj_ 676203/yz_ 676205/1206_ 676908/1206x0_ 676910/，2025 年 2 月 12 日访问。

院所，分别是：第一，物理、数学、化学及地质学分院。主要研究数学、物理技术、天体物理学、化学、地质、地震、水问题、水力发电及生态等学科。第二，生物和医学科学分院。主要研究植物学、动物学和寄生虫学、植物生理学和遗传学等学科。第三，社会科学分院。主要研究历史学、考古学、语言学、经济学、法学、东方学和遗产学等学科。第四，医学和制药学分院。

（九）医疗体系

塔吉克斯坦尚未建立起医疗保险制度体系。在药品供应方面，除了医院、医疗机构在援助基础上免费提供少量药品外，其他药品都必须前往药房自行采买。塔吉克斯坦卫生系统财政支持比较薄弱，资金来源主要依靠国家的有限补贴和国际组织的帮助维持运转。向塔吉克斯坦提供卫生医药援助的主要国际组织和机构有伊斯兰发展银行、世界卫生组织、联合国儿童基金会、联合国人口活动基金会、日本减贫基金会、美国国际发展署等。

截至 2023 年 12 月 1 日，塔吉克斯坦医疗卫生系统预算拨款总额为 28.78 亿索莫尼（约 2.65 亿美元），占 GDP 的 2.2%。目前，塔吉克斯坦主要传染性疾病包括急性肠道感染和急性病毒性肝炎。

（十）社会媒体

1. 通讯社

塔吉克斯坦拥有多家有影响力的通讯社，包括霍瓦尔通讯社、亚洲快讯通讯社、瓦罗鲁德通讯社以及阿维斯塔通讯社。其中，霍瓦尔通讯社是国家通讯社，地位比较特殊，成立于 1993 年，承担着传递官方信息、塑造国家形象等重要责任。亚洲快讯通讯社和阿维斯塔通讯社都是私人通讯社，先后于 1996 年和 2003 年成立，员工规模约 20 人左右。瓦罗鲁德通讯社同样为私人性质，2000 年创办，受欧洲安全合作组织资助，主要关注费尔干纳盆地的情况，在地区新闻报道方面具有一定专业性。在这些通讯社中，目前仅有塔通社在国际视野上迈出了更大的步伐，在德国、俄罗斯、土耳其等地派驻记者，以便向国内群众传递更加广泛的全球动态。

2. 报纸媒体

截至 2023 年 7 月的数据显示，塔吉克斯坦官方已登记注册的杂志种类多达 149 种，报纸出版社更是达到了 165 家，其中独立出版社占据了 66 家。当地主要报纸种类繁多，各具特色，例如，《亚洲快讯报》和《杜尚别晚报》属于私人媒体；《人民报》则由昔日的塔共中央报转型为如今的塔吉克斯坦政府报；而《人民论坛报》则是执政党（人民民主党）的官方党报。

3. 广播媒体

塔吉克斯坦共有 15 家主要广播电台，其中国有电台 1 家，独立电台 5 家。1993 年成立的 VATAN 国家广播电台，以塔吉克语为唯一播出语言，成为传播本土文化和信息的重要窗口。亚洲快讯广播电台和自由广播电台都是私人电台，主要为当地的俄语听众服务，全天用俄语广播，其中后者是 2004 年由俄罗斯人投资建立的。需要指出的是，塔吉克斯坦所有电台均不采用短波频率，因此，在境外无法收听到这些电台的节目。

4. 电视媒体

目前，塔吉克斯坦注册的国有电视公司数量少于私营电视公司。其中，国家电视台规模最为庞大，每天会分别用俄语和塔吉克语播放 8 小时的节目，在传播国家信息、文化交流等方面发挥着重要作用。塔吉克斯坦的独立电视台由于没有自己的发射设备，通常需要租用国家电视台的频道来播出他们制作的节目。

（十一）社会治安

在社会治安方面，塔吉克斯坦的情况相对稳定。该国不存在反政府武装组织，并且法律明确禁止居民持有枪支。塔吉克斯坦社会治安总体良好，但仍存在各类犯罪现象。2023 年全国共发生犯罪案件 21319 起，与上一年相比，案件数量减少了 5.2%，没有直接针对中国企业或公民的恐怖袭击以及绑架事件发生。截至 2024 年 7 月底，塔吉克斯坦境内没有发生针对中国企业或华人的游行、示威和人身攻击等不良行为，为在塔的中国群体营造了相对安全的环境。

三、宗教习俗①

塔吉克斯坦作为伊斯兰教主导的国家，全国约 80%以上人口信奉伊斯兰教。教派构成呈现明显地域特征：在穆斯林群体中，属于逊尼派的超过 85%，其余 5%左右的什叶派伊斯玛仪支派多集中在帕米尔地区，其他信仰的居民还包括基督教、犹太教、巴哈伊教以及东正教的成员等。在塔吉克斯坦的农村，人们以农耕为主，畜牧业基本上是定点饲养，游牧现象较为少见。塔吉克斯坦有自己本土的宗教领袖（穆夫提），普通百姓常常前往清真寺进行礼拜。婚嫁庆典、丧葬仪式以及男孩子 5 岁前举行的割礼，都是塔吉克斯坦人热情好

---

① 参见《塔吉克斯坦民间习俗》，载中华人民共和国商务部网，http://tj.mofcom.gov.cn/tggk/art/2015/art_1fbc0ed069cd4d94aaddd4fdf093fef4.html，2025 年 2 月 12 日访问。

客、重视社交的体现，这些场合都会邀请亲朋好友欢聚一堂。总之，塔吉克斯坦的文化深度融合了伊斯兰传统与民族特色，人们对伊斯兰教的恪守和对自然、历史的尊重，渗透到了生活的方方面面。

（一）穿着

塔吉克斯坦政府官员及商务人员一般着西装。塔吉克人传统的民族服装以保暖的棉衣和轻便的夹衣为主，设计实用而不拘泥于季节变换，体现了他们对自然环境的适应和尊重。男性着宽松白衬衫灯笼裤，外边披一件大长袍，腰间系腰带或方巾，头戴绣花小帽或缠头巾，足蹬软皮靴。女性着丝绸质地的灯笼裤长衬衫，外罩彩色裙，头上围着白纱巾或绸巾，有些头戴小绣花帽，出门帽子上会套一块大方头巾。一般情况下，她们佩戴珠子、珊瑚项链、手镯、耳环等饰物。

（二）饮食

塔吉克人的饮食构成与制作方式反映了其经济状况、生活习惯以及民族特性。按照传统习俗一日三餐中，人们早晨吃馕配奶茶，中午吃面条，晚上吃肉。在农区主要是以面食为主，辅以奶肉，在牧区人们以奶类和面食为主。抓饭、烤包子、焖肉、牛肉汤是塔吉克斯坦的代表性食物，砖茶、绿茶、红茶是塔吉克人喜爱的饮品，他们喝茶时通常伴以干果、甜点等。

由于塔吉克人信仰伊斯兰教，在他们的餐桌上，羊肉、牛肉、骆驼肉较为常见，而猪、马、驴、狗、熊等动物的肉则被列为禁忌。适合食用的动物在屠宰时需要进行祷告，对于那些未经屠宰便死去的动物，通常成年男性不会食用其肉，但女性和儿童可以食用。在禽类当中，鸡、鸭、鹅等是常见的美食，乌鸦和猛禽却不被食用，所有动物的血也都在禁食范围之内。塔吉克人并不忌讳烟和酒，不过禁止在酒后做出违反教规的行为。

（三）居住

考虑到地震因素，塔吉克斯坦的建筑物多为平房和多层楼房，高层建筑数量较少。在过去，居住在平原和山前地带的人，住房多是用土坯和泥掺草筑墙的平顶房，如今都基本换成了砖瓦房。室内的布置依旧保留着传统特色，别致的花鸟和精美的图案普遍绣在帐幔、被罩、餐巾、枕巾、手巾等织物上。

（四）社交

塔吉克人讲究礼节，尤其是老人更加重视。晚辈与长辈见面时都要毕恭毕敬地打招呼，亲朋好友见面时都互相握手、抚须，遇见不相识的人，也要面含微笑，双手拇指相叠，送上祝福的问候语。在日常交流中有些忌讳，比如用手指人讲话是不礼貌的、交谈时不许摘下帽子、递东西和食品要用右手。

塔吉克人对鹰充满崇拜，他们认为鹰具有不屈不挠的英雄品格。塔吉克人崇尚白色，视白色为完美与纯净的象征；还喜欢绿色，认为绿色是幸福美好的化身。他们对食品十分重视，严禁乱倒踩踏食品，尤其是忌讳扔踏食盐。禁止骑马穿过羊群或接近主人的羊圈，禁止用脚踹羊及其他动物，否则是十分不礼貌的行为。[①]

四、自然环境

（一）地理位置

塔吉克斯坦是中亚东南部的一个内陆国家，其地理位置处于北纬 36°40’至 41°05’、东经 67°31’至 75°14’之间，国土总面积达 14.31 万平方公里。该国境内山地广布，山地面积大约占据了国土总面积的 93%，因而有着“高山国”的美誉。

在邻国接壤方面，塔吉克斯坦的东部和东南部与中国新疆相接，两国边境线长度为 430 公里，从塔吉克斯坦首都杜尚别到中国边境口岸的距离是 1009 公里。南部与阿富汗相邻，边境线长度为 1030 公里，首都杜尚别距离阿富汗边境仅 185 公里。西部与乌兹别克斯坦接壤，边境线长达 910 公里，杜尚别距离乌兹别克斯坦西部口岸仅有 70 公里。北部则与吉尔吉斯斯坦相连，边境线长度为 630 公里，杜尚别到边境城市卡拉梅克的距离为 368 公里。

在时区上，塔吉克斯坦属于东 5 时区，当地时间比格林尼治时间要早 5 个小时，而与北京时间相比则晚 3 个小时，该国不实行夏令时制度。[②]

（二）气候条件

塔吉克斯坦气候呈现典型的大陆性特征。在降水方面，冬春之际降水较为充沛，以雨雪形式为主；而夏秋时节则干燥少雨。其年降水量大致处于 150 至 250 毫米区间。就气温而言，1 月时，平均气温维持在-2℃。到了 7 月，平

---

① 参见本书编委会编：《企业对外投资国别（地区）营商环境指南：塔吉克斯坦（2020）》，第 7 页，载中国国际贸易促进委员会网，http://www.ccpit.org/，2025 年 1 月 3 日访问。

② 参见商务部对外投资和经济合作司等编：《对外投资合作国别（地区）指南：塔吉克斯坦》（2024 年版），第 2—3 页，载商务部“走出去”公共服务平台，https://www.mofcom.gov.cn/article/gbdqzn，2025 年 2 月 12 日访问。

均气温在23℃至30℃之间波动。夏季时，极端高温情况可达40℃；而冬季遭遇极端低温时，最低气温能降至-20℃。[①]

（三）自然资源

水资源方面，塔吉克斯坦水资源储量丰富，在全球水资源格局中地位显著。其水资源总量约占整个中亚的60%，在世界排名第八位，人均水资源拥有量位居世界首位，但其实际开发量不足其实际拥有量的10%。该国水源主要依赖冰川融水，境内河网密布，水系发达。主要有阿姆河流域、泽拉夫尚河流域和锡尔河流域三大水系，为水资源的分布和利用奠定了基础。境内河流众多，长度500公里以上的有4条，阿姆河—喷赤河长921公里，泽拉夫尚河长877公里，瓦赫什河长524公里，锡尔河长110公里；长度在100至500公里的河流多达15条。众多的河流为水能开发提供了丰富的资源。此外，塔吉克斯坦的湖泊资源也较为丰富，最大的湖泊是凯拉库姆湖，它对调节当地生态环境起着重要作用；最高的湖泊恰普达拉湖海拔4529米，是独联体最高湖，这些湖泊不仅是独特的自然景观，也在水资源储备方面发挥着一定作用。

矿产资源方面，该国矿产资源种类繁多，已探明有50多种矿物质，涵盖金属与非金属矿产。金属矿产优势突出，银矿储量近10万吨，拥有世界著名的第二大银矿区——大卡尼曼苏尔银矿区；锑矿在独联体国家中占据领先地位，在亚洲仅次于中国和泰国；铅锌矿储量在中亚地区占据主导地位，仅大卡尼曼苏尔和阿尔登—托普坎两矿区已探明储量就超过10亿吨。金矿资源也十分可观，总储量达600多吨；锡矿初步探明储量两万吨，主要分布在泽拉夫尚河谷和帕米尔南部。非金属矿产方面，已探明140处建材原料矿，其中40处已经开采，这些矿产为生产砖、水泥等建材提供了充足的原料保证，对国内建筑行业的发展至关重要。在能源矿产领域，石油和天然气储量分别为1.13亿吨和8630亿立方米，80%的储量位于东南部地区，其余20%在北部地区。但由于资源埋藏较深，大多在7000米以下，且缺少战略投资商，导致开发困难，95%以上的石油及天然气仍依赖进口。相比之下，煤炭资源相对乐观，共发现40处煤矿床及成矿显示，正式登记21处，预测总储量约45.98亿吨，其中焦煤储量近13亿吨，无烟煤储量515万吨，且煤炭以露天开采为

① 参见《塔吉克斯坦的气候条件》，载中华人民共和国商务部网，https：//tj.mofcom.gov.cn/tg-gk/art/2016/art_ac7725c5f66e42daa1ad946f7fd4d7f0.html，2025年2月10日访问。

主，开采条件较好。[①]

五、政治环境

（一）政治制度

1. 宪法

1999年9月26日，塔吉克斯坦以全民公决方式通过新《宪法》，对1994年11月的《宪法》进行了修改。新《宪法》明确规定在塔吉克斯坦建立世俗、民主、法治国家，实行总统制。总统作为国家元首、政府首脑和武装部队的统帅，由全民直接选举产生，每届任期7年。2003年6月22日，全民公决通过宪法修正案，规定2006年11月6日重新举行总统大选，新任总统每届任期7年，可连任一届。2016年5月，再次通过全民公决修宪，总统可无限期连任，同时总统候选人最低年龄限制由35岁降为30岁。

2. 议会

塔吉克斯坦议会采用两院制，由上院（马吉利西·米利，意为民族院）和下院（马吉利西·纳莫扬达贡，意为代表会议）组成，是国家最高代表机关和立法机关。上院设33个议席，其中25名议员由各州、市、区人民代表大会间接选举产生，另外8名议员由总统任命，任期5年。上院的主要职能包括确定、修改、撤销国家行政区划；根据总统提议选举和罢免宪法法院院长、副院长，最高法院院长、副院长，总检察长、副总检察长等。下院设有63个议席，其中41名议员按地方选区由选民选出，22个由党派选举中得票率超过5%的党派推选，任期5年。下院主要负责组建选举及全民公决委员会，就法律草案提请全民公决、批准国家经济和社会发展计划、批准获取和发放国家贷款、批准总统令等。议会通过立法和监督等职能，在国家政治生活中发挥着重要作用，是国家治理体系的重要组成部分。[②]

3. 政府

2020年11月3日，拉赫蒙总统任命了新一届政府成员。新一届政府成员调整不大，科希尔·拉苏尔佐达留任总理。政府机构包括外交部、国防部、

---

① 参见商务部对外投资和经济合作司等编：《对外投资合作国别（地区）指南：塔吉克斯坦》（2024年版），第3—4页，载商务部“走出去”公共服务平台，https://www.mofcom.gov.cn/article/gbdqzn，2025年2月12日访问。

② 参见中国国际贸易促进委员会法律事务部、中国经济信息社编著：《“一带一路”国别法律研究（第三辑）：塔吉克斯坦》，新华出版社2018年版，第4—5页。

内务部、司法部、经济发展与贸易部、财政部、交通部、能源与水资源部、工业与新技术部、文化部、教科部、卫生与居民社会保护部、农业部、劳动、移民与居民就业部、国家安全委员会、国家投资与国有资产管理委员会、国家土地管理与大地测量委员会。

4. 司法机构

包括宪法法院、最高法院、最高经济法院、军事法院、总检察院、军事检察院及各地方法院和检察院。

5. 军事

塔吉克斯坦武装力量于1993年2月23日组建。武装部队由陆军、机动部队、空军、特种部队、空降兵、防空部队、总统国民警卫队和安全部队（内务警察和边防军）组成。①

（二）主要党派

塔吉克斯坦主要有七个党派，各党派在政治理念、组织架构、发展历程及政治影响力等方面存在差异，它们在塔吉克斯坦的政治舞台上发挥着不同作用，共同推动着国家的政治发展进程。

1. 人民民主党

1994年12月10日成立，起初名为“人民党”，1997年6月更名为“人民民主党”。该党纲领旨在团结社会力量参与国家管理，发展多种所有制经济，改善民生，保障公民权利，建设民主法治国家。优先任务包括巩固民族和解、推进政治经济改革、打击犯罪与极端主义等。现有党员约46万人，在全国广泛分布。在2020年选举中赢得50.4%的选票，在议会下院占12个席位，影响力较大。党主席由拉赫蒙总统自1998年4月担任至今，在国家政治生活中占据重要地位，对国家政策制定和发展方向有着关键影响力。

2. 共产党

1924年成立，历史悠久。1991年“八一九”事件后停止活动，同年9月21日更名为“社会党”，1992年1月19日恢复原名。其目标是团结社会各阶层，以社会主义和共产主义为导向，运用马克思列宁主义思想成果，捍卫劳动人民利益。主张巩固多种所有制，建立市场经济，发展能源、交通和高新

① 参见商务部对外投资和经济合作司等编：《对外投资合作国别（地区）指南：塔吉克斯坦》（2024年版），第6页，载商务部“走出去”公共服务平台，https://www.mofcom.gov.cn/article/gb-dqzn，2025年2月12日访问。

技术，提高就业率，缩小贫富差距。然而，在 2020 年 3 月议会下院选举中未能获得席位。现有党员 4.5 万余名，主席为米·阿布杜洛耶夫，自 2017 年任职至今。尽管目前在议会中无席位，但作为具有深厚历史底蕴的政党，在塔吉克斯坦社会仍有一定的影响力和支持基础。

3. 社会党

1996 年 6 月成立，约有 2.2 万名党员。该党主张社会平等，保障人权，特别关注中下层劳动者权益，反对人剥削人现象。致力于促进法治国家建设，加强民主，改善经济，摆脱经济危机，提高人民生活水平。2004 年 8 月分裂为“纳尔济耶夫派”和“加法罗夫派”，亲当局的“加法罗夫派”在司法部获准注册，以米尔侯赛因·纳尔季耶夫为代表的“纳尔季耶夫派”未取得合法地位。在 2020 年 3 月议会下院选举中，社会党获得 5.15%的选票并得到 1 个席位，在政治舞台上保持着一定的活跃度，代表着部分民众的诉求。

4. 社会民主党

1998 年 3 月成立，以“理智、公正、发展”为发展理念。主张促进社会公平，依法治国，建立民主法治国家，实行多党制，通过与现政权合作推动社会民主和政治法制改革，保障人权和自由。强调保障国家管理和干部选拔制度透明度，推行社会导向的市场经济，反对宗教机构参政。目前约有 7500 名党员，在塔吉克斯坦中部部分城市和区设立支部。在 2020 年 3 月议会下院选举中未获得席位，但作为倡导民主和法治的政党，在推动塔吉克斯坦政治文明建设方面发挥着积极作用，其理念和主张为国家政治发展提供了多元化的思路。

5. 经济改革党

2005 年 9 月在杜尚别成立，同年 10 月 28 日在塔吉克斯坦司法部登记为合法政党。党员约 3.1 万名，主要由高校教师、经济专家学者和中小企业家组成。该党主张提升工业在国民经济中的地位，合理利用矿产和能源资源，发展中小企业和私营企业，增强产品竞争力，解决地区发展不平衡问题。在 2020 年 3 月议会下院选举中获得 16.6%的选票并得到 4 个席位，在经济政策制定和推动经济发展方面有一定话语权，为塔吉克斯坦的经济改革和发展提供了专业的建议和推动力量。

6. 民主党

1990 年 8 月成立，宗旨是建立民主社会，保障公民自由和政治经济权利，促进国家独立、统一和民族和解，支持市场经济。但在 1992 年与伊斯兰复兴党共同反对政府，内战爆发后被宣布为非法，主要领导人逃往国外。1994 年

9月分裂为支持政府的“德黑兰派”和反政府的“阿拉木图派”，1999年司法部解除对其活动的禁令。2006年4月民主党内部成立亲现政权的“祖国”党团。在2020年3月议会下院选举中，该党获得5.1%的选票并得到1席位。尽管发展历程曲折，但民主党在塔吉克斯坦政治发展过程中始终是一支不可忽视的政治力量，其内部的分裂与整合反映了塔吉克斯坦政治局势的复杂性。

7. 农业党

2005年10月1日在杜尚别成立，同年11月15日在司法部登记为合法政党。党员约5.5万人，主要由政府农业部门官员、农业专家、研究人员和农民代表组成。该党纲领是建立公民社会，保障社会公正和人权自由，反对分裂主义，维护民族团结。主张发展面向社会的市场经济，将农业作为国民经济优先领域，加强国家经济独立性和粮食自给。在2020年3月议会下院选举中获得16.6%的选票并得到4个席位，在农业政策制定和推动农业发展方面发挥着重要作用，代表了农业领域相关群体的利益和诉求，为塔吉克斯坦的农业发展和农村建设贡献力量。①

（三）政府机构

2020年11月3日，拉赫蒙总统获连任后完成新一届政府组阁工作，政府组成结构如下：

表1-1 政府组成

职务	姓名
总理	科希尔·拉苏尔佐达
第一副总理	霍基姆·霍利克佐达
副总理	马特卢巴洪·萨托里约恩（女）
副总理	苏莱蒙-济约佐达
副总理	乌斯莫纳利·乌斯蒙佐达
外交部长	西罗日金·穆赫里丁
内务部长	拉玛宗·拉西姆佐达
司法部长	穆扎法尔-阿舒里约恩
财政部长	法伊洛金·卡霍尔佐达

① 参见中国国际贸易促进委员会法律事务部、中国经济信息社编著：《“一带一路”国别法律研究（第三辑）：塔吉克斯坦》，新华出版社2018年版，第6—9页。

（续表）

职务	姓名
经济发展与贸易部长	扎夫基·扎夫基佐达
能源与水资源部长	达列尔–朱玛
农业部长	库尔邦·哈基姆佐达
交通部长	阿济姆·伊布罗希姆
工业与新技术部长	舍拉利·卡比尔
教育与科学部长	拉希姆–赛德佐达
卫生与居民社会保障部长	扎莫里金·阿卜杜洛佐达
文化部长	祖尔菲娅·达夫拉特佐达（女）
劳动、移民与居民就业部长	索利哈·霍尔马赫马德佐达
国防部长	舍拉利·米尔佐
国家安全委员会主席	赛穆敏雅季莫夫
国家投资与国家管理委员会主席	苏尔通·拉希姆佐达
国家土地规划与大地测量委员会主席	奥利弗·霍扎佐达

目前，与经贸合作联系较为紧密的塔政府部门包括经济发展与贸易部、财政部、交通部、能源与水资源部、工业与新技术部、投资与国家资产管理委员会等部门。①

六、经济概况

（一）宏观经济

塔吉克斯坦主要收入来源是农业生产、铝材出口和境外侨民汇款。2023年，塔政府积极推进既定国家发展战略，采取系列措施支持工农业发展、推动经济社会数字化等，宏观经济指标稳定向好，经济继续保持增长态势，在经济增长、GDP 结构、财政收支、通货膨胀、就业等多方面呈现出一定特点，同时也面临着债务等挑战。

经济增长：2023 年，塔吉克斯坦国内生产总值为 1307.9 亿索莫尼，实际

① 参见商务部对外投资和经济合作司等编：《对外投资合作国别（地区）指南：塔吉克斯坦》（2024 年版），第 8—9 页，载商务部“走出去”公共服务平台，https://www.mofcom.gov.cn/article/gbdqzn，2025 年 2 月 12 日访问。

增幅达 8.3%。其中工业生产总值较上年增长 12.0%；农业生产总值增长 9.0%；外贸额 83.29 亿美元，较上年增长 13.9%。固定资产投资总额 198.59 亿索莫尼，较上年增长 22.5%。

GDP 结构：2023 年，国内生产总值中工业占比 16.2%，农业占比 24.3%，服务业占比 41.5%，投资占 GDP 的比重为 17.54%，出口占 GDP 的比重为 20.3%。农业和服务业在经济中占比较大，但工业发展迅速，对经济增长的贡献逐渐增加。

财政收支：2023 年，财政收入为 39.79 亿美元，占 GDP 的 32.99%，财政支出 38.07 亿美元，盈余 1.724 亿美元，财政状况有所改善。

通货膨胀率：2023 年通货膨胀率为 3.8%，物价水平相对平稳，经济发展的稳定性有所增强。

失业率：2023 年失业率为 1.8%，截至 2024 年 1 月 1 日，劳动力人口约 263.34 万，较上年增长 2.2%，其中就业人口 258.42 万，无业人口 4.92 万，就业形势相对稳定。

销售总额：2023 年商品零售总额为 561.244 亿索莫尼（约合 51.75 亿美元），较上年增长 13.4%（按本币计），消费市场有所增长。

债务情况：国内债务规模较小且保持稳定，截至 2024 年 1 月 1 日，债务总额超 36 亿美元，比上年增加 1500 万美元，增幅为 0.5%，占 GDP 的 30.2%，其中内债余额为 3.93 亿美元，较上年减少 8.3%。外债余额为 32.43 亿美元，较上年增长 0.46%，主要为长期贷款，用于能源、交通等基础设施建设。外债规模受 IMF 限制，目前塔政府正尝试提高外债比例，以满足大型战略项目建设融资需求，并与 IMF 等国际组织进行磋商。

国际评级：截至 2024 年 8 月，国际评级机构标普将塔吉克斯坦长期本外币信用评级从“B-”上调至“B”，评级展望为“稳定”，这表明国际市场对其经济发展前景的信心有所提升。

（二）重点产业

塔吉克斯坦的重点产业是其经济发展的重要支撑，这些产业依托当地资源和政策，呈现出独特的发展态势，对国家经济增长、就业和贸易有着关键意义。

1. 铝业

塔吉克铝业公司在苏联时期建成投产，该公司的铝业生产是该国的支柱产业，最初设计年产能 51.7 万吨粗铝，近年实际产量 6 万—10 万吨，主要用于出口。2023 年粗铝产量 6.66 万吨，外贸额约 2.444 亿美元。生产原料铝矾土依赖进口，铝锭销往荷兰、土耳其、伊朗等国。近年来，塔吉克斯坦境内发现可提炼优质铝矾土的矿产，正筹备大规模勘探以实现原料国产化。由于国际铝价下滑，产业面临困境，正着力提高产品附加值，限制铝锭出口，提高本地加工率，并采取措施扩大产能。

2. 煤炭工业

煤炭资源丰富，已探明储量约 45.98 亿吨，焦煤质量及储量在中亚居首位，无烟煤按质量等级排名世界第二。以露天开采为主，开采条件良好。但因经济困难，对煤炭开采业投入不足，2023 年烟煤和褐煤开采量均有所下降。为保障能源安全，塔政府出台相关规划，吸引了哈萨克斯坦、英国等国企业合作开发焦煤。

3. 石油天然气业

已探明石油储量 1.5 亿吨，天然气储量 9000 亿立方米，有 100 多处油气点等待勘探开采。2023 年原油开采量下降，石油产品主要从俄罗斯、土库曼斯坦及哈萨克斯坦等国进口。

4. 农牧业

2023 年农牧业总产值达 630.284 亿索莫尼（约合 58.12 亿美元），较上年增长 9.0%，其中种植业产值 433.657 亿索莫尼（约合 39.99 亿美元），畜牧业产值 196.627 亿索莫尼（约合 18.13 亿美元）。然而，资金和技术问题制约着农业的进一步发展。

5. 基础设施产业

基础设施产业主要包括供水排水业和建筑业。在供水排水业方面，城乡供水设施老化，全国仅约一半居民通过供水管道获取生活用水，且 30%的管道严重损坏，而排水系统多为露天，情况更糟。虽利用国际贷款和援助对杜尚别供水系统进行了改造，使首都供水状况有所改善，但其他城市和乡村的供水排水问题依旧突出，是国际援助的重点领域；在建筑业方面，近年来房地产开发建设速度加快，城市面貌显著改变。外国承包商在塔吉克斯坦承包工程的范围广泛，包括居民住宅开发，修路、修桥，承包商业、服务业、医疗部门的房舍建设以及食品加工、轻工业等生产领域的厂房和城市公共设施的建设改造等。

（三）基础设施

塔吉克斯坦在苏联时期属于边远地区，独立后又历经内战破坏，基础设施建设较为落后，在一定程度上制约了国家经济发展。

1. 交通方面

以公路为主，现有 4 条公路干线，以首都杜尚别为中心向周边辐射，2023 年公路货运量和客运量占比均超 94%。铁路总长 950. 7 公里，使用长度 616. 7 公里，部分超期服役，主要承担旅客和货物进出境运输，国内运输依赖公路，且在通行和过境费用等方面受他国制约。主要机场有杜尚别机场、胡占德机场、库利亚布机场，杜尚别机场是最大机场，与多个独联体国家及部分其他国家开通国际航线。因是内陆国家且国内水系不适合航行，无海运和内河航运。

2. 电力方面

水力资源丰富，居世界第八位，共建有近 30 座大、中、小型水电站，总装机容量为 509 万千瓦，还有 3 座热电站。2023 年总发电量为 218. 61 亿千瓦时，但电力年需求量为 230 亿千—250 亿千瓦时，存在缺口。原是中亚电网一部分，后与乌兹别克斯坦电力合作中断，现正推动 CASA-1000 输变电项目，以增加电力出口。

3. 数字基础设施方面

数字基础设施薄弱，网络基础设施建设虽取得进展，但网速较低，随着互联网服务用户数量不断增加，居民上网所占比例约为 54%。移动电话网络基本形成，但农村和偏远山区覆盖不足，5G 建设处于试用阶段。电子商务处在初级发展阶段，制约因素较多。

（四）物价水平

由于塔吉克斯坦经济发展水平有限，国内可生产的产品种类和数量较少，多数商品依赖进口。加之道路交通条件差、交通工具落后，通过邻国领土时需缴纳高额过境费，导致商品运输成本高昂，这些因素共同推高了物价，使得该国总体物价水平较高。

为稳定物价，保障民生，2018 年塔吉克斯坦政府决议通过“关于国家将实施价格调控的基本生活必需品清单”，涵盖面粉、面包、肉类等 16 类生活必需品，由反垄断局负责监督执行。当这些商品价格在消费市场无故上涨 20%时，将进行调控。

近年来，塔吉克斯坦物价波动有所缓和。2021 年，全年物价水平高涨，通货膨胀率达 9%。此后物价逐渐平稳，2022 年通胀率为 4. 2%，2023 年为 3. 8%，较上年同期下降 0. 4 个百分点。2024 年 1 至 6 月，通胀率进一步下降至 1. 9%，其中食品价格上涨 1. 3%，非食品价格上涨 1. 6%，有偿服务价格上涨 4%。这表明该国物价在政府调控和市场自身调节下，逐渐趋于稳定。

2024 年上半年，杜尚别内大型超市部分商品价格如下：一等面粉约 0. 85 美元/公斤、土豆 0. 55 美元/公斤、洋葱 0. 30 美元/公斤、胡萝卜 0. 58 美元/公斤、牛肉 9. 35 美元/公斤、羊肉 10. 22 美元/公斤、瓶装牛奶 1. 87 美元/升，鸡蛋 1. 52 美元/10 个。

（五）经济发展规划

塔吉克斯坦为实现经济的可持续增长和国家的稳定发展，制定了一系列全面且具有针对性的经济发展规划，涵盖多个关键领域，旨在充分利用自身资源优势，推动产业升级，改善民生，提升国家的经济实力和国际竞争力。

1. 能源领域

确保国家能源安全是经济发展的核心任务之一。为此，塔吉克斯坦积极扩大电力生产，大力新建和扩建各类电站，并推进输电线路的建设与现代化改造。同时，全力保障“CASA-1000”高压输电线路和“中亚—中国”天然气管道等重大能源项目的实施，以此加强与周边国家的能源合作，拓展能源市场。此外，还致力于扩大石油、天然气和煤的产量，提升能源自给率。该国将水电开发作为能源发展的重点方向，凭借丰富的水力资源，制定了详细的水电开发中长期规划，目标是成为地区电力出口大国，将阿富汗、巴基斯坦、伊朗等国作为主要目标市场，哈萨克斯坦、印度、俄罗斯、中国等视为潜在市场。

2. 交通领域

塔吉克斯坦把发展交通作为政府工作的重中之重，制定了《2025 年前塔吉克斯坦共和国交通领域发展国家专项规划》。该规划对公路、铁路、航空等多个领域进行了全面部署，明确了各领域短期、中期和长期的发展目标与投资规划，预计总投资额达 99. 2 亿美元。公路方面，以首都杜尚别为中心建设公路干线，加强与周边国家的公路连接；铁路方面，计划对现有铁路进行改造升级，提高铁路运输能力；航空方面，加大对机场建设的投入，增加航线和航班频次。

3. 农业领域

确保粮食安全是农业发展的首要任务。塔吉克斯坦致力于保障农产品自给自足，通过搞好农作物种子生产和育种工作，提高农作物单产，发展畜牧业，增加肉制品和奶制品的产量。同时，注重提高农产品储存技术，减少损失和浪费。政府积极支持农业发展，鼓励外国企业投资农业领域，目前中国企业在塔吉克斯坦从事水稻、棉花、小麦等作物种植，取得了良好的经济效益。

4. 工业领域

为加快实现国家工业化转型，2022至2026年被确定为“工业发展年”。政府积极推动工业部门落实《2030年前塔吉克斯坦共和国工业发展战略》以及相关部门发展规划，如《2025年前塔吉克斯坦共和国有色和黑色冶金发展规划》等。重点发展能源、矿产资源开采和加工、农产品加工等产业，提高工业在国民经济中的比重，增强产品竞争力。

5. 数字经济领域

尽管塔吉克斯坦数字经济处于萌芽阶段，但发展潜力巨大。2019年12月通过《塔吉克斯坦共和国数字经济发展构想》，提出分三个阶段实现数字化转型。2021年10月，经贸部牵头制订《塔吉克斯坦2021—2025年数字经济发展规划》，明确了推动数字经济发展的主要方向，包括构建数字经济法律基础、信息通信资源和数字技术管理体系等。2024年1月，设立创新和数字技术署，以加强数字经济发展、信息和通信基础设施建设。

6. 绿色经济领域

2022年9月，出台《塔吉克斯坦共和国“绿色经济”发展战略（2023—2037年）》，并制定未来三年实施计划，计划投入超过215亿索莫尼。通过出台一系列改革举措，适应气候变化，减少温室气体排放，有效利用自然资源，吸引投资，引进节能技术，加强国际合作。例如，2024年4月起，在建造和改建建筑物时强制使用太阳能电力系统。①

① 参见商务部对外投资和经济合作司等编：《对外投资合作国别（地区）指南：塔吉克斯坦》（2024年版），14—25页，载商务部“走出去”公共服务平台，https://www.mofcom.gov.cn/article/gb-dqzn，2025年2月12日访问。

第二章　塔吉克斯坦共和国法律体系

塔吉克斯坦作为中亚重要国家，其法律体系的演变反映了该国政治、经济、社会和文化的变迁。塔吉克斯坦于1991年脱离苏联独立，作为苏联的加盟共和国，其法系深受大陆法系和苏联传统法律的影响，法制基础是苏联时期所发展的大陆法体系，其法律制度在很大程度上与其他原苏联加盟共和国的法律制度相似。独立后，该国逐步推进法律改革，融入伊斯兰法和国际法元素。本研究为理解塔吉克斯坦法律体系的形成与发展提供了全面视角。

一、法律体系

（一）法律渊源

塔吉克斯坦是一个成文法国家，即以成文法典为核心，司法判决不是其正式的法律渊源。在法典编纂和法律结构方面，塔吉克斯坦沿袭了大陆法系的传统。该国制定了系统的《民法典》《刑法典》《商法典》等，形成了完整的成文法体系。这种法典化的法律结构有利于法律的统一适用和解释，同时也便于公民了解和遵守法律。塔吉克斯坦的重要历史时刻，应属1994年11月6日《宪法》的通过，1994年通过的宪法是塔吉克斯坦法律体系的核心，其法律体系具有宪法至上性的特征。宪法确立了国家的基本原则、政府结构和公民权利，规定了塔吉克斯坦在独立国家地位、政治架构和社会结构方面至关重要的事项，为整个法律体系提供了根本框架。宪法法院的设立进一步强化了宪法的权威，确保了其他法律与宪法保持一致。

自公元7世纪起，伊斯兰教在中亚地区便占据了主导地位，与伊斯兰世界的紧密联系成为这一地区国家的普遍特征。在这一背景下，伊斯兰法曾广泛适用于中亚，并且存在专门执行伊斯兰法的司法机构。公元1336—1405年，蒙古人的统治为塔吉克斯坦地区带来了新的法律秩序，即大蒙古国统一的法律规范，被后人称为“铁木尔法典”。而在东欧剧变、国家赢得独立之后，塔吉克斯坦的法律制度开启了新的篇章；它在继承苏联法律的基础上，逐步构建并发展出了现行的法律体系。这一体系不仅融合了苏联时期的法律精髓，更在独立后的岁月中，根据国家的实际情况和需要进行了一系列的改革和完善。塔吉克斯坦的法律体系归属于大陆法系范畴，与俄罗斯及其他独联体成员国一道，共同构建了独立且自成体系的大陆法系架构。在加入苏联后，塔吉克斯坦遵循苏俄法典的立法模式，逐步摒弃了长期沿用的伊斯兰法。这一转变标志着其法律体系向现代化迈出了重要一步。习惯法在塔吉克斯坦的法律体系中历来占据显著位置，其影响力直至20世纪初才开始逐渐减弱。进入20世纪80年代，塔吉克斯坦的法律体系几乎全盘接受了苏联其他加盟共和国的法律框架，这一时期的法律体系几乎与苏联其他加盟共和国保持一致。塔吉克斯坦作为原苏联加盟共和国，深受苏联法律体系影响，建立了以社会主义法制为基础的法律框架。在塔吉克斯坦自己的新法律和其他法案通过之前，一直适用苏联的法律和其他法令。这一时期，塔吉克斯坦的法律体系高度集中，法律服务于计划经济，司法体系缺乏独立性，强调国家对经济和社会生活的全面控制。如今，塔吉克斯坦的法律渊源已呈现多元化态势，宪法作为国家的根本大法，具有至高无上的法律效力；成文法则为各个法律领域提供了具体的法律规范和指导；同时，习惯法作为历史传统的延续，依然在特定情况下发挥着不可或缺的作用。

（二）独立后的法律改革过程

1991年独立后，塔吉克斯坦开始了法律体系的转型与重构。刚独立的塔吉克斯坦面临建立现代法律体系的迫切需求，开始着手对法律体系进行一系列深刻变革，以适应国家独立后的新形势。这些变革的主导思想包括推动意识形态和政治多元化、发展社会市场经济以及全面扩大并加强个人权利与自由的保障。在这一过程中，该国保留了部分苏联时期的法律制度，同时，逐步引入新的法律理念和制度。独立后的法律改革主要集中在宪法制定、民法、刑法和商法等领域，以适应市场经济和民主政治的需求。1994年通过首部宪法，确立了三权分立原则，设立了宪法法院，标志着从“工具性法律”向“权利本位”转变。2000年后陆续颁布《民法典》《刑法典》等核心法典。

（三）近年来的法律改革

塔吉克斯坦的规范性法律文件体系按照位阶，从高到低可以排列如下：第一是塔吉克斯坦共和国《宪法》，它作为国家的根本大法，具有最高的法律效力，为国家的法律体系奠定了坚实的基础。第二是全民公决通过的法律，这些法律体现了全民的意志和共识，具有仅次于宪法的法律效力。第三是塔吉克斯坦共和国所承认的国际法律文件，这些文件在国内同样具有约束力，是塔吉克斯坦参与国际事务、维护国家利益的重要法律基础。第四是宪法性法律，它们对宪法原则进行进一步阐释和具体化，为其他法律的制定提供了指导和依据。第五是法典。第六是法律。第七是塔吉克斯坦共和国议会上下两院通过的联合决议。第八是议会上下两院分别通过的决议，虽然效力略低于联合决议，但同样在特定领域内具有约束力。第九是塔吉克斯坦共和国总统令，其作为行政命令的一种，具有广泛的适用性和执行力。第十是政府令。第十一是塔吉克斯坦共和国各部、国家机关和国家委员会的命令和指示，为特定领域或事项提供了具体的指导和规范。第十二是戈尔诺-巴达赫尚自治州、各州和杜尚别市的人民代表大会决议。第十三是各区、市人民代表大会决议。第十四是乡镇自治机关的决议。

近年来，塔吉克斯坦持续推进法律现代化进程。这一阶段的法律改革着重于完善司法独立、加强法治建设、融入国际法律体系等方面。同时，塔吉克斯坦也在探索如何在法律体系中平衡传统伊斯兰法与世俗法律的关系，以反映本国文化特色。塔吉克斯坦的许多法律，特别是被认为在经济发展中发挥重要作用的法律，都是在外国法律专家的协助下制定的。商业和公司领域的一些重要法律，例如，“关于股份公司”的法律、“关于可移动财产的质押”的法律、“关于银行活动”的法律，来自普通法国家的专家。另外，程序法，例如，《民事程序法典》《经济程序法典》（规定商业法院的司法程序，解决商业实体之间的争议），是在大陆法系国家律师的帮助下制定的。伊斯兰法律原则上也在法律体系中占有一席之地，如在金融领域，2014 年通过了《伊斯兰银行业法》。并且，塔吉克斯坦在本国法律中加入《联合国反腐败公约》《欧洲能源宪章》等国际条约，推动法律体系与国际标准接轨。此外，2025 年塔吉克斯坦与吉尔吉斯斯坦签署边界议定书，展现了其通过国际法解决争议的意愿。

二、塔吉克斯坦的宪法架构

（一）宪法的宪法制定与修改

塔吉克斯坦在 1991 年获得独立后，开始制定适应主权国家要求的宪法。在 1994 年 11 月 6 日，塔吉克斯坦《宪法》通过，并经历了几次修改。1999 年 9 月 26 日，塔吉克斯坦通过全民公决审批了新的宪法修正案，其中规定了塔吉克斯坦将建立一个世俗、民主、法治的国家体制，实行总统制。总统作为国家元首、政府首脑和武装部队的统帅，由全体公民直接选举产生，每届任期 7 年。之后，2003 年 6 月 22 日，塔吉克斯坦再次通过全民公决通过宪法修正案，规定重新举行总统选举，总统任期为7年，可连任一届。随后，在2016年5月全民公决修宪中，塔吉克斯坦实施了无限期连任总统的规定，同时降低了总统候选人的最低年龄要求。

修宪需议会两院2/3多数通过，或全民公决。

（二）宪法的核心原则和制度设计

1. 核心原则

塔吉克斯坦宪法的核心原则包括国家主权与领土完整（《宪法》明确塔吉克斯坦是独立、民主、世俗和法治的单一制国家，强调国家统一和领土不可分割，反映了内战后的政治共识）、世俗主义原则（《宪法》规定国家与宗教分离，禁止宗教政党活动，防止宗教势力干预政治，强化世俗政权权威）、人民主权与民主原则（形式上宣称"人民是国家权力的唯一来源"，公民通过选举和公决参与政治，但实践中权力高度集中于总统和执政党）、社会公正与福利国家（承诺保障公民的基本社会经济权利，包括教育、医疗和就业，但受限于经济水平，实际保障有限）、法治原则（宪法宣称法律至上，司法独立，但司法系统在实践中常受行政干预）、多民族国家认同（承认国内多民族平等，但以塔吉克族文化和语言为主导）。

2. 主要制度设计

（1）以总统制为核心

总统是国家元首、政府首脑和武装力量最高统帅，有权任免总理（须议会形式批准）、内阁成员、地方行政长官和法官。总统有权解散议会、宣布紧急状态，并通过安全会议领导国家安全事务。

（2）议会制度

塔吉克斯坦实行两院制，上院（马吉利西·米利，意为民族院）和下院（马吉利西·纳莫扬达贡，意为代表会议）。在上院中设33个议席，其中25名议员由各州、市、区人民代表大会间接选举产生，另外8名议员由总统任命。职能包括确定、修改、撤销国家行政区划等。下院则有63名议员，由混合选举制（41席选区直选，22席比例代表制）产生，主要政党为人民民主党（执政党）、农业党等，反对党空间极小。议会的权力实际是受到限制的，立法权名义上与总统共享，但实际从属于总统意志，重要法案多由行政部门主导。

（3）司法体系

塔吉克斯坦司法体系由宪法确定，司法权独立，实行三级普通法院系统。宪法法院、最高法院、最高经济法院、军事法院、戈尔诺-巴达赫尚自治州、各州、杜尚别市、各市和区法院行使司法权。其中，宪法法院是对任何权力机关和领导人的施政行为是否违反国家宪法而进行监督、审议和裁决的最高护宪机关。在宪法法院正式裁定上述行为主体违宪时，有权予以纠正。宪法法院由17名法官组成，其中1名法官由戈尔诺-巴达赫尚自治州的代表担任。担任宪法法院法官的条件是：年龄在30岁至65岁，从事法律工作10年以上。宪法法院的职权是：判定法律以及最高议会、总统、政府、最高法院、最高经济法院和其他国家、社会团体的命令和决定以及国家未发生法律效力的协议是否符合宪法；解决国家机关间有关管辖范围的争端；行使宪法和法律规定的其他职权。宪法法院的判决是终审判决。

宪法规定检察院是司法监督机关。塔吉克斯坦总检察长任期为5年。总检察长领导塔吉克斯坦统一集中的检察机关系统，向最高议会和总统报告工作；有权任命和解除其下属的检察长的职务、检察长任期为5年。总检察长及其下属的检察长独立行使自己的职权，只服从法律。检察长不得兼任其他职务，不能从事企业家经营活动。

（4）地方行政制度

塔吉克斯坦实行中央集权化。将全国分为3州1直辖区1自治州（戈尔诺-巴达赫尚自治州），地方长官由总统直接任命，地方议会权力有限。自治州享有特殊地位，东部戈尔诺-巴达赫尚自治州享有部分文化自治，但因资源分配和中央控制问题同中央关系长期紧张。

三、其他主要部门法体系

（一）刑法

塔吉克斯坦的刑事法律体系以《刑法典》为核心，结合了苏联法律传统和国际法律标准。其《刑法典》规定了犯罪的定义、刑罚种类以及具体的犯罪行为，刑事司法程序则由《刑事诉讼法典》规范。《刑法典》现行的法律体系与俄罗斯的刑法存在诸多相似之处。《刑法典》由15编、35章构成，分为总则和分则两个部分。总则部分包括刑法的目标和原则、犯罪的概念和分类、刑罚的概念和类型等；分则部分涵盖人身犯罪、危害公共安全和人口健康犯罪、危害生态安全和环境犯罪、经济活动领域犯罪、危害国家权力犯罪等各类具体犯罪及其刑罚。

（二）民商法

民商法是一个综合性的部门法，它涵盖了调整平等主体间财产关系、非财产性人身关系以及商事关系的各类法律法规、规章及法律规则。在民事法律领域，主要的法律文件包括《民法典》《婚姻法》《产品商标与服务标识法》《著作权法》《工业样品保护法》等。而在商事法律方面，重要的法律包括《商法典》《企业法》《企业注册登记法》《企业组织利润分配法》《公司法》《生产合作社法》等，这些法律共同构成了塔吉克斯坦民商事法律体系的基础，为民事主体和商事主体提供了全面的法律保障和规范。

（三）行政法

行政法是用于规范行政机关的组织、职权、行为以及对行政相对人的管理等活动，涉及行政许可、行政处罚、行政复议、行政诉讼等方面的法律规定。其规定了行政机关实施行政许可的条件、程序和期限，保障公民、法人和其他组织的合法权益，同时提高行政效率。

（四）程序法

程序法包括刑事诉讼法和民事诉讼法。民事诉讼法规定了民事诉讼的程序和规则，包括管辖、当事人、证据、审判程序、执行程序等内容，保障当事人在民事纠纷中的诉讼权利，确保民事诉讼活动公正、有序地进行，为解决民事纠纷提供了法定程序和保障。刑事诉讼法则规范了刑事诉讼的程序，从立案、侦查、起诉、审判到执行等各个环节都有明确规定，保障犯罪嫌疑人、被告人和其他诉讼参与人的合法权益，确保刑事诉讼活动依法进行，实现惩罚犯罪与保障人权的有机统一。塔吉克斯坦程序法主要包括《民事程序法典》《经济程序法典》《刑事诉讼法典》。

（五）财税金融社会法

税法负责对各类税收的征收、管理等进行规定，如增值税、消费税、所得税等税种的税率、征收范围、纳税期限等。金融法包括《银行业务法》《投资法》《反洗钱法》《外汇管理法》等，规范了金融机构的设立、运营、监管以及金融市场的秩序等。《劳工法》对劳动关系进行调整，包括劳动合同的订立、解除，劳动报酬、工作时间、休息休假、劳动保护、社会保险等方面的规定，保障劳动者的合法权益，促进劳动关系的和谐稳定。《贸易法》涉及对外贸易管理体制、进出口贸易的相关规定等。如实行外贸经营权登记备案制，部分商品出口需申请许可证或配额，对关税、税收、海关管理等也有相应规定。《环境法》旨在保护和改善环境，防治污染和其他公害，实现可持续发展。其对自然资源的保护和合理利用作出规定，如森林、土地、水资源等，限制对自然资源的过度开发和破坏，规定资源开发利用的条件和程序；对环境保护的监督管理体制进行了明确，确定了环保部门和其他相关部门的职责权限；为环境污染防治制定严格措施和标准，对大气污染、水污染、土壤污染等各类污染防治作出规定，要求企业采取污染防治措施，达标排放污染物；对环境违法行为规定相应的法律责任，包括行政处罚、民事赔偿和刑事责任，以保障环境法的有效实施。

四、塔吉克斯坦共和国国际法体系

19 世纪末，其现代领土被并入俄罗斯帝国，之后在苏联时期，又深受苏联法律体系影响。1991 年独立后，塔吉克斯坦开始构建自己独立的法律体系，在继承苏联法律传统的同时，融入伊斯兰法传统，并不断向国际法律标准靠拢。从法律体系架构来看，《宪法》处于最高地位，是国家的根本大法，在《宪法》之下，有着各种法典、法律和法规，涵盖行政、民事、刑事、劳动等各个领域，共同构成了塔吉克斯坦国内法的主体，这些国内法是其在国际法领域活动的重要基础。

（一）国际条约与协定的参与

在国际条约方面，塔吉克斯坦积极参与各类国际协定。它是联合国会员国，自 1992 年 3 月加入后，遵循《联合国宪章》的宗旨和原则，在国际事务中承担相应的责任。在经济领域，1993 年 4 月加入国际货币基金组织，为融入国际金融体系奠定了基础；其还是世界贸易组织（WTO）成员，通过遵守 WTO 规则，参与国际贸易规则的制定与执行，在货物贸易、服务贸易和知识产权保护等领域履行条约义务，同时也享有相应权利，促进了本国经济的发展与国际合作。

在地区合作层面，塔吉克斯坦是上海合作组织（SCO）成员，借助这一平台，在安全、经济、人文等多领域与成员国开展合作，遵循上合组织的一系列条约和协定，如《上海合作组织宪章》等，在打击恐怖主义、极端主义和跨国犯罪等非传统安全威胁方面开展联合行动。其也是集体安全条约组织（CSTO）成员，通过该组织，与俄罗斯、亚美尼亚等成员国共同维护地区军事安全，遵守《独联体集体安全条约》等相关规定，在集体防御、军事合作等方面承担责任。

（二）国际习惯与实践

在国际习惯法方面，塔吉克斯坦在领土、外交等实际事务处理中遵循国际通行做法。在领土争端解决上，尽管与周边国家存在历史遗留问题，但在现代国际关系中，秉持和平谈判、尊重历史条约和国际仲裁的原则，比如在与中国的领土划界中，通过多轮谈判，依据历史条约和国际法律原则，妥善解决了部分领土争议，体现了对国际习惯法中和平解决争端原则的尊重。

在外交实践中，遵循主权平等、不干涉内政等国际习惯法准则。在国际交往中，平等对待其他国家，不干涉他国内部事务，同时也坚决维护本国主权独立，在国际事务中积极发声，参与国际规则的讨论与制定，展现出作为一个主权国家在国际社会中的责任与担当。

（三）国内法与国际法的互动

在塔吉克斯坦，国内法与国际法的互动紧密。当国际条约与国内法发生冲突时，理论上国际条约优先，但在实际操作中，由于国内法律体系的复杂性和执行机制的不完善，有时会出现执行滞后的情况。例如在人权保护领域，虽然签署了一系列国际人权公约，但国内在法律执行和社会观念转变上，还需要进一步努力，以确保国际人权标准在国内得到有效落实。

在立法方面，塔吉克斯坦不断根据国际法律标准和国际条约的要求修订国内法。在知识产权保护上，随着国际知识产权保护标准的提高和加入相关国际条约，塔吉克斯坦修订国内知识产权法律，加强对专利、商标、著作权等的保护力度，以适应国际经济合作和国际贸易的需要。

（四）国际仲裁与争端解决机制

在国际仲裁方面，塔吉克斯坦于 2015 年通过《国际商事仲裁法》，为解决国际商事争端提供了法律框架。该法规定了国际商事仲裁的机构、活动方式，以及承认和执行国际商事仲裁裁决的程序和条件。设立了塔吉克斯坦共和国工商会国际商事仲裁院，作为解决对外经济纠纷的仲裁机构。当国际商事纠纷发生时，当事人可以依据仲裁协议，选择该仲裁院进行仲裁，仲裁遵循各方平等、当事人自由选择仲裁组成、适用法律、程序和仲裁语言等原则，仲裁裁决具有终局性，为国际投资者提供了相对稳定和可预期的争端解决途径。但在实际运作中，由于仲裁人才储备不足、国际知名度不高，以及与国际仲裁规则的衔接还存在一些细节问题，该仲裁机制在解决复杂国际商事争端时还面临一定挑战，需要进一步完善和发展。

五、塔吉克斯坦投资领域重要法律

（一）税法

1. 形成与发展

塔吉克斯坦自 1991 年独立以来，逐步推进税收法律体系的现代化构建。其税收制度的形成与发展可分为以下阶段：

第一阶段为制度初创阶段（1991—1998 年），原苏联各加盟共和国间经济协作机制中断，统一经济空间瓦解，新生主权国家面临严峻的社会经济危机和政治危机。在此背景下，生产活动几近停滞，这导致国家财税收入锐减，原有计划经济体制下的税收规范体系构成了新制度构建的基础框架。值得注意的是，由于历史因素，苏联时期的立法理念与制度架构在该国现行税收体系中仍留有深刻烙印。随着西方国家特别是英、美等发达国家的技术援助，开始向西方学习，在之后的税法修订中，其税法无形之中就带有英、美等西方国家法律的色彩。

在塔吉克斯坦国家治理体系转型的关键时期，该国最高权力机构于 1992 年颁布了具有里程碑意义的《税收制度基础法》。该法为后续税收立法提供了制度框架。同年，立法机关相继制定多项配套税收法规，包括但不限于《企业利润税法》《增值税法》《消费税法》以及针对不同纳税主体的《公民及外籍人士所得税法》《自然人财产税法》等专项立法。这一时期的税收立法呈现出显著的分散性特征，税收法律制度均以单行法形式独立存在，反映出当时立法技术落后，立法体系的系统化程度有待提升。而且，受 1991—1998 年间国内武装冲突、治理失序等多重因素影响，诸多法律规定已经难以有效实施。

第二阶段（1999 年至今），该国税收法制建设在 1999 年实现重大突破，变“法”为“典”，首部《税法典》于当年 1 月 1 日正式生效，标志着塔吉克斯坦完成了从单行税法向法典化体系的转型。这部综合性法典充分吸收了外国税务筹划和税收模式等先进经验，在立法层面重构了税收征管机制：其一，系统构建了涵盖税种设置、税率确定、税款核算及征管程序的完整制度框架；其二，明确界定了征纳双方权利义务关系，规范了税收调整机制与违法责任体系；其三，确立了税收政策工具在经济调控中的基础性作用，旨在通过避免重复征税、促进经济一体化等制度设计推动生产力发展。从立法技术角度观察，该法典不仅实现了税收制度的体系化整合，更对税收服务机制与政策执行效能进行了结构性优化。其颁布实施标志着塔吉克斯坦完成了税收法律体系从形式到实质的全面革新，为构建现代财税治理体系奠定了规范基础。

虽然在之后的2005年1月1日开始执行新的塔吉克斯坦共和国《税法典》，并在2013年1月1日以修正案的方式对《税法典》进行了大规模修正，但不可否其本质还是延续了1999年的《税法典》。塔吉克斯坦现行的《税法典》由总统埃莫马利·拉赫蒙于2021年12月26号签批，并于2022年1月1日正式颁行，共399条。其在保留原先优惠政策的基础上，补充了新的优惠措施：将税种从10种减少至7种；同时增加了许多新制度：增值税由18%降至15%，农产品生产加工税从18%降至5%，企业所得税和个人所得税也有所降低；同时也与时俱进地增加了许多新制度：应税产品二维码制度、税务纠纷审前调解委员会、纳税咨询等。2022年3月18日第1867号总统令对《税法典》进行最近一次修订和补充。

2. 一般性规定

塔吉克斯坦税收主管部门是国家税收委员会。根据塔吉克斯坦现行税法规定，纳税主体为塔吉克斯坦境内的居民、非居民自然人、塔吉克斯坦企业和组织、外国企业和组织等，全国实行统一的纳税制度。当前，塔吉克斯坦有6种国税以及1种地方税。其中国税包括：所得税（自然人和法人）、增值税、消费税、社会税、自然资源税、粗铝销售税；地方税为：财产税。

（1）所得税

第一，企业所得税

塔吉克斯坦对其居民企业的全球所得征税，除免征企业所得税的收入外，所有能够增加纳税人净资产的收入均应征收企业所得税。非居民企业在塔吉克斯坦境内通过设立常设机构经营的，就其来源于塔吉克斯坦境内与常设机构有关的总收入缴纳企业所得税。

税率：企业所得税由各种经营活动的税率由23%调整为18%；信贷机构和移动公司的税率，税率为20%；生产活动的税率与之前保持一致，仍然是13%，但是自2026年1月1日起调整为18%；自然资源开发的税率调整为18%。

减免：为了鼓励企业从事以下公益性活动及投资新兴领域，塔国还制定了一系列免征盈利税的优惠措施。

①宗教机构、慈善机构、政府间和国家间（国际）非营利性组织所得（除其经营活动获得的所得外）免征企业所得税。同时，上述机构和组织有义务分别对其主营业务（免征企业所得税的活动）和经营活动进行统计。

②非营利性组织收到用于非营利性活动的无偿拨款、无偿赠予的资产，以及会费和捐款免征企业所得税。

③纳税年度内，除从事商业活动、中介活动、供销和购置业务的企业外，同时存在下列情况的企业免征企业所得税：a. 至少 50%的员工是残疾人；b. 至少 50%的劳动报酬和其他物质奖励（包括实物奖励）用于残疾人。

④塔吉克斯坦居民存款保险基金会免征企业所得税。

⑤居民企业从其他居民企业获取的股息红利免征企业所得税。

⑥在商品生产领域设立的新兴企业。

⑦自企业登记注册起 5 年内，从事旅游活动免征企业所得税。

⑧塔吉克斯坦国家银行通过外汇和贵金属法定投资升值取得的收入。

但是，如果企业重新注册或重组，组织形式和法律形式变更，以及其他类似变动，不享受⑥⑦规定的免征企业所得税优惠。

②个人所得税

表 2-1 塔吉克斯坦现行税法对个人所得税的规定

名称	规定
个人所得税	免税收入为 2 个结算单位可扣除占收入总额 10%的非现金支出
	在主要工作地的所得税税率为 12%
	非侨民收入的税率为 20%
	其他收入的税率为 15%

（2）增值税

增值税是间接税，应在商品、劳务和服务的生产和流通的各个环节缴纳。

增值税的征收范围包括提供商品（包括进口商品和运输工具）、劳务和服务业务，但不包括经营活动范围内的免征增值税的商品（包括进口商品和运输工具）、劳务和服务业务，以及在塔吉克斯坦境外开展的服务或施工等。另外，塔吉克斯坦也规定了一些免征增值税的情况。

税率：自 2022 年 1 月 1 日起，增值税税率由 18%降至 15%；自 2024 年 1 月 1 日起，增值税税率降至 14%；自 2027 年 1 月 1 日起，增值税税率再降至 13%。

（3）消费税

根据税法规定，如果在塔吉克斯坦境内提供的加工原料属于商品生产者，消费税应由商品生产者在销售时进行纳税。商品生产者（受托方）在向委托方转让其提供的原材料所生产的应税消费品时，消费税应由商品生产者代扣代缴。

应征消费税的商品包括：①各类酒精、不含酒精和含酒精的饮料；②加工类烟草、烟草的工业替代品、烟草产品；③矿物燃料、各类原油及其蒸馏产物、沥青、矿物蜡、液化气；④新生产的充气橡胶轮胎和轮毂，修复或翻新的充气橡胶轮胎和轮毂，实心或半充气轮胎，轮胎保护器，胎面或橡胶轮缘衬带；⑤乘用车和其他适合客运的车辆；⑥由贵金属和宝石制成的珠宝制品，以及镶嵌珠宝的贵金属；⑦各类进口的成品地毯；⑧各类进口的运输和包装塑料制品的产品，软木塞、盖子和其他密封产品。应税商品的消费税由塔吉克斯坦政府确定。

（4）社会税

社会税对于雇主适用25%的税率，对雇员适用1%的税率。

社会税的免税情况包括：①非塔吉克斯坦公民为塔吉克斯坦驻外使领馆提供工程施工和服务而获得的收入；②在塔吉克斯坦政府投资的项目中，外国公民所获得的雇佣劳动收入；③根据塔吉克斯坦税法免除个人所得税的收入。

（5）自然资源税

在使用自然资源时，包括在地下资源开发合同范围内使用地下资源或用水进行发电，需要缴纳自然资源税。自然资源税包括地下资源使用税和水资源税。地下资源税包括签字费、商业勘查费、矿产产出提成费。自然资源税的税率各有不同，视类别和情况而定。

（6）粗铝销售税

销售税的征税对象是指销售应税商品，以及由塔吉克斯坦政府确定应征销售税的、执行海关《保税区加工》制度在关税区生产的其他应税商品。税率为1%—3%。

（7）地方税

表2-2　塔吉克斯坦现行税法对财产税的规定

名称	具体费用	规定
财产税	道路使用税	征收至2021年12月31日，2022年1月1日起被取消
	不动产税	分为土地税和不动产项目税。土地税由政府根据具体情况确定，不动产项目税根据位置、用途和面积征收，税率：3—15%
	运输工具税	运输工具税的征收范围为运输工具，具体包括汽车、摩托车或公共汽车、轮船、船只和机车。此类对象须进行国家注册或在塔吉克斯坦进行登记，征税对象清单由塔吉克斯坦政府确定，具体税率根据对象有所不同。税率：1%—15%

（二）外国投资法规

关于外国投资的法律法规：塔吉克斯坦独立后先后制定并修改了一系列

涉及外国投资的法律，包括《外国投资法》《企业经营法》《外经法》《租赁法》《土地法》《税法典》《劳动法》《保险法》《自由经济区法》《投资法》《投资协议法》《产品分成协议法》等。根据塔吉克斯坦投资法相关规定，在国际条约有特别规定时应以国际条约为准，国际条约也是该国投资法的重要组成部分。塔吉克斯坦也与多个国家签署了双边投资协定和避免双重征税协定以及司法协助协定。其中，与中国签署的有关贸易和投资合作的协定主要有：1993 年的《关于鼓励和相互保护投资协定》、2001 年的《经济贸易协定》、2002 年的《能源领域合作协定》、2008 年的《进一步发展睦邻友好合作关系的联合声明》以及 2014 年的《进一步发展和深化战略伙伴关系的联合宣言》等。

1. 市场准入

塔吉克斯坦主管投资的部门为投资和国有资产管理委员会及经贸部外资管理局。塔吉克斯坦鼓励在以下行业进行投资：（1）能源领域，主要是水电领域，利用塔吉克斯坦的水利资源修建水利工程、修建输变电线路；加快煤炭、石油天然气的勘探和开发；太阳能等可再生能源开发利用；（2）公路、隧道、桥梁的修复和建设；（3）农业等领域仍为重点投资领域；（4）铝锭、农产品的深加工；（5）电动汽车组装生产。但是在军工、金融、矿藏勘探、法律服务、航空等行业是有限制条件的，其必须获得政府主管部门签发的许可证才能进行贸易投资。对于博彩业，塔吉克斯坦政府更是明令禁止，不允许进行贸易投资。

塔吉克斯坦为鼓励在商品生产领域建立新企业，在正式注册的当年免缴所得税，并且在首次正式注册的第二年开始，在不低于法定最低注册的情况下，投资规模在 50 万美元以下，所得税免缴 2 年；投资规模在 50 万—200 万美元，所得税免缴 3 年；投资规模在 200 万—500 万美元，所得税免缴 4 年；如果投资规模超过 500 万美元，所得税免缴 5 年。①

塔吉克斯坦对投资形式采用了列举式的规定，根据该国《投资法》规定，塔吉克斯坦的投资形式包括：不动产、证券、知识产权；该国法律不禁止在其他方面投资的项目。

塔吉克斯坦鼓励吸引外资参与国家建设，目前塔吉克斯坦对 BOT 方式尚无具体法律规定，但在实际操作中根据投资双方协议可使用 BOT 方式进行投资合作。在 2012 年末，塔吉克斯坦政府颁布了《公共私营合作法》。

---

① 参见邹长胜、葛志明：《中亚天然气管道 D 线塔吉克斯坦项目税收筹划策略——基于 EPC 总承包商的视角》，载《国际经济合作》2015 年第 7 期。

塔吉克斯坦《商品市场竞争和限制垄断行为法》规定了该国企业收并购的相关内容，该法同样适用于投资塔国的外国投资者。该法第 15 条对企业收并购作出了相关规定，例如，当企业的并购交易涉及资产总额超出 400 万索莫尼时，必须征得塔吉克斯坦反垄断局的同意。反垄断局自接收申请之日起，需在 30 个自然日内以书面形式作出回复。若该局评估认为企业的并购行为可能导致限制竞争或其他负面影响，相关企业则需要根据反垄断局的要求，采取必要措施。只有在获得反垄断局的明确许可后，国家登记机构方可着手处理并购企业的注册登记事宜；反之，在法律层面上均将被视作无效。

2. 投资保障

塔吉克斯坦《投资法》表明，国家对国内投资者及外国投资者实施同等的权益保障措施，确保双方能够享有均衡且对等的权利，不因国籍差异、经营地点、个人出身背景或资本注入国的不同而蒙受任何形式的不公正待遇。

（1）一般性规定

塔吉克斯坦的法律体系为投资者权益提供了相应的保障措施。依据该国《投资法》的明确规定，该法律、其他相关法律条文以及该国所承认的国际法律规范，共同构成了对投资者全面且无条件的权益保护框架。若在遇到《投资法》修订或增补的情形时，自其官方公布之日起的 5 年内，投资者享有选择对自身更为有利的法律条款的权利。然而，这一选择权不适用于因该国《宪法》调整，或是涉及国家安全、公共卫生、环境保护、精神文化及道德规范等领域的法律修订与增补情况。此外，依据该法律规定，若因国家机关颁布的法规与现行法律条文存在冲突，或是因机关官员的不当行为给投资者造成损害，投资者均有权依据塔吉克斯坦的法律条文，提出相应的损害赔偿请求。值得注意的是，根据塔吉克斯坦《投资法》的相关规定，任何对已签署合同的修改或增补，均须获得投资者与国家授权机构的共同认可。国家层面将确保投资者与国家授权机构之间所签订合同的有效性不受影响。

①收入支配权的保障

关于投资者收入支配权的保障，主要体现在确保投资者对所得收入、利润具备自主支配权，以及在资金汇出与投资终止时能获取相应补偿的权利。依据该国《投资法》的相关规定，投资者有以下权利：在塔吉克斯坦境内开设本国货币或外币账户，用于存储和支配其所得收入及其他财务资源；在完成税务及其他法定缴费义务后，投资者有权自由支配其利润；同时，投资者还享有将收入和薪资所得汇出至境外的权利。

在投资活动中，若因非投资者自身原因导致的投资终止，根据法律规定，投资者有权获得至投资终止时为止，归其所有的投资本金以及与投资直接相关的货币收入，或等值的实物资产作为补偿。这一规定旨在全面保护投资者的合法权益，确保其在面对非自愿投资终止时能够得到公正合理的经济补偿。

②外汇权益的保障

关于投资者外汇权益的保障，主要是投资者自由兑换货币权利的保障。根据塔吉克斯坦《投资法》规定，投资者享有自由兑换货币的权利，在交完税之后有权将本国货币自由无障碍地兑换成其他货币，同时也可以认购其他外币，以满足其在塔吉克斯坦境外开展业务时的支付需求。

（2）优惠待遇

根据塔吉克斯坦《投资法》的规定，为吸引外资，发展国内经济，其给予投资者的优惠主要是：税收优惠、关税优惠、给予国家资助。外国投资者和塔国国内投资者一样，享有投资优惠，公平同等对待。

第三章　塔吉克斯坦营商环境评估概况

一、企业准入

（一）监督框架

1. 企业投资监管

（1）外商投资监管部门

根据塔吉克斯坦相关法律的规定，目前该国主管投资的部门是投资和国有资产管理委员会及经贸部外资管理局。外资管理局的主要职责是协调国民经济各领域的引资活动，制定相关政策和法规，宣传投资环境，提供咨询服务，并推荐投资项目。该机构在审查和管理外资方面拥有广泛的权限，起到协调作用。

对于重大引资项目，塔吉克斯坦经贸部与财政部共同进行论证，随后提交政府审查并作出最终决定。财政部门在外资管理中的角色主要是协调，负责审核外资企业的可行性报告，监督资金到位情况，评估投资额、形式、期限和效益，并提供财务鉴定。此外，财政部门还会就外资企业的破产事宜提出建议。①

塔吉克斯坦在审查和评估外国投资申请时，不设独立机构，而是由相关政府部门负责。外资企业的注册登记程序严格，需经过财政部的财务登记和司法部的审核，最终在国家公证处完成登记，② 这种做法与许多国家的流程相似。

（2）外商投资的有关法律制度

自独立以来，塔吉克斯坦一直在完善法律规制，为营造良好的外商投资环境，先后制定并修改了一系列涉及外国投资的法律，包括《外国投资法》

---

① 参见郑守瑛：《塔吉克斯坦投资法律制度研究》，新疆大学 2016 年硕士学位论文。

② 参见中国国际贸易促进委员会法律事务部，中国经济信息社编著：《“一带一路”国别法律研究（第三辑）：塔吉克斯坦》，新华出版社 2018 年版，第 30—31 页。

《企业经营法》《外商法》《租赁法》《土地法》《税法典》《劳动法》《保险法》《自由经济区法》《投资法》《投资协议法》《产品分成协议法》等，以及其他有关的法律法规和塔吉克斯坦认可的国际法——双边条约、区域性多边条约和一般性国际法规则，都为塔吉克斯坦的外商投资活动提供了法律基础和保障依据。①

（3）外商投资者

塔吉克斯坦《投资法》规定，外国投资者的投资主体可以是外国法人、外国公民、无国籍人士、定居在国外的塔籍公民、不具有法人资格的外国团体组织和主权国家、国际组织等。按照塔吉克斯坦法律规定，具有完全民事权利能力的自然人可以在塔吉克斯坦投资，并受塔吉克斯坦本国法律保护。现行的《投资法》采用“单轨制”的立法模式，虽然此规定中投资者有内外的划分，但这仅仅是法律用语上的区分，在投资待遇方面并无区别，塔国对外国投资者的权利提供同等保障。②

（4）外资准入领域

依据塔吉克斯坦的法律框架，该国的投资领域被划分为禁止、限制和鼓励三大类别。与众多发展中国家形成鲜明对比的是，塔吉克斯坦并未将公共事业、武器制造或交通运输等行业列入禁止投资的名单，而是独树一帜地将博彩业列为禁区，这也说明塔吉克斯坦禁止投资的行业范围很小。

出于对本国重点行业和经济的保护，在限制投资领域，塔吉克斯坦采取了一种列举式的方法，将军工、航空、矿产资源勘探、金融以及法律服务等关键行业纳入其中。投资者若想涉足这些领域，必须事先获得政府相关部门的特别许可，并经历一系列严格的审查程序。

基于改善民生，促进国民经济发展的前提下，塔吉克斯坦共和国鼓励在以下行业进行投资：①基础设施领域，主要是建造和修复塔国的公路、隧道、桥梁等；②能源领域，主要是水电领域，利用塔国的水力资源修建水利工程、修建输变电线路，加快煤炭、石油天然气的勘探和开发；③农业等领域，依然是塔国的重点投资领域；④铝锭、农产品的深加工。③

---

① 参见商务部对外投资和经济合作司等编：《对外投资合作国别（地区）指南：塔吉克斯坦》（2024 年版），第 47 页，载商务部“走出去”公共服务平台，https://www.mofcom.gov.cn/article/gbdqzn，2025 年 2 月 12 日访问。

② 参见中国国际贸易促进委员会法律事务部，中国经济信息社编著：《“一带一路”国别法律研究（第三辑）：塔吉克斯坦》，新华出版社 2018 年版，第 32 页。

③ 参见商务部对外投资和经济合作司等编：《对外投资合作国别（地区）指南：塔吉克斯坦》（2024 年版），第 47 页，载商务部“走出去”公共服务平台，https://www.mofcom.gov.cn/article/gbdqzn，2025 年 2 月 12 日访问。

（5）投资形式

塔吉克斯坦对投资形式以列举式的方法进行了规定，主要包括不动产、知识产权、证券，还包括投资者依法拥有的为获取利润或获得其他重要成果而对投资项目投入的资金、证券、生产工艺设备和知识产权，它包括除自用财产或与销售未加工商品活动有关的投资活动以外的所有物权的形式，以及法律不禁止的其他形式的投资。概言之，从塔吉克斯坦的立法规定来看，投资形式相对较多，这为投资者提供了较大的选择空间。同时，对于投资者投资额度塔吉克斯坦也没有明确的限制性规定。①

（6）投资企业类别

在塔吉克斯坦投资外资企业可以是合资企业，也可以是独资企业，与塔吉克斯坦国内企业一样均可以获得法人资格。外资企业在塔吉克斯坦登记注册严格按照《外资法》及《企业注册法》等规定的程序进行，注册登记后应当到公证处进行公证，外资企业从登记注册之日起获得法人资格，企业获得法人资格后才可以开立银行账户、刻章、申请统计代码和税号。

（7）外商投资待遇

投资待遇制度、投资者权益的法律保障。根据《投资法》，外国投资者和本国投资者享有平等的权利，不因国籍、经营地点、投资来源国等不同而受到不平等对待，受国家同等保护。《投资法》还对投资者的转让权，财产、信息带出权，知识产权保护以及开发自然资源的权利作出相应的规定，同时该法对投资者和投资活动、外国投资者的调动权、收入支配权等提供相应的法律保障。

为鼓励生产投资，塔吉克斯坦制定了相关的优惠措施，包括在商品生产领域建立的新企业，在正式注册的当年免缴所得税，并自首次正式注册的第2年开始，在不低于法定最低注册资本的情况下，投资规模在50万美元以下，所得税免缴2年；投资规模在50万美元至200万美元之间，所得税免缴3年；投资规模在200万美元至500万美元之间，所得税免缴3年；如果投资规模超过500万美元，所得税免缴5年。此外，作为外资企业注册资本或进行现有生产技术改造而进口的商品，根据企业注册文件直接用于生产产品、完成工作或提供服务的，并且不属于应缴消费税产品的生产技术设备和与之配套的产品免征关税；在外国投资企业工作的外籍工作人员为满足个人直接需要而

① 参见中国国际贸易促进委员会法律事务部，中国经济信息社编著：《“一带一路”国别法律研究（第三辑）：塔吉克斯坦》，新华出版社2018年版，第33页。

进口的产品免征关税。[①]

2. 投资注册企业监管

（1）外资企业设立法律制度

《股份公司法》对股份公司的概念及类型，公司的创立、变更以及终止，公司的股票和债券，公司的管理机制以及子公司、分公司和代表处的设立等均有明确规定。《企业法》确立了企业创办和经营过程中有关司法、经济和社会问题的基本准则，涵盖了各种所有制的企业类型，明确了所有类型企业的权利和责任，具有通用性。《有限责任公司法》《共和国企业注册法》都是关于企业设立的法律规定。

（2）设立企业的形式

外资企业的登记注册依照《外资法》《企业法》《企业注册法》及其他有关法律法规进行。根据塔吉克斯坦法律规定，接受外国投资的企业可以是合资企业，也可以是外商独资企业。除塔吉克斯坦法律禁止的形式以外，外资企业可以选择任何企业形式。

（3）注册企业的受理机构

2009 年塔吉克斯坦在欧盟和美国国际合作局的技术援助下建立并启动了“统一窗口”机制，旨在简化外资企业注册、进出口及中转贸易许可等手续，在此框架内，企业只需一次提供所需文件即可办理注册等事宜。目前，在塔吉克斯坦登记注册公司、代表处等机构一律可以到国家税务委员会及地方税务机关注册登记。

（4）公司注册登记程序

外资企业注册时需要提交相应的资料和文件，如请求企业注册的书面申请、创办企业决定、境外法人注册文件复印件、缴纳注册费的收据等。另外，需要注意的是，《企业注册法》规定，注册企业不需要提交企业章程，企业注册时也可不提交注册资本到位证明，但在注册 1 年内应向注册机关提交企业注册资本到位的证明文件，否则将根据塔国法律撤销该企业。外国人或企业注册公司所提交的文件应当翻译成官方语言——塔吉克斯坦语，同时应当到公证处公证。依据塔国外国投资法的规定，外资企业在塔国境内的登记注册依照《外国投资法》及其他有关规定进行，自登记注册之日起，外资企业即获得法人资格。外资企业的登记注册由所在地的国家公证处负责，须提交：由创办者之一签署的请求企业注册的书面申请；创办合同；企业章程；证明

---

① 参见《一带一路沿线国家法律风险防范指引》系列丛书编委会编：《一带一路沿线国家法律风险防范指引（塔吉克斯坦）》，中国财经出版传媒集团、经济科学出版社 2017 年版，第 52 页。

合伙者按注册资金所占份额的偿付能力及信用程度的银行证明（附官方语言译文）；塔国司法部出具的有关创办文件的资格鉴定；统计部门的分类编码；已缴纳注册费的收据；塔国财政部的财务鉴定。塔吉克斯坦国家注册部门对于企业的申请应当在5个工作日内做出回复，已登记注册的外资企业将获得固定格式的注册登记证（注册登记证是企业开立银行账户、刻章、申请统计代码和税号的依据），负责外资企业登记注册的公证处须在登记10日内，将企业的注册登记情况通报给财政部。[①]

（5）企业分支机构及子公司的设立及登记

塔吉克斯坦公司法对企业分支机构的设立实行分类管理：股份公司可在国内外设立子公司（需控股51%以上且章程明确权责）、分公司或代表处（资产由总公司划拨，独立运营但需纳入合并报表）；有限责任公司则须经2/3以上股东批准设立分支机构，其分公司及代表处为非法人实体（以母公司名义运营并承担债务），子公司则为独立法人（不连带母公司责任）。所有境内分支机构的注册均需提交母公司决议、章程、司法部资格鉴定、财务证明、统计编码、经营场所证明及注册费凭证等文件；外资代表处需额外向经济外经部提供业务介绍、人员信息、章程、财务报表、注册资本证明及银行推荐信，审核周期约两周，注册费由经济部与财政部协商确定。若注册文件违反塔吉克斯坦法规（如外资企业设立程序要求），申请将被驳回，但企业可通过司法途径提出申诉。该制度通过严格的文件审查（如司法部资格鉴定、财务合规性核验）强化法律约束，同时以分类责任机制平衡企业扩展需求与风险控制。[②]

（6）企业的变更与终止

《投资法》规定了企业变更的类型与程序。包括登记事项的变更，例如，企业名称、住所、注册资本、股东、经营范围等，需向原登记机关（国家公证处）提交变更申请，并附修改后的章程或修正案、股东决议等文件；注册资本的调整，如增资需符合法定验资程序，减资需公告45日后申请变更登记，并提交债务清偿或担保证明；组织形式变更，如合资企业转为独资企业，需按《外国投资法》重新提交注册文件，并办理公证登记。外资企业需在变更后10日内向财政部备案，涉及股权转让的需提交新股东资质证明，外资占比超30%的企业可自由进出口产品，变更经营范围需重新申请对外经济活动许可。

---

① 参见《一带一路沿线国家法律风险防范指引》系列丛书编委会编：《一带一路沿线国家法律风险防范指引（塔吉克斯坦）》，中国财经出版传媒集团、经济科学出版社2017年版，第61—62页。

② 参见《一带一路沿线国家法律风险防范指引》系列丛书编委会编：《一带一路沿线国家法律风险防范指引（塔吉克斯坦）》，中国财经出版传媒集团、经济科学出版社2017年版，第63页。

根据塔吉克斯坦法律规定，企业终止的情形包括自愿解散（如股东决议、经营期限届满）、强制终止（如破产、违法经营或未履行出资义务）以及特殊情形（如紧急状态下的财产征用需议会批准并补偿）。终止后需依法成立清算组接管资产，按优先支付员工工资、税款及债务的顺序清偿，剩余资产按股东出资比例分配。股东原则上承担有限责任，但若存在财产混同或滥用法人地位，可能承担连带责任。完成清算后，企业需向原登记机关提交税务结清证明等文件完成注销登记，外资企业还需向财政部备案并通过媒体公告终止信息。整个流程需确保税务合规，税务机构可能进行最长60个工作日的常规检查或15日的突击核查。

3. 总体评述

从以上描述可以看出，塔吉克斯坦的营商环境呈现“政策导向明确但执行效率待优化”的特点，其法律体系通过《投资法》《企业法》等法规及国际条约为外资提供平等待遇（“单轨制”），行业准入分类清晰，且允许不动产、知识产权等多元投资形式。虽设立“统一窗口”机制简化注册流程（外资代表处两周完成），但实际操作中需多部门协同（财政部、司法部、公证处等），文件审查严格（如司法资格鉴定、注册资本1年内到位等要求），行政效率与透明度不足，限制性行业的高合规门槛及地方执行标准差异可能增加隐性成本。整体来看，塔吉克斯坦通过法律体系建设和行业开放政策，初步形成了吸引外资的制度基础，尤其在能源、基建和农业领域具备潜力，但需应对复杂监管环境与长期资源投入的挑战。

（二）公共服务可获得性

公共服务的可获得性是衡量一个国家或地区营商环境的重要指标之一。良好的公共服务能够为企业提供便利的运营环境，降低企业的运营成本，提高企业的生产效率。在塔吉克斯坦，公共服务的可获得性主要体现在信息透明度、基础设施服务、金融服务、公共服务的可获得程度以及政府服务效率等方面。以下将从这些方面进行详细分析。

1. 信息透明度

信息透明度是企业做出决策的重要基础。一个国家或地区的信息透明度越高，企业越能够准确地了解市场环境、政策法规以及商业机会，从而做出合理的投资和经营决策。在塔吉克斯坦，信息透明度主要体现在以下几个方面：

（1）政策法规的透明度

根据塔吉克斯坦的法律法规，政府机构有义务向公众公开其职能、政策法规、行政程序以及公共服务的相关信息。塔吉克斯坦经济发展和贸易部（以下简称经贸部）作为国家经济政策的核心执行机构，通过其官方网站及合作平台，构建了一套较为系统的对外经济信息发布体系。该体系不仅涵盖法律法规、贸易政策、投资机会等基础性内容，还结合国家统计委员会的宏观经济数据与行业报告，为外资企业提供了多层次、多维度的决策支持。如《外国投资法》明确外资企业的权益保障，如禁止国有化和征用（仅在自然灾害等特殊情况下允许，并需议会批准及等值外汇补偿）；允许外资自由汇出收益、再投资及外汇账户开立；规定外资企业可自主定价、进出口免许可（外资占比超30%时）等规定。除了法律规定透明化，对一些企业优惠政策也进行细化说明，如税收与关税优惠：生产领域新企业可享受所得税减免（投资额500万美元以上免缴5年），进口生产设备及配套产品免征关税；自由经济区政策：在自由经济区内的企业享受最优惠待遇，包括税收减免、简化审批流程等，官网提供区域分布及申请指南以及争议解决机制；明确投资者与政府争议可通过国内法院或国际仲裁解决，并公开典型案例及流程。

另外，政府通过官方网站、政府公报以及新闻媒体等渠道，及时发布和更新有关经济、贸易、投资等方面的政策法规。例如，塔吉克斯坦的《投资法》《税法典》《企业注册法》等重要法律法规的修订和更新都会通过官方渠道向社会公布，确保企业和投资者能够及时了解政策变化。

（2）政府信息公开

国家统计委员会通过定期发布权威数据，为外资企业提供市场研判依据。如GDP增长率8.3%（2023年通胀率3.8%、失业率1.8%）、外资流入规模（2023年吸引外资4.28亿美元，2024年计划达16.9亿美元）及重点产业（铝业、农业、能源）发展动态，以及2024年实施的88个国家投资项目总额达47亿美元，涵盖基建、技术改造等领域，并公开外资占比（19.3%）及融资结构（援助、贷款、政府预算等）。还有行业和区域分析，如能源领域的水电开发规划（占外资流入的47.3%）、农业深加工技术需求等，结合《土地法》中土地使用期限（有望延长至50年）的分析。同时，通过电子政务平台集成企业注册、许可证申请、税务缴纳等功能，实时更新检查结果与审批进度，减少信息不对称。

在企业注册和运营过程中，塔吉克斯坦提供了一定的信息获取渠道。企业可以通过国家注册部门、司法部、经济发展和贸易部等机构获取有关企业注册、税务登记、许可证申请等方面的信息。例如，塔吉克斯坦的国家注册部门在其官方网站上提供了企业注册的详细流程、所需文件清单以及相关表格的下载服务，方便企业办理注册手续。

除了政府部门提供的信息外，塔吉克斯坦的一些行业协会和商会也为企业提供了信息支持。例如，塔吉克工商会为企业提供市场调研报告、行业动态分析以及政策解读等服务，帮助企业更好地了解市场环境。此外，一些国际组织和非政府组织也在塔吉克斯坦开展活动，为企业提供有关国际市场趋势、投资机会等方面的信息。

2. 公共服务的可获得程度

（1）基础设施服务

基础设施是企业运营的重要基础。交通基础设施方面，塔吉克斯坦的交通基础设施以公路为主，铁路和航空运输相对较少。塔吉克斯坦现有 4 条公路干线，均以首都杜尚别为中心，向周边国家辐射。塔吉克斯坦有北、中、南三条互不相连的铁路线，铁路是塔吉克斯坦外贸货物运输的重要手段，但在通行和过境费用等诸多方面受他国制约。[①] 主要机场有杜尚别机场、胡占德机场、库利亚布机场。近年来，塔吉克斯坦政府加大了对交通基础设施的投资，修建了一些重要的公路项目，如杜尚别—恰纳克公路、沙里斯坦隧道等。这些项目的实施改善了塔吉克斯坦的交通条件，促进了区域经济的发展。然而，塔吉克斯坦的交通基础设施仍存在一些问题。例如，部分公路的质量较差，道路维护不够及时，导致运输成本增加。此外，塔吉克斯坦的铁路网络不够发达，铁路运输能力有限，无法满足企业的大量货物运输需求。

通信基础设施方面，塔吉克斯坦数字基础设施非常薄弱，且缺少相应的立法和政策支持，数字化发展投资不足，缺少专业技术人才，人们普遍缺乏数字技能，数字技术创新和应用环境较差。近年来，塔吉克斯坦的通信基础设施得到了一定的发展。2000 年以后，塔吉克斯坦通信产业得到了快速的发展。目前，在塔吉克斯坦共有 10 家移动电话运营商，移动电话网络基本形成，信号已能覆盖全国各大中城市、主要交通干线及其邻近地区和居民点，但广大农村地区和偏远山区仍是一片空白。此外，塔吉克斯坦的通信服务质量有待提高，网络速度较慢，通信费用较高，这在一定程度上影响了企业的运营效率。基于此，其电子商务处在初级发展阶段。

能源基础设施方面，塔吉克斯坦的能源基础设施主要包括电力、天然气和石油等。塔吉克斯坦拥有丰富的水力资源，水电是其主要的能源来源之一。近年来，塔吉克斯坦政府加大了对水电站的建设和改造力度，提高了电力供应的稳定性和可靠性。然而，塔吉克斯坦的能源基础设施仍存在一些问题。

---

① 参见初阔林、李洁：《“一带一路”视阈下中国与中亚交通互联的意涵、困境与策略》，载《理论月刊》2018 年第 11 期。

例如，电力供应在冬季可能会出现短缺，影响企业的正常生产。此外，塔吉克斯坦的天然气和石油供应主要依赖进口，能源价格波动较大，增加了企业的运营成本。

（2）金融服务

金融服务是企业运营的重要支持。外汇方面，塔吉克斯坦的外汇管理部门是塔吉克斯坦中央银行，主要约束法规为《外汇管理与监督法》。塔吉克斯坦主权货币为索莫尼。根据《投资法》规定，投资者有权在塔吉克斯坦开立本币及外币账户，缴完税后有权将塔吉克斯坦本国货币自由兑换成其他货币，同样可认购其他外币用于支付塔吉克斯坦境外业务。外汇汇进汇出自由，投资者有权将合法投资和经营利润所得外币收入汇出。在货物贸易方面，居民在合同规定期内收付相关款项，必须经过塔吉克斯坦国家银行的授权，通过从事外汇业务的银行开设的账户进行交易。企业转账金额超过等值 7 万索莫尼时，需提供外币来源的证明文件。在个人外汇交易方面，个人购买外汇不需要提供购汇用途文件证明，但支付时需要提供证明文件。另外，个人单笔转账金额超过等值 1.4 万索莫尼的，个人客户需提供外汇来源的证明材料。在出入境方面，个人携带超过等值 3000 美元的外币需提交书面申请，并缴纳一定的关税。

银行服务方面，塔吉克斯坦国家银行是塔吉克斯坦的中央银行，塔吉克斯坦的银行体系包括国家银行、商业银行和外资银行。近年来，塔吉克斯坦的银行服务逐渐改善，银行网点数量增加，金融服务的覆盖面扩大。但是塔吉克斯坦银行系统薄弱，缺少长期投资，塔吉克斯坦居民对银行的信任度较低，企业获得贷款的难度较大。此外，银行的服务效率较低，贷款审批时间较长，影响了企业的资金周转。

塔吉克斯坦证券市场处于起步阶段，2015 年 10 月，塔吉克斯坦宣布成立第一家证券交易所，并于 2016 年初开始建设，资本市场发展相对滞后。塔吉克斯坦的证券市场规模较小，上市公司的数量有限，企业通过资本市场融资的渠道较为狭窄。此外，塔吉克斯坦的资本市场法律法规不够完善，市场监管力度不足，投资者的信心不足，这在一定程度上影响了资本市场的发展。

保险服务方面，塔吉克斯坦的保险市场近年来得到了一定的发展，但市场规模较小，保险产品的种类有限。企业可以选择的保险产品主要包括财产保险、人寿保险和责任保险等。然而，塔吉克斯坦的保险服务质量有待提高，保险理赔效率较低，保险费用较高，这在一定程度上影响了企业的保险需求。

（3）公共资源的获取

塔吉克斯坦的公共资源获取与分配主要通过法律法规和政府政策进行规

范。在土地获得上，塔吉克斯坦的土地资源较为丰富，但土地获取和使用受到严格的法律法规限制。根据《土地法》的相关规定，土地归国家所有，企业可以通过租赁的方式获得土地使用权。土地租赁期限最长为50年，企业需要缴纳土地税和土地租金。土地获取的程序较为复杂，企业需要向政府部门提交申请，并经过严格的审核。此外，塔吉克斯坦的一些地区被划为特别保护区，这些区域的土地不对外资企业和外国投资者开放。

在水、电、汽、油方面。塔吉克斯坦拥有丰富的水资源，但水资源的分配和管理受到严格的法律法规限制。根据《水法》，水资源归国家所有，企业需要获得政府的许可才能使用水资源。水资源主要根据企业的用水需求和环境保护要求进行分配。企业需要缴纳水资源使用费，费用的具体金额根据塔吉克斯坦相关法律确定。塔吉克斯坦的水、电、气使用成本较低，但天然气及电力存在供应不足的情况，部分地区冬季缺电现象严重。由于国外对塔吉克斯坦天然气进口的限制，民用天然气在塔吉克斯坦很少使用，主要用于工业生产。由于供水设备及管道陈旧，自来水水质较差。由于高度依赖俄罗斯进口的石油产品（占其总进口量的93%），塔吉克斯坦的油价波动较大。2025年初，国际油价因中东局势紧张、全球经济复苏需求增加等因素呈现震荡上行趋势。

在劳动力资源上，塔吉克斯坦劳动力资源丰富，适龄劳动人口占总人口的70%以上，且35岁以下人口占比高达70%。然而，劳动力整体技能水平较低，尤其是在技术密集型行业（如采矿业、制造业）中，熟练工人和技术人员短缺问题突出，塔吉克斯坦劳动力成本较低，劳动力主要集中在首都杜尚别及周边地区。低廉的劳动力成本为外资企业提供了显著的成本优势，尤其是在劳动密集型行业（如农业、纺织业）中，企业可以通过雇佣本地工人大幅降低生产成本；而在技术密集型行业（如采矿业、能源开发），则需投入大量资源用于员工技能培训。

3. 政府服务效率

（1）政府办事效率

塔吉克斯坦政府近年来在提高办事效率方面采取了一系列措施。自2009年起，塔吉克斯坦在欧盟和美国的技术援助下建立了“统一窗口”机制，旨在简化外资企业的注册、进出口许可等流程。企业只需一次性提交所需文件即可完成多项审批，显著缩短了注册周期。例如，外资代表处或分支机构在提交完整材料后，通常可在两周内完成登记。塔吉克斯坦设立的5个自由经济区（如“索格特”“丹加拉”）为外资企业提供税收减免和注册简化服务。如，某中资纺织企业在“丹加拉”自由经济区仅用10天完成注册并投产，较常规流程缩短50%。然而，塔吉克斯坦的政府在办事效率方面仍存在一些问题。尽管法律规定了明确的注册流程，但实际操作中仍需多个部门协同审核。例如，外资企业注册需提交母公司决议、司法部资格鉴定、财政部财务证明等文件，涉及至少3个部门的审查，且部分地区会因法律执行标准不一导致效率差异。

（2）电子政务的发展

塔吉克斯坦近年来通过政策立法和技术合作，逐步推进电子政务体系的构建。自2019年起，该国立法议程明确将数字化作为国家现代化战略的核心，重点包括扩大宽带接入、建立技术培训机构以及设立专门机构监督国家IT基础设施的数字化进程。2023年，塔吉克斯坦总统颁布法令，强制要求政府支付仅以非现金形式进行，这一政策显著推动了数字支付的应用。相关数据显示，2023年上半年非现金支付额达55亿索莫尼（约5.05亿美元），同比增长83.2%。塔吉克斯坦通过世界银行支持的“数字基础项目”（投资3900万美元）推广电子政务平台，整合了企业注册、许可证申请、税务缴纳等功能，并强制推行非现金支付（如电子钱包），减少人为干预和腐败风险。

塔吉克斯坦通过政策立法、技术合作与数字化试点，初步构建了以非现金支付、区块链应用和“统一窗口”为核心的电子政务体系。然而，基础设施薄弱、城乡差异及数据安全等问题仍需长期投入。未来，该国需在技术赋能、法律完善与国际协作中寻找平衡，以实现从“能办”到“高效办成”的数字化转型目标。

（3）政府与企业的沟通机制

塔吉克斯坦政府通过国际合作项目搭建了高效的外资沟通平台。以中塔合作为例，河南省与塔吉克斯坦签署的《经济合作工作方案（2016—2020年）》中，明确以“政府搭台、企业唱戏”模式推动农业、矿业合作，例如，中塔（河南）农业产业园通过本地化雇佣（塔籍员工占比超70%）和技术转移，既满足塔国就业需求，又为中国企业提供政策优惠。类似地，中吉乌铁路和苏尔霍布河大桥项目通过高层对话快速推进，项目审批周期缩短至6个月，体现了政府在外资重大项目中的协调能力。另外，塔吉克斯坦的经济发展和贸易部定期召开企业座谈会，听取企业的意见和建议，帮助企业解决实际问题。此外，塔吉克斯坦的一些政府部门还设立了企业服务热线，为企业提供咨询服务，帮助企业了解政策法规和办事程序。

4. 总体评述

塔吉克斯坦通过《外资法》明确保障外资权益，包括利润自由汇出、税收优惠及争议解决机制透明化（如国际仲裁优先）；经贸部官网动态更新行业准入政策及自由经济区细则，为外资提供稳定预期。基础设施服务方面，塔吉克斯坦通过中资合作项目（如中塔公路、苏尔霍布河大桥）改善交通物流，但能源供应高度依赖进口（93%的石油来自俄罗斯），冬季电力短缺及油价波动风险长期存在。电子政务平台整合注册、税务等功能使得政府服务效率大大提高。整体来看，近年来塔吉克斯坦外资企业公共服务可获得性大大提高。

（三）企业开办与退出效率

1. 企业注册程序

（1）企业注册申请

根据《外国投资法》和《企业注册法》规定，实施外国投资的可以是外国法人、具有外国国籍或长居身份的外国公民、不具备法人资格的外国联合体和国际组织，接受外国投资的企业可以是合资企业，也可以是外商独资企业。除塔吉克斯坦法律禁止的形式以外，外资企业可以采用任何企业形式。企业注册前需拟定2—3个公司名称，通过国家税务委员会或地方税务机关核验名称唯一性。名称核验通常需1—2个工作日，若名称重复则需重新提交。

接下来需要注册文件准备和公证。中资企业在塔吉克斯坦注册需要提交指定文件，一般包括：由创办者之一签署的请求企业注册的书面申请且申请应由创办人或其授权委托人提交、创办企业的决议、提交文件的企业执行人员或授权人的身份证明、证明企业领导层身份文件的复印件、境外法人注册文件复印件、已缴纳注册费的收据等。企业在注册时需提交“注册资本到位”文件，有限责任公司注册资金不少于500索莫尼，开放式股份公司注册资金不少于5000索莫尼，封闭式股份公司注册资金不少于3000索莫尼。外国人或企业注册公司所提交的文件应翻译成官方语言——塔吉克语，并经公证处公证。

塔吉克斯坦国家注册部门应在5个工作日内对企业申请做出回应，已登记注册的外资企业会得到固定格式的注册登记证。负责外资企业登记注册的公证处在10日之内通报财政部有关该企业的注册登记。获得注册登记证是企业开立银行账户、刻章、申请统计代码和税号的基础。注册完成后，企业需在10日内向财政部备案，并申请统计代码和税号，以便开立银行账户及刻制公章。常规企业从文件准备到获得注册证书约需3—4周，自由经济区企业通过税收优惠和流程简化（如丹加拉自由经济区），注册可缩短至10天。

尽管近年来塔吉克斯坦政府大力推行数字化改革，积极搭建线上政务服务平台，力求将诸多行政流程转移至线上办理，期望以此提高效率。例如，部分文件的提交可以通过电子系统进行，减少了人工递送的时间和成本。然而，受限于基础设施建设尚不完善、不同部门之间的数据共享存在障碍，以及部分工作人员对新系统操作不熟练等因素，整体时间效率仍存在较大的提升空间。

(2) 企业注册登记

根据《外国投资法》及相关法律规范，外商投资实体在境内注册登记需遵循法定程序要求。国家公证机关作为法定受理机构，具体负责外商投资实体的注册登记工作。申请主体须提交包含以下核心要件：由设立主体签署的注册申请书、经全体发起人确认的设立协议及组织章程、经认证的注册资金份额偿付能力证明（附官方语言译本）、司法主管机关核发的文件合规性意见书、标准化行业分类代码、法定注册费用支付凭证以及财政部门出具的可行性评估报告。该可行性评估须基于企业提交的详细运营方案，包括技术经济论证文件、主营业务范围、投资规模与形式、实施周期及预期效益等核心要素。财政部门将在受理完整材料后 7 个工作日内完成技术经济可行性审查，并形成正式评估结论。经核准登记的企业将获得标准制式的注册证书，证书编号由财政部门依据法定程序统一赋码。财政部在接收全部申报材料后，须对已备案的企业章程执行规范化处理程序，包括扉页缝制、编码标注等法定形式要求，并在章程扉页右上角加盖带有审核日期及部门印章的备案标识。①

根据《法人登记法》的规定，在塔吉克斯坦设立外国公司的分公司或代表处，需要向登记机关提交包括分支机构统计登记申请书、经认证的母体组织设立文件副本、设立决议、分支机构管理规章、负责人授权委托书、经营场所证明及税费缴纳凭证等基础文件。值得注意的是，根据《外国投资法》第 17 条之强制性规定，获准注册的外商投资实体须在登记生效后的 12 个月内完成注册资本实缴义务，并提交经审计的注资证明文件。若未履行上述义务，财政部门可依法启动司法撤销程序，相关注销决定将通过登记机关公示系统对外公告，并在指定官方媒体发布通告。

为确保国家法律体系的统一性，塔国司法主管机关依据第 308 号政府决议实施规范性审查程序，旨在维护国家主权利益和公民合法权益，同时确保申报文件与现行法律规范的一致性。该审查机制具有非营利性特征，相关费用已包含在国家注册规费之中。决议规定审查主体在受理材料后须于 7 个工作日内作出专业判断，特殊情况下可延长至 10 日，但需出具书面延期说明。审查结果可分为两种类型：符合性确认书或否定性结论。作出否定性结论的法定事由包括但不限于：申报材料存在法律要件缺失、申报主体不具备法定

① 参见郭学兰：《中亚五国企业法律概论》，知识产权出版社 2013 年版，第 87—88 页。

经营资质、文件内容损害国家利益或侵犯公民权利等情形。

（3）注册审批

2009 年，塔吉克斯坦在欧盟和美国国际合作局的技术援助下建立并启动了“统一窗口”机制，在此框架内企业只需要一次提供所需文件即可办理注册等事宜。目前在塔吉克斯坦注册公司、代表处等机构一律需要到国家税务委员会及地方税务机关注册登记。在塔国登记注册外资企业必须遵照《外资法》及《企业注册法》等进行。塔吉克斯坦的外资企业注册审批程序以法律框架为基础，融合多部门协同审查与阶段性评估，整体流程分为初审、实质审查及终审三个阶段，其时效因行业属性、文件合规性及地方执行差异而显著不同。

在初审阶段，国家税务委员会对提交材料的完整性进行形式审查，重点核验文件是否齐全（如母公司决议、法人身份证明、注册地址证明等）以及翻译公证是否符合法定要求（非塔吉克语文件需经认证机构翻译并公证）。此阶段通常在 5 个工作日内完成，但若文件缺失或翻译错误（如未使用官方语言或公证机构资质存疑），审查可能被驳回并要求补充材料，这会导致周期延长 1 至 2 周。初审通过后进入实质审查阶段，这一环节涉及行业准入与项目合规性的深度评估。对于普通行业（如贸易、服务业），审查重点包括注册资本合法性（如有限责任公司最低注册资本 500 索莫尼、股份公司 3000—5000 索莫尼）及投资主体资质；而对于限制类行业（如采矿、金融、军工），则需额外向行业主管部门申请特许权，例如，矿业企业需获得能源部颁发的勘探或开采许可证，金融机构需中央银行审批，此类特许权申请可能耗时 1 个月以上。若涉及自然资源开发或大型基建项目，还需提交环境影响报告并由环保部门审核（约 2—4 周），进一步拉长周期。此外，司法部会对公司章程、股东协议等文件进行法律合规性鉴定，确保其符合《外资法》及《企业注册法》要求，此过程通常需 5—7 个工作日，复杂项目可能延长至 2 周。

终审与发证阶段是审批流程的最后环节，通过前述审查的企业将在 5 个工作日内获得国家注册部门签发的营业执照和税务登记证，企业可凭此证开立银行账户、申请进出口许可及开展雇佣活动。然而，实际时效受多重因素影响：一是地区执行差异，首都杜尚别的审批效率通常高于偏远地区，例如，库尔干秋别等地的财政鉴定可能因资源匮乏而延迟；二是行业特殊性，能源或军工类项目因涉及国家安全审查，全流程可能延长至 3 个月以上；三是资本到位监管，尽管注册时无须提交资本证明，但企业需在 1 年内补交，若未及时履行将面临注销风险，这对资金链紧张的企业构成潜在压力。①

为优化审批效率，塔吉克斯坦政府推行了“统一窗口”机制，整合税务、司法、财政等部门的流程，企业仅需一次性提交材料即可完成多环节审核，外资代表处注册周期可压缩至两周。自由经济区（如丹加拉、索格特）进一步提供政策红利，区内企业享受税收减免和加速审批（最快 10 天完成注册），显著降低合规成本。据塔吉克斯坦工业和新技术部数据，塔吉克斯坦进一步简化了工业企业注册手续，2024 年该机构向法人和个体工商户发放了 980 张生产经营许可证，比去年增加了 208 张。其中，90.1%在 3 至 10 天内发给了申请人，办理时限大幅小于法定时间 30 天。②

（4）企业退出

塔吉克斯坦企业终止退出的流程需严格遵循法定程序，主要包括解散决议、清算、注销登记等环节。企业需首先通过股东会或股东大会作出解散决议，并在决议通过后 15 日内成立清算组，负责接管企业资产、清理债务及编制资产负债表。清算组成立后须在 10 日内书面通知已知债权人，并在官方认可的报纸上公告至少 45 天，要求债权人申报债权。清算期间，清算组须按法定顺序清偿债务，优先支付员工工资、社会保险费用及税款，剩余资产按股东出资比例分配。

完成债务清偿后，企业需向税务部门提交《终止税务申报表》并结清所有税款，常规税务检查周期为 60 个工作日，突击检查不超过 15 个工作日。涉及特定行业（如采矿、医疗）的企业还需通过环保评估或行业合规审查，例如，矿业企业需完成土地复垦验收，医疗企业需通过标准化署的注册注销审核。随后，清算组向国家公证处提交清算报告、税务清税证明等文件申请注销登记，外资企业还需向财政部备案并通过媒体公告终止信息。

整体流程耗时因行业和行政效率而异，常规企业退出约需 3—6 个月，重资产行业（如能源、矿业）可能因债务积压或政策不明晰延长至 1 年以上。此外，外资企业需额外处理外汇账户清算及国际仲裁条款适用性审查，进一步增加时间成本。塔吉克斯坦近年虽推动政策优化（如 2024 年启动的法规清理项目），但多部门审批和行业特定要求仍是主要的提升效率的瓶颈。

---

① 参见郭学兰：《中亚五国企业法律概论》，知识产权出版社 2013 年版，第 87—88 页。

② 参见《塔吉克斯坦简化工业企业注册手续》，载中华人民共和国商务部网，https://tj.mofcom.gov.cn/jmxw/art/2025/art_c6bdd65a49994510a4d1c8c386b78ddb.html，2025 年 1 月 1 日访问。

2. 企业开办与退出成本

（1）企业用地

塔吉克斯坦《土地法》规定，向外资企业和外国公民提供土地使用的期限不超过50年。塔吉克斯坦受特别保护的地区土地不向外资企业和外国公民提供。塔吉克斯坦土地使用权需要进行国家登记，获得国家登记证书之后，土地使用权才能正式生效。塔吉克斯坦土地实行有偿使用，每年需缴纳相应的费用，主要包括土地税和土地租金。

塔吉克斯坦政府根据不同地区、不同土地类型对土地使用者征收不同的土地税。具体税率如下：杜尚别市为400索莫尼/公顷；胡占德、库尔干秋别、库利亚布为300索莫尼/公顷；中央直属区各城市和霍罗格市为200索莫尼/公顷；其他城镇为150索莫尼/公顷。不超过800平方米的，按照当地企业用地征收；超过800但不超过2000平方米的，对于800平方米面积按照企业用地征收，超过部分按2倍征收；超过2000平方米的，对于800平方米的面积按照企业用地征收，对于超过1200平方米不足2000平方米的部分按2倍征收，对于超过2000平方米的面积按5倍征收。[①]

（2）注册费用与相关税费

根据塔吉克斯坦《企业注册法》，企业注册时需要缴纳一定的注册费用。注册费用的标准根据企业类型和规模有所不同。例如，雇员不超过2000人的国有企业和公司的注册费用为2000卢布，雇员超过2000人的国有企业、各种国有公司、托拉斯及各种形式的附属公司的注册费用为5000卢布。此外，企业分支机构、租赁企业等的注册费用为1500卢布，合资企业、商业社团及有关公司的注册费用为1000索莫尼，小企业的注册费用为500卢布。[②] 企业退出费用是指企业清算时所需要支付的税款、破产管理人费用、第三方评估费用等不特定成本。

除了注册费用外，企业还需要缴纳相关的税费。塔吉克斯坦的税收体系由国税和地方税构成，这种二元结构在其税收征管中发挥着重要作用。全国税是国家财政收入的亘要来源，涵盖了多个关键领域，对国家的宏观经济调控和公共服务提供起到关键支撑作用；地方税则侧重于满足地方政府的财政需求，支持地方基础设施建设和公共服务的开展。各类企业目前所涉及的税

---

① 参见中国国际贸易促进委员会法律事务部，中国经济信息社编著：《“一带一路”国别法律研究（第三辑）：塔吉克斯坦》，新华出版社2018年版，第65页。

② 参见中国国际贸易促进委员会法律事务部，中国经济信息社编著：《“一带一路”国别法律研究（第三辑）：塔吉克斯坦》，新华出版社2018年版，第59页。

种共有 10 项，其中，国税 8 项、地税 2 项。①

国税主要包括个人所得税、法人所得税、增值税、消费税、社会税。地税主要包括不动产税和交通工具税。个人所得税实行超额累进税率又可细分为可分为居民税和非居民税。对于连续 12 个月内在塔吉克斯坦共和国境内实际居住超过 182 天的自然人，从第 183 天起即被视为年度内的塔吉克斯坦居民，征收居民税。非居民则包括外国企业或非居民自然人。每个日历年度塔吉克斯坦都要对居民自然人和非居民自然人身份进行认定。居民纳税人和非居民纳税人均要对其在塔吉克斯坦境内所得缴纳税费，但其税率根据纳税人是否为本国居民而有所不同。例如，在企业所得税中，对于居民纳税人，针对商品生产所得，税率为 13%，但征税额不低于总收入的 1%；针对其他业务所得，税率为 23%，但征税额不低于总收入的 1%。对于非居民纳税人，税率 25%，但征税额不得低于总收入的 1%。法人所得税这是对企业盈利征收的税种，税率为 25%，对企业的经营决策和利润分配有着重要影响。年收入低 60 万索莫尼的企业免征税，有助于减轻小微企业的负担，促进其发展壮大；超过 60 万索莫尼的企业需缴纳收入总数的 4%，同时，宗教、慈善、预算类组织机构，国际商业机构等可免征所得税。增值税是在商品生产和流通、提供劳务和服务过程中对增值部分征收的间接税，在商品的各个流转环节发挥作用。在商品、工程和服务的生产和流通的各个环节缴纳。增值税的征税对象为计税业务和计税进口贸易，增值税标准税率为 15%，适用于所有增值税纳税范围内的应税货物与劳务；建筑工程、公共餐饮服务和宾馆服务领域的增值税率为 7%；本国农产品销售、农产品加工、教育服务、医疗服务业的优惠税率为 5%。对于出售、转让或租赁不动产（经营活动中所使用的不动产、酒店房间及新建住房除外）；为塔吉克斯坦财政部、国家银行及国家主管机关协议确定的赔偿清单提供单独的金融服务；交付本国或外国货币及有价证券；为宗教组织提供宗教和仪式服务；为国家机构提供医疗服务；为公立国家教育机构提供教育服务；无偿为国家提供商品供应和服务，人道主义援助；按塔吉克斯坦政府确定的清单向残疾人提供个人专用产品等情况免征增值税。消费税针对特定的 6 类商品征收，如酒精、烟草制成品、矿物燃料、充气橡胶轮胎、轻型汽车和其他载人机动运输工具等。消费税的纳税人是实行应税交易的人员，其中包括在塔吉克斯坦实行应税交易的外国法人和自然人。税率根据商品类别有所不同。社会税主要与雇佣工人的工资相关，是社会保障

① 参见《塔吉克斯坦共和国税法》，新疆维吾尔自治区国家税务局译，中国税务出版社 2016 年版，第 4 页。

体系的重要资金来源。承保人税率为25%，被保险人税率为1%，个体经营者税率为20%。对于非塔吉克斯坦公民为塔吉克斯坦驻外使领馆提供工程施工和服务而获得的收入，政府投资的项目中外国公民所获得的雇佣劳动收入，根据塔吉克斯坦税法免除个人所得税的收入免征社会税。塔吉克斯坦的不动产税涵盖土地税和不动产项目税，土地税由政府根据具体情况确定，体现了地方政府对土地资源的管理和调控；不动产项目税根据用途和面积征收，税率在3%—15%之间，对房地产市场和土地利用有着重要影响。交通工具税根据不同车型征收，税率在1%—14.5%之间，对交通运输行业和私人交通工具的拥有和使用产生作用，影响着居民的出行选择和交通成本。

塔吉克斯坦税法中的税收优惠政策为企业扩大投资提供了有力的激励。对于新办生产企业，根据投资规模给予不同期限的所得税免征优惠。投资规模在50万美元以下（不低于法定注册资金限额）的企业，免缴所得税2年；投资规模在50万美元到200万美元之间（包括200万美元）的，免缴所得税3年；投资规模在200万到500万美元之间（包括500万）的，免缴所得税4年；投资规模在500万美元以上的，免缴所得税5年。这一政策使得企业在进行投资决策时，会充分考虑不同投资规模所带来的税收优惠差异。在税收成本方面，塔吉克斯坦所涵盖的税种较为多样，不过，其税收比例处于较低水平，这使得企业所面临的税收负担相对较轻，税收成本整体可控。

（3）隐性成本

在企业开办过程中，除了直接的注册费用和税费外，企业还可能面临一些隐性成本。例如，为了确保注册文件符合要求，企业可能需要聘请专业的咨询公司或律师提供法律和财务咨询，这些服务的费用通常较高。此外，如果企业的经营活动涉及特殊领域，如矿产勘探、金融等，还需要获得相关主管部门的许可，这可能需要支付额外的费用。根据《投资法》，企业获得土地使用权需要缴纳土地税和土地租金，这些费用的具体金额根据塔吉克斯坦相关法律确定。

在实际操作中，企业开办的隐性成本还可能包括与政府部门打交道的费用。由于塔吉克斯坦的法律法规较为复杂，企业创办者可能需要花费大量的时间和精力与政府部门沟通协调，这可能导致企业开办成本的增加。此外，由于塔吉克斯坦的执法环境不够稳定，企业可能需要支付额外的费用以应对可能出现的法律风险。

此外，塔吉克斯坦基础设施条件较为薄弱且边境过境效率较低。塔吉克斯坦作为一个内陆国家，无海运，国内水系又不适合航行，塔吉克斯坦的物流依赖陆路运输，时效性受地理因素影响较大，尤其是偏远地区，物流时间较长。根据塔吉克斯坦亚洲快讯通讯社1月14日杜尚别报道，在全球物流绩效指数139国排名中，塔吉克斯坦排第124名。交通以公路为主，铁路，空运为辅，其公路总长1.42万千米主要修建于苏联时期，[①] 基础设施较为陈旧，且受自然灾害等因素影响，运输成本高、效率低。短期内难以通过低成本高效率的方式解决此问题。

（4）开办成本的国际比较

与其他国家相比，塔吉克斯坦的企业开办成本处于中等水平。根据世界银行的《营商环境报告》，塔吉克斯坦的企业开办成本在中亚地区处于中等水平，低于哈萨克斯坦和乌兹别克斯坦，但高于吉尔吉斯斯坦和土库曼斯坦。例如，哈萨克斯坦的企业注册费用较高，但其税收体系相对较为简单，企业的运营成本较低。乌兹别克斯坦的企业开办成本较高，但其政府对企业的支持力度较大，提供了一系列的优惠政策。吉尔吉斯斯坦的企业开办成本较低，但其基础设施和公共服务水平相对较低，企业的运营环境不够完善。土库曼斯坦的企业开办成本较低，但其市场开放程度较低，企业的市场机会有限。

从国际比较来看，塔吉克斯坦的企业开办成本处于中等水平，仍然存在一定的改进空间。政府可以通过进一步简化注册流程、降低注册费用、提高公共服务水平等方式，降低企业开办成本，提高企业的竞争力。

3. 特殊审核与许可

在塔吉克斯坦，某些行业或领域的经营活动需要获得特殊审核和许可。这些特殊审核和许可的要求增加了企业开办的复杂性和时间成本，但也保障了市场的秩序和公共利益。

（1）特殊行业或领域的准入许可

塔吉克斯坦的法律法规对一些特殊行业或领域的经营活动进行了限制性规定。例如，金融、矿产勘探、能源、通信等行业需要获得相关主管部门的许可。这些许可的申请过程较为复杂，需要企业提交详细的文件和资料，并经过严格的审核。例如，金融企业需要获得塔吉克斯坦国家银行的许可，矿产勘探企业需要获得塔吉克斯坦地质总局的许可，能源企业需要获得塔吉克斯坦能源部的许可。

除了上述行业外，塔吉克斯坦还对一些涉及国家安全、公共健康和环境保护的领域进行了限制性规定。例如，食品加工企业需要获得卫生部门的许可，药品生产企业需要获得药品监督管理部门的许可，化工企业需要获得环

---

① 参见穆沙江·努热吉、米克拉提·艾力西尔：《“一带一路”倡议下中国和塔吉克斯坦贸易现状》，载《宏观经济》2022年第4期。

保部门的许可。这些许可的申请过程不仅需要企业提交详细的文件和资料，还需要企业满足相关的技术标准和环保要求。

（2）环保、税务等专项审核要求

在塔吉克斯坦，企业开办过程中还需要进行环保和税务等专项审核。根据塔吉克斯坦《环境保护法》，企业的经营活动需要符合环保要求，对环境可能产生影响的项目需要进行环境评估，并获得环保部门的批准。例如，企业在建设工厂、矿山等项目时，需要提交环境影响评估报告，并根据环保部门的要求采取相应的环保措施。

税务审核也是企业开办过程中的重要环节。根据塔吉克斯坦《税法》，企业在注册时需要向税务部门提交相关的财务文件和税务登记申请。税务部门将对企业进行税务审核，确保企业的经营活动符合税务法规的要求。如果企业的经营活动涉及跨境交易，还需要进行外汇管理审核，确保企业的外汇收支符合相关规定。

（3）外资企业与本地企业的审核差异

在塔吉克斯坦，外资企业和本地企业在开办过程中面临的审核要求存在一定的差异。根据塔吉克斯坦《投资法》，外资企业在注册时需要提交额外的文件和资料，如外国投资者的身份证明、外国企业的注册文件等。此外，外资企业还需要获得塔吉克斯坦投资和国有资产管理委员会的批准，这增加了外资企业的开办时间和成本。

与本地企业相比，外资企业在开办过程中还需要遵守更多的法律法规。例如，外资企业需要遵守塔吉克斯坦《外汇调节和外汇监督法》，确保其外汇收支符合相关规定。此外，外资企业在获得土地使用权、开展经营活动等方面也受到一定的限制。例如，外资企业获得土地使用权的期限最长为 50 年，而本地企业可以获得更长期限的土地使用权。

4. 总体评述

塔吉克斯坦外资企业开办效率受多种因素综合影响，整体处于中等水平，存在改进空间。从注册程序来看，塔吉克斯坦建立了“统一窗口”机制，企业一次性提交材料即可办理注册等事宜，简化了流程。常规企业从文件准备到获得注册证书约需 3—4 周，自由经济区企业通过税收优惠和流程简化，注册可缩短至 10 天。从开办成本来看，塔吉克斯坦企业开办成本处于中等水平，低于哈萨克斯坦和乌兹别克斯坦，但高于吉尔吉斯斯坦和土库曼斯坦。在特殊审核与许可方面，塔吉克斯坦对某些行业或领域的经营活动进行严格规定，如金融、矿产勘探、能源、通信等行业需获得相关主管部门的许可，食品加工、药品生产、化工等行业需满足相关技术标准和环保要求。这些特殊审核和许可的要求增加了企业开办的复杂性和时间成本。但整体而言，近年来塔吉克斯坦外资企业开办效率得到了一定的提高。

二、经营场所的获得

（一）监管框架

值得注意的是，一个合法正规的法人地址或经营场所是外国投资者在塔吉克斯坦运营的前提条件。经营场所的取得成本，与不动产产权转让、城市规划法规、土地管理监管政策、不动产租赁的限制、环境许可的监督政策息息相关，越来越成为公司投资的重要考量因素。若取得经营场所的成本过于高昂或浮动性较强，将增加公司的投资预算不确定性。维系经营场所的费用的高低和稳定性也会直接影响公司的盈利能力和投资回报率。因此，公司在投资决策时应充分考虑经营场所的取得成本和维系难度，以确保投资的可行性和盈利性。本书将在下文对上述各方面逐一分析。

1. 不动产产权转让

根据塔吉克斯坦《投资法》规定，不动产、证券、知识产权等都是塔吉克斯坦允许的投资形式。并且，塔吉克斯坦的《外商投资法》明确规定，外国投资者可以通过参股、建立独资企业、获得股票或其他有价证券等方式参与不动产产权的转让。外国投资者与塔吉克斯坦公民或法人共同或独立取得土地及其他自然资源的使用权时，需遵守相关法律规定。由此可知，塔吉克斯坦相关法律并未禁止外国投资者取得该国不动产产权。此外，塔吉克斯坦法律还对外国投资者的不动产产权提供了相应的保障：在国有化与征用限制方面，除非发生自然灾害、流行病等紧急情况，外国投资不应被国有化或征用。若发生征收、征用，必须给予及时、公平的补偿，补偿金额应与投资的实际价值相符。在争议解决方面，外国投资者与塔吉克斯坦国家机构或其他企业之间的争议，可通过法院或国际仲裁机构解决。

相应地，塔吉克斯坦对不动产产权转让也有所限制。首先，塔吉克斯坦实行不动产统一登记制度，不动产转让需在不动产登记机构办理登记手续，即不动产产权的转让必须经过依法登记才能发生效力，未经登记的不动产转让行为无效。这一原则与我国《民法典》的相关规定一致，不动产物权的设立、变更、转让和消灭需依法登记。其次，根据塔吉克斯坦的法律，不动产转让需通过以下方式进行：一是买卖，以价金支付为对价，是最常见的转让方式；二是赠与，赠与人无偿将不动产产权转移给受赠人；三是继承，自然人死亡后，其继承人可依法取得不动产产权；四是作价入股，将土地使用权作为投资入股企业。

此外，塔吉克斯坦《租赁法》规定，承租人可在征得房东全部或部分同意的情况下购买租赁物业。购买的条款、程序和条件必须由租赁合同和购买协议确定。在此过程中引发的争议必须通过经济法庭的仲裁来解决。塔吉克斯坦共和国法律可能会规定限制或禁止购买租赁财产的情况。在租赁折旧期结束后，如果物业根据其状态可供出售，承租人将剩余的物业费用汇给房东，即可实现购买。并且，买卖双方应建立物业清单，以便对物业费用进行适当的估算。根据塔吉克斯坦共和国的法律和企业章程，购买方法可以包括法律规定的企业可以使用的任何手段。先租赁后买卖财产的不动产的所有权是在买卖双方签署购买合同后确立转移的。且不动产购买合同只有在销售税汇入国家预算后才能提供，此后企业才能被授予具有法律效力的产权证书。

易言之，在塔吉克斯坦，外商或外资企业可以通过塔吉克斯坦法定的不动产转让手续和转让方式获得不动产产权。在此基础上，可以在企业所有的不动产内设立经营场所。

2. 城市规划法规

塔吉克斯坦的城市规划法规体系是一个多层次、多维度的法律框架，旨在规范城市建设和土地利用，确保城市发展的有序性和可持续性。《宪法》《行政法》《投资法》《建筑、城市规划和建设活动法》以及各地方城市规划法规中均包含城市的未来发展、城市的合理布局和综合安排城市各项工程建设的综合部署。其中，《宪法》中明确了国家对土地和自然资源的管辖权，为城市规划提供了根本法律依据。《行政法》以及相关规章规定了城市规划的编制主体、审批权限和实施程序，确保规划的科学性和合法性，对违反城市规划的行为（如未经许可的建筑活动）进行处罚的具体措施。塔吉克斯坦《建筑、城市规划和建设活动法》是该领域的基础性法律，以发展眼光、科学论证、专家决策为前提，对城市经济结构、空间结构、社会结构发展进行规划，规定了城市规划的基本原则、编制程序、审批权限以及违法行为的处理方式。《投资法》则涉及外国投资者在塔吉克斯坦取得、处分土地使用权和不动产、动产产权等相关法律，规定了投资者在该领域城市建设中的权利和义务。地方性法规是以塔吉克斯坦国家法律为原则并结合地方实际情况制定的。塔吉克斯坦首都杜尚别市的城市规划条例中就规定，杜尚别市禁止在窗户上安装护栏并且各户需要统一屋顶颜色。塔吉克斯坦旨在通过这样的地方性法规确保一国首都保持良好的城市形象。此外，塔吉克斯坦还针对特定领域制定了专门的规划法规，例如，针对历史建筑和历史文化遗址订立了历史文化保护法规，确保城市发展与文化遗产保护相协调。

塔吉克斯坦的城市规划法规体系涵盖了国家法律、地方性法规、技术标准、行政法规以及国际法等多个层面，形成了一个较为完整的法律框架。这些法规既规范了城市建设的各个方面，还为外国投资者提供了明确的法律保障，为外资企业提供了经营场所建设的基本蓝图。城市的复杂系统特性决定了城市规划需要随着城市发展与运行状况不断调整、不断修订，是一个持续改进和完善的复杂的连续决策过程。未来，随着城市化进程的加快，塔吉克斯坦可能会进一步完善其城市规划法规，以应对新的挑战和需求。

3. 土地管理监管政策

塔吉克斯坦与土地有关的问题是由《土地法》规制的。塔吉克斯坦的土地根据用途不同可分为农业用地、工业用地、运输用地、通信用地、国防用地、住宅用地。在塔吉克斯坦，土地所有权属于国家，不许买卖，只能租赁，并按照地区征收平均土地税。土地使用权可成为买卖、租赁、地役权等民事交易行为的客体。土地使用权可以经国家机构登记后转让，包括土地永久使用权、定期使用权以及终身继承权三类。[①] 国有及合作的农业企业，公共组织和宗教组织，慈善基金和其他基金会，涉及工业、交通和其他非农业的企事业单位，出于国防目的设立的组织，有外国法人参与的合资企业、国际协会和组织可以拥有土地永久使用权。而塔吉克斯坦的自然人、法人均可通过租赁取得土地的定期使用权。固定期限的土地使用可以是短期，也可以是长期。终身可继承使用的土地可以分配给从事农业、其他传统手工艺品以及小型个人收藏的自然人或集体。若转让终身继承使用的土地，在转让后，必须重新登记。永久土地使用权仅授予塔吉克斯坦的法人和个人，而终身且可继承的使用权仅从事农业和其他传统行业的特定生产型主体可以享有。

法人和个人仅可获得土地使用权并根据土地使用类型将他们分为一级使用权人和二级使用权人。获得以下土地使用权的法人和个人，被视为一级土地使用权人：一是没有特定期限的永久使用。二是 3 年到最高 20 年的临时使用。三是终身使用且可继承。一级土地使用权人有权抵押他们的土地使用权。根据租赁协议从一级土地使用权人处获得土地权利的人，被视为二级土地使用权人。租赁协议的履行不得改变土地用途，并且租赁期限不得超过 20 年。外资企业可以获得不超过 50 年期限的土地使用权，并获得作为一级土地使用权人的资格。外资企业也可以根据租赁协议获得 20 年的临时土地使用权，并有资格成为二级土地使用权人。

---

① 参见本书编委会编：《企业对外投资国别（地区）营商环境指南（2020）》，第 27 页，载中国国际贸易促进委员会网，http://www.ccpit.org/，2025 年 1 月 3 日访问。

塔吉克斯坦《外商投资法》规定，外国投资者和外国投资企业可以依法在一定期限内使用土地，但向外资企业和外国公民提供土地使用的期限不超过50年。和塔吉克斯坦内资企业相比，外资企业没有处分他们土地使用权的权利。外资企业在获得农业土地和特定的受保护土地的使用权上也受到限制，塔吉克斯坦受特别保护的地区不向外资企业和外国公民提供。当外国投资者从事可再生和不可再生自然资源勘探、开发和利用及其他相关经济活动时，要与政府授权机构签署土地租用合同，且合同中要包含所从事的活动及条件。并且，外国投资者在正式获取土地使用权之前要先进行登记，土地使用权自收到土地使用证之日起算。外国投资者要依据租赁合同和税法规定按时缴纳土地租金和土地税，具体金额每年根据塔吉克斯坦法律及相关规定确定。

在塔吉克斯坦，外资企业无权取得塔吉克斯坦的土地所有权，有权成为不超过50年的定期土地使用权人。外资企业可以是一级土地使用人也可以是二级土地使用人，但涉及重要土地时，需要遵守塔吉克斯坦的特殊规定。外资企业可以在有使用权的土地上建造建筑物及其附属设施，将其作为企业经营场所使用。

4. 不动产租赁的限制

塔吉克斯坦《租赁法》明确规定，租赁在国家经济的任何领域都是合法的，可以适用于所有形式房地产。可出租房产包括：土地和其他自然资源；企业、组织、工会单位、工厂、商店和其他部门属于工业综合体的企业和组织；单独的建筑物、构筑物、设备、运输工具、仪器和其他实物。塔吉克斯坦共和国的任何法人实体、合资企业、国际协会和国内外法律实体参与的组织，以及其他国家、国际组织和外国法人有权成为租户。出租方和承租方订立的租约必须包含房产的结构和价值、租赁对象、租金率、租赁条款、分配双方维修和维护财产的责任、承租人和出租人的责任义务，承租人及时支付租金和在结束时归还财产的责任租赁期限等信息。承租方未全面履约或履行不当，应根据租赁合同承担相应违约责任，并且承租方有义务遵守塔吉克斯坦的相关法律和国家指令。租金可能包括房东提供材料、协助生产的费用，生产的技术改进的费用，咨询并提供必要的信息、其他协助的费用，以帮助租赁财产创造必要条件，使它保持处于良好状态的费用。相应的承租方也享有相应的权利，租户有权独自决定其经济活动的目的并处置他的产品和收入。租户在履行租赁协议项下的义务后，有权完全自由地进行经济活动。

租赁并不会导致财产所有权的转移。承租人因使用租赁财产而获得的收入，以及不属于租赁财产并由承租人合法获得的其他物质和其他价值，属于承租人。如果租赁合同中未规定其他条件，承租人为维护或改善物业而购买或建造的任何物品均属于承租人。如果承租人在征得房东同意的情况下对房产进行了改造，且改造所得附加价值无法在不损坏房产的情况下与租赁房产分离，承租人有权在租赁结束时获得改造费用的补偿，除非租赁合同中另有规定。租赁一家企业或任何其他不可分割的财产联合体时，除非租约中另有规定，承租人有权获得与租赁财产不可分割的改良费用的补偿，该费用是承租人为的自利性自主行为，无论房东是否同意。但可能导致租赁财产分割且以租赁财务折旧扣除为代价进行的改进归房东所有。如果在租赁协议结束后归还的财产的状况比租约订立时差，承租人必须赔偿房东主张的法定损害的损失。

随着经济的发展和城市化进程的推进，塔吉克斯坦的大城市，如首都杜尚别等的房地产市场迅速升温。大量新建的住宅、商业办公楼和综合体项目应运而生。外资企业在塔吉克斯坦租赁不动产的选择大大增加，法律上对外资企业的租赁行为也不存在特殊的过分限制，为外资企业在塔吉克斯坦设立经营场所提供了良好的条件。中塔两国在政策协调方面的合作，也使得中国投资者在塔吉克斯坦房地产租赁市场上更加活跃。据中华人民共和国驻塔吉克斯坦共和国大使馆经济商务处 2014 年报道：首都杜尚别租一套两居室价格每月在 500 美元左右，租一处办公用小楼每 1000—8000 美元不等。外国人不允许在塔吉克斯坦购置不动产。目前，杜尚别出售公寓房的价格在每平方 800—1500 美元左右。其他城市的租金和房价明显低于首都杜尚别。虽没有更新的数据，但随着塔吉克斯坦经济发展，房屋租赁价格势必有所增长。对于计划在塔吉克斯坦开展业务的外资企业而言，设立合适的经营场所较为关键。在众多选择中，通过租赁不动产的方式来构建经营据点，不失为一种灵活且成本可控的策略。但若选择租赁手段，外资企业需进一步深入考察塔吉克斯坦的租房市场。全面了解当地租房市场的租金水平，才能确保企业租赁成本的合理化，使企业不至于因租金过高而压缩利润空间。同时，深入探究当地的租赁政策与法规，也能有效规避后续可能出现的法律风险。只有进行充分的考察，外资企业才能在塔吉克斯坦顺利通过租赁不动产的方式获得理想的经营场所，为后续的业务开展筑牢根基。

5. 环境许可的监督政策

环境许可方面，根据塔吉克斯坦的环境保护理念，环境政策、经济和社会公共政策和项目作为一个整体是环境保护的重要指引。环保理念决定了国家如何实施环保政策和环境管理。这个理念的基本意图是将确保良好的环境状态作为确保生活质量和人口健康的前提。国家生态环境监管体系由生态、地质与自然资源部主导，该部门承担政策制定、合规审查及生态监测等职能，并协同其他机构建立全国统一的自然资源管理标准。部门下设的中央生态监察局通过定期巡查企业污染物排放、发布年度环境质量白皮书等方式强化监管透明度。所有单位和个人对待环境的基本原则是环境应适合人的生活和居住，有利于居民的生活、劳动和休息。所有单位和个人必须遵守《环境保护法》的规定并履行责任，对破坏环境的行为要承担相应的法律责任。在自然资源产权制度方面，塔吉克斯坦实施严格的资源有偿使用机制。水体、林地、动植物等生态要素均属国家所有，其开发利用需缴纳相应税费。针对工业废弃物的处置，法律明确要求企业须通过专业机构认证其处理方案符合国家标准，并向监管部门缴纳环境修复保证金。值得注意的是，国家级自然保护区实行全域生态红线管控，禁止开展任何形式的工商业开发活动。建设项目环境准入方面，塔吉克斯坦采用全周期许可管理制度。涉及生态影响的项目需经主管部门审查并获得环境准入许可后方可实施，施工期间若引发生态破坏将面临强制停工整改。对于存在重大环境风险的生产设施，其复产需经议会特别审议程序。法律同时规定，项目方不得擅自变更已获批的环保技术方案，并须采取预防性措施最大限度降低对周边生态的扰动。并且，生态损害追责体系采用双轨制救济模式。违法主体可选择主动履行环境修复义务，或经司法裁决承担赔偿责任。赔偿金额的核算依据包含实际修复成本、生态服务功能损失及替代性恢复工程预算等要素，若无明确修复方案则参照政府发布的生态损害评估标准执行。对于非法消耗自然资源、破坏生物多样性或引发生态系统退化的行为，法律设定阶梯式处罚机制，确保环境违法成本与生态损害程度相匹配。①

对于计划在塔吉克斯坦拓展业务版图的外资企业而言，深入了解并严格遵循当地的环境许可法规极为重要。在塔吉克斯坦设立经营场所时，外资企业应当尽可能全面且严格地遵守环境许可法，做好事前立项审批工作，保障经营行为有益于居民生活。倘若外资企业在经营过程中对环境许可法置若罔闻，一旦违反相关规定，极有可能将面临巨额赔偿金。这些赔偿金额根据上述法定方式综合计算，严重违法行为导致的赔偿数额可能会达到令人咋舌的地步，足以让企业在经济上遭受重创，甚至可能因高额赔偿而使企业陷入财务困境，进而影响企业的正常运营。

6. 总体评述

在不动产产权转让方面，塔吉克斯坦法律允许外国投资者通过多种方式参与不动产产权转让，如参股、建立独资企业、获得股票或其他有价证券等。

---

① 参见陈波：《中亚投资法律风险与典型案例》，中国法制出版社 2016 年版，第 135 页。

同时，法律也保障外国投资者的不动产产权，在国有化与征用限制上有明确规定，争议解决途径也较为清晰。不过，不动产产权转让需遵循统一登记制度，转让方式也由法律明文规定。这表明外国投资者在塔吉克斯坦获取不动产产权虽有法律保障，但也需严格按照法定程序和方式进行。法律保障与限制并存的方式，为投资者明确了行为边界，有助于规范市场秩序，保障各方权益。在城市规划方面，从宪法到地方城市规划法规，涵盖了城市建设和土地利用的各个方面，为城市发展的有序性和可持续性提供了保障。不同层级的法规各司其职，宪法奠定根本依据，行政法规范编制、审批和实施程序，城市规划领域法规定基本原则等，投资法明确投资者权利义务，地方性法规结合地方实际。这一完整的法律框架为外国投资者提供了清晰的指引，使其在设立经营场所时时能依法依规进行，促进城市建设与外资引入的良性互动。在土地管理监管方面，塔吉克斯坦土地所有权归国家，仅可租赁。其土地用途多样，土地使用权类型丰富，不同主体获取土地使用权的方式和期限各异。这种政策设置在保障国家对土地的控制权的同时，也为外资企业提供了一定的发展空间，通过合理的限制与开放，平衡了国家土地资源管理和外资利用的关系。在不动产租赁方面，租赁行为在塔吉克斯坦广泛合法，可出租房产类型多样，各类主体均有权成为租户。租约内容明确，对双方权利义务、租金构成、违约责任等都有规定，承租人还有购买租赁物业的权利。这为外资企业在塔吉克斯坦通过租赁不动产设立经营场所提供了便利条件，丰富的租赁选择和相对清晰的租赁规则有助于外资企业根据自身需求灵活构建经营据点。在环境许可监督方面，塔吉克斯坦国家生态环境监管体系明确，从政策制定到合规审查、生态监测等环节都有清晰安排。资源有偿使用机制、建设项目环境准入制度、生态损害追责体系等一系列规定，对企业的环境行为提出了严格要求。体现了塔吉克斯坦对环境保护的高度重视。外资企业在塔吉克斯坦开展业务时，必须严格遵守这些环境法规，否则将面临高额赔偿等严重后果。

总体而言，塔吉克斯坦为外资企业提供了法律层面的基础保障，尤其在租赁市场灵活性和争议解决机制上具有吸引力。然而，土地权属限制、环保高门槛及城市规划的复杂审批程序，显著提高了设立经营场所的合规成本与时间成本。外资企业需结合行业特点，充分评估土地租赁期限、环保投入及地方政策差异，通过前期法律尽调和本土化合作规避风险，以实现经营场所设立的高效落地。

（二）公共服务

1. 监管部门

塔吉克斯坦的政府机构包括外交部、国防部、内务部、司法部、经济发展和贸易部、财政部、交通部、能源和水利部、工业与新技术部、文化部、教育部、卫生部、农业和自然保护部、劳动和居民社会保障部、土壤改良和水利部、国家安全委员会、国家投资和国有资产管理委员会、国民银行。[①] 其中，财务部、国家投资和国有资产管理委员会协调其他部门共同管理土地使用权登记、产权转移等流程；农业和自然保护部下设的塔吉克斯坦环境保护委员会是生态许可的监管部门，负责制定政策、执行环境监测及监督企业环保合规性；交通部下设的塔吉克斯坦建设与城市规划总局是城市规划许可的监管部门，属于地方执行权力机关，在大型基建项目中，会与经济发展和贸易部协同合作。

2. 金融公共服务支持

在当今全球化经济浪潮的推动下，为了全方位促进经济的稳健增长，塔吉克斯坦政府展现出了坚定的决心和积极的行动力，致力于为外资企业提供更加良好的营商环境，积极推动线上支付普及化和金融数字化。塔吉克斯坦政府不仅出台了相关政策支持非现金支付的推广，还制定了经济数字化发展的五年计划，着力于推动金融基础设施的建设和完善。政府的这些举措为塔吉克斯坦的引进外资提供了有力的政策保障和支持。

在线上支付方面，塔吉克斯坦近年发展迅速，可拓展空间较大。2023 年 6 月 22 日，塔吉克斯坦总统埃莫马利·拉赫蒙正式签署了一项关于扩大非现金支付措施的法令，标志着塔吉克斯坦在数字金融领域迈出了重要一步。随着这项法令的生效，塔吉克斯坦的支付体系将迎来一系列变革，特别是在公用事业缴费、税收、关税、强制保险、罚款以及日常公用事业缴费等领域，非现金支付方式将成为主流。根据法令内容，民众和企业现在可以通过 Amonatmobile 移动应用程序，或是其他任何已接入非现金结算计费支付系统的信贷机构的电子钱包，来完成上述强制性付款款项的支付。Amonatmobile 作为塔吉克斯坦国内领先的非现金结算平台，其便捷性和安全性得到了广泛认可。目前，全国范围内已有 18 家信贷机构成功接入了 Amonatmobile 非现金结算计费支付系统，这大大拓宽了非现金支付渠道，使更多民众能享受到数

① 参见《塔吉克斯坦的基本政治架构》，载中华人民共和国商务部网，http://tj.mofcom.gov.cn/tggk/art/2015/art_bd374e4c187e41399f60283d051512d2.html，2025 年 1 月 1 日访问。

字金融带来的便利。这些信贷机构不仅覆盖了城市地区，也逐渐向农村地区延伸，为塔吉克斯坦的金融普惠事业贡献力量。在推广非现金支付的过程中，塔吉克斯坦还特别注重银行与政府部门、非政府组织和私营企业的合作，以期通过多方协同努力，更有效地解决农村地区和数字文化水平低的人群在使用数字金融工具时遇到的问题。银行与政府合作推动基础设施建设，扩大互联网覆盖范围和提升网络速度；银行与非政府组织合作开展金融知识普及活动；银行与私营企业合作推出更多优惠政策和激励措施，吸引更多用户尝试非现金支付。此外，塔吉克斯坦积极引入创新技术，如人工智能、大数据和区块链等，以提升非现金支付系统的安全性和效率，利用这些技术对用户行为进行分析，及时发现并预防潜在的欺诈行为。随着非现金支付方式的普及，塔吉克斯坦的金融市场也将迎来一系列积极变化。一方面，非现金支付可以降低交易成本和时间成本，提高金融服务的效率和质量；另一方面，它还可以促进金融资源的优化配置和风险防范能力的提升，提供更为良好的营商环境。此外，非现金支付还有助于推动电子商务和数字经济的发展，为塔吉克斯坦的经济增长注入新的动力。然而，尽管非现金支付方式的优势显而易见，但在农村地区和数字文化水平相对较低的人群中推广却面临一定挑战。截至2023年4月1日，Amonatbank持卡人有1538435人。① 对于一个拥有近900万人口的国家而言，这一数字仍然意味着还有大量的潜在用户有待开发。塔吉克斯坦非现金支付的推广并非一蹴而就，仍需长时间的发展。

在经济数字化方面，塔吉克斯坦总统埃莫马利·拉赫蒙在国情咨文中指出，塔吉克斯坦正稳步推进国民经济数字化转型发展，建设一个经济强大、政治稳定、社会和谐、人民幸福、具有创新竞争力的现代国家。为此，塔吉克斯坦正在实施“2030年前国家发展战略”和“2019—2025年国家发展构想”，并制定了相应的五年计划。面临的主要任务之一是稳步推进国民经济数字化转型发展。为落实这项工作，塔吉克斯坦于2019年通过了《国家数字化转型构想》，旨在将数字技术应用于经济、社会、行政和公共领域，提升国家竞争力，确保可持续发展。为加快创新进程，充分利用数字技术，总统建议宣布2025—2030年为“数字经济和创新发展年”。未来5年，将着力推动数字经济发展。目前，塔吉克斯坦已制定了《数字塔吉克斯坦》国家计划，以及《网络安全法》《个人信息保护法》《电子交易法》《电子数字签名法》等一系列法律文件。在此基础上，将继续完善法律体系，研究制定《数字金融

① 参见《塔吉克斯坦2025年将推进金融服务数字化》，载中华人民共和国商务部网，http://tj.mofcom.gov.cn/jmxw/art/2025/art_6233203cf5304f9db65837c1ea9925a1.html，2025年1月1日访问。

法》《电子政府法》《数据保护法》《软件本地化法》等法律，为数字化转型提供坚实的法律保障。并且，塔吉克斯坦将全面实现公共服务数字化。塔吉克斯坦将创建统一的公共服务平台，整合政府各部门的服务资源，实现政务服务的在线办理、一网通办，提高政府服务效率和透明度。这将极大地方便企业通过公共平台了解买卖租赁信息，或是通过公共平台办理买卖、租赁经营场所的手续。此外，塔吉克斯坦的一些政府部门建立了官方网站，提供在线服务，如企业注册、税务登记、许可证申请等。例如，塔吉克斯坦的国家注册部门通过其官方网站提供企业注册的在线申请服务。未来，企业有望通过官方平台实现足不出户、以线上方式处理经营场所的相关事宜。

3. 总体评述

塔吉克斯坦的各类监管部门各司其职，形成了一个较为完善的监管体系，限定了外资企业设立经营场所从事的法律行为的基本框架。公共金融服务上，对于在塔吉克斯坦开展业务的外资企业而言，线上支付的推广为企业运营带来了诸多显著的积极变革。通过线上支付，外资企业能够更快速地完成跨境收款，缩短资金回笼周期。这使得企业能够更及时地将回笼资金投入设立经营场所等关键环节。虽然也存在手续费和用户数据隐私等问题，但综合考量线上支付为外资企业带来的运营效率提升、跨境资源管理优化等巨大优势，其总体利大于弊的特性依旧十分显著。随着技术的不断进步与监管的日益完善，相信这些问题也将逐步得到妥善解决，为外资企业在塔吉克斯坦的发展营造更为良好的支付环境。塔吉克斯坦的数字化转型虽处于初期，但为外资企业提供了降低交易成本、拓展新兴市场、优化合规效率的窗口期。借助数字化技术，企业可优化供应链管理流程，实现线上租赁、购买、管理经营场所，大幅减少中间环节的沟通成本与时间损耗。

（三）效率

1. 不动产变动效率

塔吉克斯坦的不动产登记体系尚处于发展阶段，受限于基础设施和法律框架的完善程度，该国尚未建立类似中国新疆地区的“一窗受理”或“交付即交证”模式①。这意味着民众无法在一个窗口一次性完成所有不动产登记相关业务的办理，在不动产交易完成后，产权证书无法及时交付给业主。塔吉克斯坦作为内陆山地国家，交通和通信基础设施较为薄弱，山区地理条件进

① 参见《塔城地区多措并举推动不动产登记服务提质增效》，载塔城地区行政公署网，https：//xjtc. gov. cn/zfxxgk/zdlygk/gtzy/content_ 2503，2025年1月1日访问。

一步加剧了登记服务的分散性。在偏远地区，办理一次房产过户手续，可能需要当事人在不同的部门之间多次往返；而且，登记人员难以快速准确地核实不动产的实际情况，这些因素会导致不动产变动流程冗长。

2. 生态许可效率

塔吉克斯坦的生态许可审批与资源开发项目紧密相关，呈现双重性。一方面，塔吉克斯坦地处中亚，周边经济环境复杂多变，在国际政治格局中处于特定位置，开发项目极易受外部经济环境和政治因素影响，陷入停滞。并且，塔吉克斯坦境内拥有像帕米尔高原这样生态极为敏感的区域，生态系统脆弱，自我修复能力较差。在生态敏感地区开展资源开发活动时，必然会面临极为严格的环保审查。任何开发行为都需要经过多轮细致的环境评估，从项目规划阶段对生态系统潜在影响的预估，到施工过程中对废水、废气、废渣排放的严格管控，再到项目运营后的长期生态监测，每一个环节都受到严苛的监管，以确保开发活动不会对当地生态环境造成不可逆转的破坏。另一方面，得益于良好的中塔关系，中资企业在塔吉克斯坦获取生态许可的效率较高。以中塔工业园项目为例，2014 年 4 月 3 日，中塔工业园在塔吉克斯坦北部索格特州的伊斯提克洛尔举行了奠基仪式。这一项目自启动之初，便得到了塔吉克斯坦政府的大力支持。在生态许可审批环节，相关部门积极与中资企业沟通协调，加快了审批进程。此后，中塔工业园一期的冶炼厂在短短 3 年内就顺利投产，成功建成了一座年产 5 万吨粗铅的冶炼厂。①

3. 城市规划许可效率

城市规划许可效率与政府战略导向密切相关，政府在高优先级项目中会采取高效审批机制。塔吉克斯坦将交通和科技园区建设作为城市规划发展重点，成为重点推进的领域。中国科技赋能的达尔瓦兹创新科技园项目已经于 2020 年 8 月 19 日正式开园，塔吉克斯坦总统埃莫马利·拉赫蒙出席开园仪式。② 然而，该国基础设施整体落后，自身在城市规划领域的经验和技术相对匮乏，城市规划多依赖国际合作（如中国经验和技术输入），大型项目的许可与实施效率极大程度上受制于本土资金和技术支持。

4. 总体评述

塔吉克斯坦在土地、环境和城市规划领域的监管体系呈现法律框架基本

---

① 参见《老矿区焕发新生机》，载人民网，http://m.people.cn/n4/2024/0816/c23-21196718.html，2025 年 1 月 1 日访问。

② 参见《中国科技为塔吉克斯坦山区发展赋能》，载人民网，http://world.people.com.cn/n1/2020/0821/c1002-31831894.html，2025 年 1 月 1 日访问。

完善但执行效率不足的特点。在不动产登记领域，塔吉克斯坦面临的效率困境具有典型的发展中国家特征，技术手段的落后、治理体系的不足、地理环境的制约，限制了不动产变动效率的提升。塔吉克斯坦在环境保护与经济发展间的平衡难题，又导致了塔吉克斯坦生态治理中的效率悖论。城市规划许可效率上，塔吉克斯坦的有限行政资源的优化配置逻辑，使得许可效率呈现显著的梯度差异。塔吉克斯坦在不动产登记、生态审批与城市规划领域的效率表现，深刻反映了其转型经济体在现代化进程中的机遇与挑战。外资企业在进行投资时，要对设立经营场所可能需要花费的时间做好合理预估。

（四）成本

1. 建筑成本

2023 年，塔吉克斯坦水泥产量为 445. 6 万吨，比上年增长 2. 4%；建筑用砖产量为 2. 06 亿块，比上年增加 13. 2%；钢筋混凝土建筑构件产量为 47. 2 万立方米，比上年增长 9. 4%；建筑钢筋产量为 1. 37 万吨；石膏石产量为 8. 43 万吨；水泥板 15. 59 万立方米。[①] 塔吉克斯坦建材网数据显示，2024 年，塔基科斯塔混凝土平均价格为 585 索莫尼/立方米；建筑砂浆平均价格为 650 索莫尼/立方米；水泥平均价格为 1100 索莫尼/立方米；玻璃平均价格为 100 索莫尼/平方米；碎石平均价格为 88 索莫尼/立方米；砂子的平均价格为 61 索莫尼/立方米；结构钢筋的平均价格为 9500 索莫尼/吨；地板瓷砖的平均价格为 85 索莫尼/平方米；石棉水泥板的平均价格为 62 索莫尼/平方米。

2. 人工成本

塔吉克斯坦规定，用工主体须严格遵循《宪法》及配套劳动法规，执行安全生产、卫生防护及消防管理标准，同时履行保障劳动设备供给、按时足额支付薪酬等义务。在劳动关系建立层面，雇主可通过订立书面劳动合同明确双方权责，并制定内部管理制度约束劳动纪律。工时制度呈现差异化特征：15—16 周岁劳动者每日工作时长不得超过 5 小时；16—18 周岁群体上限为 7 小时；残障人士每日工作不超过 6 小时；成年正常劳动者单日最长工时为 12 小时。对于不同周工时制度，法律进一步细化要求：实行 6 日工作制的岗位，每日工时上限 7 小时（周总 40 小时）；周 35 小时工作制对应单日 6 小时；周 24 小时工作制则限定每日 4 小时。普通劳动者法定年休假不少于 24 个自然日，未成年及残障雇员延长至 30 日，休假期间薪资按平均月收入标准发放。

---

① 参见本书编委会编：《企业对外投资国别（地区）营商环境指南（2022）》，第 43 页，载中国国际贸易促进委员会网，http://www.ccpit.org/，2025 年 1 月 3 日访问。

禁止雇主单方面解除孕期女职工劳动合同或降低薪酬待遇，且须合理减轻其工作负荷。女性劳动者享有产前 70 天与产后 70 天的带薪生育假，并可在分娩后 18 个月内申请育儿假，其间保留岗位且享受社保津贴。若雇主需在子女 3 岁前解除劳动关系，须以书面形式阐明法定事由。针对外籍劳动者，塔吉克斯坦构建了系统的管理框架。合法居留的外国公民可依法受雇于境内各类经济实体。2001 年颁布的《外国劳动移民实施办法》细化了劳务准入机制，规定外籍劳工须持有效劳动合同从事非限制性岗位（特殊行业保留本国公民就业权)，同时要求其履行居住登记义务。劳动合同需涵盖主体信息、薪酬标准、工时安排、保险条款、争议解决等要素，并明确雇主承担劳工遣返责任。自 2008 年起实施工作许可制度，限定外资企业外籍雇员占比不得超过 30%；2014 年政策修订后进一步强化本地化用工导向，形成外籍与本土雇员 2∶8 的配置比例。外资企业在塔吉克斯坦创办企业，需要遵守劳动法相关规定保障劳动者的基本权利，并按照法定外国工作人员比例聘请员工。

目前，塔吉克斯坦为劳动力过剩的国家，在塔吉克斯坦工作的中国人多为项目管理人员和投资及工程承包项下的劳务人员。塔吉克斯坦当地尚无劳动援助机构。乌兹别克斯坦 NUZ 网 2 月 20 日报道，据世界银行统计，中亚和欧亚经济联盟国家中，塔吉克斯坦为中低收入国家，2025 年预测人均 GDP 仅有塔吉克斯坦为 1400 美元。[①] 就世界范围而言，塔吉克斯坦的劳动力价格相对较低，与周边一些国家相比，这无疑是一个极具吸引力的显著优势。较低的劳动力成本意味着企业在设立经营场所过程中能够有效控制人力成本支出。但塔吉克斯坦劳动力的技能水平参差不齐，部分劳动力可能仅具备基础的工作技能，难以胜任一些较为复杂、技术含量较高的买卖、租赁房产的工作任务。

3. 特殊监管和限制

在土地所有权取得上，塔吉克斯坦外资企业仅可获得不超过 50 年期限的土地使用权，成为一级或二级土地使用权人，且处分土地使用权以及获取特定土地使用权的相关权利受到制约。在购买租赁房屋方面，外资企业打算租赁国有财产的，租赁合同应由相关的地方执行委员会或负责管理国有财产的相关国家机构签订。而购买协议还可能包含买方要求卖方在一段确定的时间内保持材料和技术保证的条款，以确保房产的合法销售，并促进与房产相关

① 参见《塔吉克斯坦人均收入在欧亚经济联盟和中亚国家中垫底》，载中华人民共和国商务部网，http：//tj. mofcom. gov. cn/jmxw/art/2025/art_ 8fc919baee954ac8b3053e75e76743f2. html，2025 年 1 月 1 日访问。

的工业、科学、技术、社会和外部经济活动。在环境许可方面，对环境有影响的项目都要得到塔吉克斯坦的国家批准并取得许可证。如果外资企业施工中破坏了环境，项目即将被终止，或被停工整改。除此之外，《外商投资法》规定，如果塔吉克斯坦共和国法律没有特殊规定，接受外国投资的外国投资者和企业可以开展任何活动。除禁止或限制外商进入的行业领域外，外国投资者可在塔吉克斯坦法律规定的范围内开展任何经营活动。易言之，外资企业进入塔吉克斯坦市场时，若从事限制性投资行业需事先向塔吉克斯坦相关部门提交申请；不涉及相关行业的外资企业设立企业经营场所时不受特殊审核与监管。

4. 总体评述

塔吉克斯坦低廉的建筑成本与人工成本构成显著吸引力，且在获得经营场所方面不存在约束性较强的特殊监管和限制。但塔吉克斯坦基础设施滞后、贸易效率低下增加了隐性成本。未来，塔吉克斯坦若能在基建升级、流程简化及劳动力培训上有所突破，其外资吸引力有望进一步提升。

三、塔吉克斯坦市政公共服务设施的便利

（一）监管框架

1. 用电管理

（1）塔吉克斯坦电力发展

目前，塔吉克斯坦政府通过国家能源公司（Barki Tojik）负责全国的电力供应和管理。在供电方面，2021 年塔吉克斯坦 147.6 亿索莫尼的固定资产投资中，电力建设占比 28.5%，同比减少 14.7%。当年总发电量 206 亿千瓦时，同比增长 4.3%，其中水电站发电 190 亿千瓦时，火电站发电 16.6 亿千瓦时。该国电力年需求量为 230 亿—250 亿千瓦时，苏联时期其电力缺口靠从乌兹别克斯坦和吉尔吉斯斯坦进口弥补，之后也一直通过进口弥补电力不足。2009 年底乌兹别克斯坦退出中亚电力网，塔吉克斯坦进口电力受限，冬季只能从哈、吉进口，但随着两国用电量增加，有时无法正常输电，导致塔多次大面积停电。但随着 2009 年底塔俄合资的桑格图德 1 号水电站投入使用，2014 年初中国特变电工集团建设的杜尚别 2 号热电站投入使用，塔吉克斯坦缺电现象正逐步改善。

在电网与周边国家互联互通情况上，塔吉克斯坦原是中亚电网一部分，后因乌兹别克斯坦退出，与乌电力合作中断。2018 年 4 月 2 日塔吉克斯坦恢复向乌兹别克斯坦出口电力，还筹备第 2 条 220 千伏输电线路以增加出口能

力。同时，塔吉克斯坦全力推动 CASA-1000 输变电项目，连接吉、塔、阿、巴四国电力网，利于夏季向阿富汗和巴基斯坦出口过剩水电。2021 年电力出口收入超 9596 万美元，比上年增长 70%，主要销往乌兹别克斯坦、阿富汗和吉尔吉斯斯坦。

2. 相关法律法规政策

塔吉克斯坦的电力管理主要依据《节能和能源效率法》《塔吉克斯坦国家发展战略（2016—2030 年）》，这些法律规定了电力生产、传输、分配和消费的基本原则。

其中，《节能和能源效率法》调整节能和能源效率领域的公共关系，确定燃料和能源资源及产品的使用程序。它适用于所有民用、工业、市政和国防设施以及供水系统，无论其组织和法律形式如何。进一步补充了哈萨克斯坦在能源效率领域的立法背景。哈萨克斯坦是一个能源密集型国家或地区，其能源消费主要集中在冶金和燃料行业，占全国电力消耗的 60%以上。因此，提高能源效率被视为国家发展的优先领域之一。《节能和能源效率法》的实施旨在通过税收优惠、补贴和其他激励措施来促进能源效率的提升。

《塔吉克斯坦国家发展战略（2016—2030 年）》是塔吉克斯坦共和国议会批准的国家发展战略。为了实现该战略，确定了未来 15 年的战略发展目标：（1）确保能源安全和电力的有效利用；（2）打破通信僵局，将该国转变为中转国；（3）确保粮食安全和人们获得优质食品的机会；（4）扩大生产性就业。

2. 用水管理

（1）塔吉克斯坦水资源现状

塔吉克斯坦在水资源方面在中亚排名第一。超过 80%的阿姆河径流和 1%的锡尔河径流在塔吉克斯坦形成。总的来说，它每年提供的水资源达 64 立方公里或阿姆河盆地水资源总量的 55.4%。其冰川总水量超过 845 立方公里，地下水资源每年达到 18.7 立方公里，湖泊水资源达到 46.3 立方公里。尽管中亚 60%的水资源都形成于塔吉克斯坦，但塔吉克斯坦有 40%的人口获得饮用水存在困难。

（2）塔吉克斯坦水资源的管理体系

塔吉克斯坦管理水资源的部门众多，并且直接受政府领导。目前，塔国正在进行的改革是把资源管理的功能分解开。能源与水资源部负责协调水资源部门和用水大户的潜在利益冲突；土壤改良与灌溉局为农业提供灌溉和土壤改良服务，并负责土壤改良和灌溉基础设施的运行和维护；国家水与能源委员会是制定水资源保护和有效利用政策的最高部门。地方层面，由地方政府负责水政策的执行和实施。

塔国环境保护委员会负责执行生态系统和水环境保护的措施，包括制定和执行国家生态环境领域的政策、颁发专门的用水许可证、环境保护（包括水质）管理、现有水资源质量和总量监测等；农业、供水、卫生保健、工业、渔业、休闲和航运等方面的用水由其他相应的部委和机构管理，而水利部门仍属于能源与水资源部管理；控股公司“Барки Точик”负责水电能源生产以及水库管理工作；地质主管部门负责判断、开发和监测地下水资源储量；紧急状态与民防委员会负责预测与水相关的自然灾害及消除其带来负面影响。

2012 年塔吉克斯坦共和国《水法》修正后规定，国家水资源委员会负责制定水资源保护和有效利用的政策，该委员会的成员应当包括各部委和机构水部门的代表，例如，控股公司“Барки Точик”、土壤改良与灌溉局、卫生防疫局、卫生部。此外，在流域层面，应当吸引各方力量参与流域管理，并建立河流流域委员会。①

（3）塔吉克斯坦用水管理相关法律法规政策

塔吉克斯坦在水资源的管理和保护方面主要依据《宪法》《水法》《饮用水供应和卫生法》《用水者协会法》以及《塔吉克斯坦 2016—2025 年水务部门改革计划》。其中，《水法》是该国水资源管理的核心法律，全面规范了水资源的使用和保护。该法律强调水资源的合理利用、防止污染和枯竭，并对水事行为进行规范；《饮用水供应和卫生法》于 2019 年的修订中包含了一些重要的条款，例如，更加关注卫生和污水，对饮用水和污水供水系统制定供水计划的要求，打破垄断和分散系统管理，以及赋予地方当局更多职责和促进公私合作伙伴关系；《用水户协会法》定义了用水者协会活动的经济、组织和法律基础，旨在确保节水和有效利用服务区内的水利结构。根据该法律，用水者协会的任务包括：第一，确保有效利用服务区的填海系统，在协会会员和其他用水者之间及时供应和分配水；第二，确保合理使用灌溉用水并防止其污染；第三，保护和改善土地复垦区；第四，提高协会成员在使用节水灌溉方法、新设备和技术方面的知识和技能水平；第五，维护和及时修复水工结构；《塔吉克斯坦 2016—2025 年水务部门改革计划》反映了与用水相关的所有子部门的水部门改革问题。水部门改革的目的是在各部委和部门以及部分非政府组织之间分担责任的过程中为分散管理系统和分配一些业务职能奠定基础。

---

① 参见《科学研究动态监测快报》，2018 年 3 月 30 日第 3 期。

3. 互联网接入服务

（1）塔吉克斯坦互联网发展现状

塔吉克斯坦独立后陷入了5年内战深渊，经济遭受严重破坏，通信产业也停滞不前，当时电话普及率低至每百人不足5部。这种落后的信息通信状况，使得塔吉克斯坦在全球网络化、信息化的热潮下，难以融入世界经济。

内战结束后，塔吉克斯坦政府开始着力提高本国的网络化、信息化水平，陆续出台了一系列法律法规，以保障通信产业的发展。1996年，荷兰一家公司在塔吉克斯坦首都杜尚别开通了AMPS制式模拟手机业务，宣告成立塔吉克斯坦第一家移动通信公司TaiikeTel。经过近10年的发展，特别是2000年以后，塔吉克斯坦通信产业发展迅速。目前，该国最具实力的通信公司包括塔吉克斯坦最大私营通信公司Babilon-Mobile、塔俄合资的MLT Mobile、塔美合资的Indigo，以及中塔合资的TK Mobile。相应地，互联网服务用户不断增加，居民上网比例约为54%，多使用移动设备上网。根据全球移动通信系统协会（GSMA）2025年发布的《欧亚地区移动行业税收报告》显示，塔吉克斯坦移动互联网使用率为42%。

（2）中国通信公司在塔吉克斯坦的发展

在塔吉克斯坦通信市场，华为技术公司和中兴通讯公司是中国通信公司进入该国投资的主要代表。华为公司于1999年进入塔吉克斯坦通信市场，致力于销售各类产品，如移动网络、数据通信、光纤网络、固定网络、业务软件及手机等。丰富的产品种类使其成为塔吉克斯坦移动设备第一供应商品牌，占据了大部分市场份额。华为公司与塔吉克斯坦最大移动运营商合作建设的3G设备和3G网络，使塔吉克斯坦成为独联体地区最早拥有3G业务的国家。

中兴通讯公司自2001年9月开始进入塔吉克斯坦市场，主要从事通信网改造和电子通信设备等业务。该公司目前在塔吉克斯坦有两项主要工作：一是欧洲央行中标项目，在由欧洲央行和瑞士政府提供的1500万美元的塔吉克斯坦国家电信网第一期改造项目中标，开始参与通信网改造，在坦丹加拉市安装电话交换机等设备、开通CDMA手机业务，并铺设丹加拉—库尔干秋别-杜尚别传输路线，该项目成功帮助中国通信设备首次进入塔吉克斯坦电信业市场，为后续全面进入该国电信市场打下基础；二是执行中国援款，负责中国向塔吉克斯坦提供的800万元人民币无偿援助项目的执行工作，经中塔双方商定，该笔援款主要用于向塔丹加拉地区提供交换机和为实施CDMA项目提供有关设备。

（3）塔吉克斯坦互联网接入相关的法律法规

塔吉克斯坦对互联网的管理主要依托以下法律：《电子商务法》《电子通

信法》《数据保护法》《网络安全法》以及《移动电子通信工具注册办法》。

《电子商务法》是塔吉克斯坦于2022年12月29日正式实施，该法旨在规范信息通信技术下的电子交易，保护电子商务参与者的权益。该法规定了商品和服务的销售、购买、交换等电子交易的要求，但排除了需要强制公证或国家认证的交易、保险和证券市场交易以及已退出流通的商品和服务交易。此外，该法还强调了网络安全的重要性，并要求政府加快制定《人工智能战略》。①

塔吉克斯坦的通信行业受到《电子通信法》的监管，该法于2002年起草，并在2006年、2008年和2016年进行了修订。该法赋予塔吉克斯坦通信服务（CS）部门制定行业政策和核心监管职能的责任，但这一做法违反了国际最佳实践，并导致监管不稳定和不可预测性。此外，该法还规定了互联网服务提供商（ISP）需要向监管机构申请许可证，运营商需要从政府机构获得许可证才能建设基础设施。

《数据保护法》塔吉克斯坦于2002年通过，该法旨在保护信息的安全和隐私。② 根据该法，所有涉及个人信息的处理活动都必须遵守严格的规定，包括数据收集、存储和传输的合法性、正当性和安全性。

塔吉克斯坦于2014年通过了《信息通信技术发展国家项目（2014—2017）》，其中明确了信息安全和数据保护的要求。③《网络安全法》规定了打击网络犯罪、防止计算机信息被非法入侵读取的具体措施，并根据情节严重程度，可以处以罚款或监禁。

2023年，塔吉克斯坦政府通过了《移动电子通信工具注册办法》，要求所有移动设备进行注册，以确保国家安全和防御能力。④ 注册系统由通信局开发，自然人可以通过多种方式完成注册，但需支付注册费。

除此之外，塔吉克斯坦政府计划在2025—2030年将“数字经济和创新发展年”定为国家的重点发展方向，重点推动完善法律框架、建设数字基础设施（包括5G网络和数据发展中心）、实现公共服务数字化、推动人工智能应

---

① 参见《塔吉克斯坦〈电子商务法〉正式实施》，载国家税务总局新疆维吾尔自治区税务局官网，https：//xinjiang. chinatax. gov. cn/xwdt/ztzl/ydyl/202303/t20230329_ 113041. htm，2025年3月4日访问。

② 参见《塔吉克斯坦共和国数据保护法》，载WIPO官网，https：//www. wipo. int/wipolex/zh/legislation/details/10429，2025年3月4日访问。

③ 参见《“一带一路”国家网络安全政策法律动态及趋势》，载安全内参官网，https://www. secrss. com/articles/12280，2025年3月4日访问。

④ 参见《塔要求对移动设备进行强制注册》，载中国商务部官网，https：//m. mofcom. gov. cn/article/i/jyjl/e/202004/20200402954732. shtml，2025年3月4日访问。

用、保障信息平台网络安全以及促进数字创业和创新发展。[①] 并且通过积极参与国际合作，与邻国和国际组织合作，推动互联网接入和数字经济的发展。

4. 评述

塔吉克斯坦在电力、水资源和互联网领域的监管框架与发展现状体现出资源禀赋突出但结构性矛盾显著的特征。电力管理以水电为核心（占比76%），通过新建电站（如杜尚别2号热电站）和跨境项目（CASA-1000）缓解季节性电力缺口，2021年电力出口收入增长70%，但冬季仍依赖邻国供电，电网老化与火电依赖制约可持续发展。水资源管理面临“富水国与缺水民生”的悖论：虽占据中亚55.4%的水资源，但有40%人口饮水困难，农业灌溉效率低下，多部门管理（能源部、灌溉局、环保委员会等）导致协调低效，尽管《水法》与水务改革计划推动流域治理，仍需强化基层执行与国际合作以平衡水电开发与生态保护。互联网接入服务则呈现“低起点、快追赶”态势：内战结束后依靠外资完成3G/4G网络布局，但18.3%的互联网普及率仍处亚洲低位，监管框架矛盾与设备注册新规可能抑制市场活力，而2025—2030“数字经济和创新发展年”计划瞄准5G、AI等前沿领域，需破解技术依附与本土化能力短板。

总体而言，塔吉克斯坦以“资源驱动+国际合作”为核心模式，其发展受制于三组矛盾：资源丰沛与民生短板（水电过剩却冬季缺电、水资源丰富却饮水困难）、大国博弈与技术依赖（中美俄在能源通信领域的竞合）、法律完善与执行落差（多部门治理低效、监管波动）。未来需聚焦三向突破：深化区域能源互联（如CASA-1000电力出口）、优化水—能协同管理、构建开放可控的数字生态，方能在中亚地缘格局中从“内陆屏障”转型为“枢纽节点”。

（二）公共服务

1. 提供用电服务企业的信息透明度和可靠性

塔吉克斯坦是一个自然资源丰富的国家或地区，拥有丰富的水力资源和太阳能资源，但其电力供应仍面临诸多挑战。以下是塔吉克斯坦提供用电服务的主要企业及其基本情况介绍。

（1）提供用电服务企业的信息透明度

第一，塔吉克斯坦国家电力公司（Barki Tojik）：塔吉克斯坦国家电力公司（Barki Tojik）是该国唯一的垂直整合能源公司，负责全国所有电力资产的

---

① 参见《塔吉克斯坦宣布2025—2030年将为“数字经济和创新发展年”》，载走出去导航网，https://www.investgo.cn/article/gb/gbdt/202501/760728.html。

管理，包括主要的水电站、传输网络和三个区域配电公司。该公司是塔吉克斯坦政府全资拥有的国有企业，主要负责发电、输电和配电。[①] 2004 年，Barki Tojik 被纳入当时的能源部结构，但后来根据塔吉克斯坦总统 2006 年 3 月 28 日的法令被分离。

其电力系统主要由水力发电站组成，占全国电力供应的 98%。其最大的水电站包括努列克水电站（Nurek HPP），装机容量为 3000 兆瓦，以及桑特达水电站（Sangtuda HPP），装机容量为 670 兆瓦。[②] 除此之外，Barki Tojik 还负责维护和更新现有的电力基础设施，但由于资金不足，许多设备老化问题亟待解决。

第二，帕米尔能源公司（Pamir Energy）：Pamir Energy 是塔吉克斯坦唯一一家私营能源公司，成立于 2002 年，主要服务于 Gorno-Badakhshan Autonomous Oblast（GBAO）。该公司通过特许权协议获得融资，主要资金来自世界银行、国际金融公司和阿迦汗经济发展基金。其为 GBAO 的 21.3 万居民提供服务，覆盖 64，000 平方公里的服务区域。在其运营的 10 年中，成功改善了该地区的电力供应效率和可靠性。

Pamir Energy 的电网与塔吉克斯坦主电网隔离，但通过技术合作实现了与 Barki Tojik 的电力系统并行运行。这种模式提高了其在 GBAO 的供电稳定性，并为未来可能的并网提供了可能性。

Pamir Energy 的资金主要来自国际金融机构和私人投资者，这使其在财务上相对独立于政府。然而，其运营仍需依赖外部资金支持。

（2）提供用电服务的企业的可靠性

第一，Barki Tojik 的可靠性分析：根据上述材料的分析可知，Barki Tojik 的具有“短期改善但长期承压”的特点。虽然现代化改造和国际合作提升了发电效率与区域整合能力，但其具有财务状况和基础设施老化问题，导致其可靠性明显降低。若能持续获得国际资金支持、加快设备升级并巩固管理改革，其供电稳定性有望逐步增强，否则季节性短缺和债务风险可能加剧。

第二，Pamir Energy 的可靠性分析：Barki Tojik 和 Pamir Energy 在塔吉克斯坦电力系统中各有优势和局限。Barki Tojik 作为国有企业，在全国范围内发挥着关键作用，但其具有财务状况和基础设施老化问题。Pamir Energy 则通过

---

① See *TAJIKISTAN COUNTRY PROFILE*, https://www.ebrd.com/downloads/legal/irc/countries/tajikistan.pdf.

② See Prof. Dr. S. Khurshid Hasanain, *The Republic of Tajikistan STI Profile of the OIC Member State Science, Technology and Innovation Indicators*, 2023. https://www.comstech.org/wp-content/uploads/2023/02/Tajikistan-Final-D-10-3-2023.pdf.

私营部门融资和技术合作，在GBAO地区实现了高效的电力供应，但其独立电网的运营模式也带来了一定的局限性。未来，塔吉克斯坦需要在国有和私营部门之间找到更好的平衡，以提高整个电力系统的可靠性和可持续性。

2. 提供用水服务企业的信息透明度和可靠性

（1）提供用水服务的企业的信息透明度

塔吉克斯坦的用水服务公司主要包括以下几个企业：

第一，State Unitary Enterprise for Housing and Communal Services（SUE KMK）：SUE KMK是塔吉克斯坦共和国政府下属的国有单一制企业，成立于1992年，该机构直接隶属于塔吉克斯坦内阁，负责全国范围内的饮用水供应、污水处理等公共服务，其核心职责包括制定技术规范、改善基础设施、设定水价标准等。[①] 主要通过其区域分支机构（如Khatlon KMK和Tojikobdehot KMK）以及地方分支机构（如Vodokanal）提供服务。

SUE KMK运营着塔吉克斯坦全国范围内的供水和污水处理系统。其服务范围包括从水源开发到供水、污水处理、垃圾处理等多个方面。除在一些大城市（如杜尚别、库哈杰等），其部分市政服务由独立运营的市政府提供外，其他地方的供水和污水处理均与SUE KMK息息相关。

但是，SUE KMK面临严重的财务问题，包括高额的债务和低收费率。截至2017年，其债务总额约为530万美元。当前的水费水平远低于全成本回收水平，导致SUE KMK无法满足其贷款偿还义务。尽管政府推动逐步实现全成本回收定价，但收费率仍然较低，尤其是来自私人家庭和小企业的收费。[②]

第二，Khojagii Manziliyu Komunali（KMK）：塔吉克斯坦的KMK是该国政府直接下属的国家单一制企业，成立于2001年，与SUE KMK类似，也参与供水服务的管理和运营。并于2012年进一步扩展其职责，明确其需为城市、城镇、村庄及农村地区提供饮用水和污水处理服务。

其与能源和水资源部（MEWR）合作，通过项目管理单元（PMU）执行项目。PMU成立于2004年，由塔吉克斯坦政府代表、总统办公厅执行办公室和财政部等机构组成，负责协调所有项目活动，包括未来的招标程序和合同

---

① See Environmental and Social Management Framework, *Rural Water Supply and Sanitation Project the Preparation of Feasibility Study, Detailed Engineering Design and Tender Documents, Environmental and Social Impact Assessment (ESIA), and Financial Management Technical Assistance*, Dec, 2018. https://ewsdata.rightsindevelopment.org/files/documents/37/WB-P162637_kISD3r7.pdf.

② See Research Report, *The Development of Sustainable Water and Sanitation Systems in Rural Areas of the CAREC Region with a Focus on China, Mongolia, Tajikistan and Uzbekistan*, May 2021. https://www.unicef.cn/media/20411/file/The%20Development%20of%20Sustainable%20Water%20and%20Sanitation%20Systems%20in%20Rural%20Areas%20of%20the%20CAREC%20Region.pdf.

管理问题。

KMK 负责提供饮用水和污水处理服务。其运营模式包括通过下属公司如 Vodokanals 和 Tojikobdehot（农村供水机构）来提供服务。这些子公司通过国有企业形式运营，能够获得国家财政支持。

KMK 的项目资金主要来自政府拨款、国际贷款和援助。例如，KMK 计划利用欧洲复兴开发银行（EBRD）贷款和瑞士联邦经济总局（SECO）拨款来改善北塔吉克斯坦四座城市的供水系统。此外，世界银行也资助了多个与 KMK 相关的农村供水和卫生项目。

第三，中国香港天泉鼎丰集团：中国香港天泉鼎丰集团是一家总部位于中国香港的创新型公司，专注于空气制水技术的研发和应用。该集团由拿督斯里吴达镕教授创办，致力于通过“大气甘露转化系统仪”从空气中提取清洁饮用水，为全球水资源短缺问题提供解决方案。成立于 2018 年 8 月 18 日，并于同年 8 月 28 日更名为天泉鼎丰智能科技（中国）有限公司。其核心技术是“空气制水”，即通过先进的空气提纯技术从空气中提取饮用水。这一技术不仅解决了海岛、轮船等无水源补给的难题，还为干旱和沙漠地区用水问题的解决提供了新途径。

天泉鼎丰集团在全球范围内拥有超过 100 项国际专利，涵盖“空气提纯”等关键技术，并在世界知识产权组织（WIPO）的 152 个缔约国中注册。其空气制水产品符合世界卫生组织、美国标准、中国生活饮用水卫生标准等多项国际认证。

天泉鼎丰集团积极参与国际水资源领域的合作与交流。作为联合国“水促进可持续发展”国际行动十年（2018—2028 年）高级别国际会议的合作伙伴，集团提出了空气制水技术方案，并受到联合国代表的高度赞扬。此外，集团还担任联合国环境科学政策商业论坛的创始成员，并被联合国大会主席以及联合国环境署等国际组织高度认可。

在塔吉克斯坦，天泉鼎丰集团与塔吉克东方银行达成战略合作协议，共同开发空气制水项目和萨雷兹湖冰川水资源。塔吉克斯坦作为中亚地区水资源丰富的国家或地区，与天泉鼎丰的合作有助于推动该国的可持续发展。①

第四，Siyoma 公司：Siyoma 公司是一家位于塔吉克斯坦的公司，主要致力于矿泉水的生产和出口。根据，Siyoma 公司计划投资 1000 万美元建设一家水加工罐装企业，目标是将塔吉克斯坦的天然矿泉水出口到阿拉伯国家和欧

---

① 参见《中亚最大私人银行与香港天泉鼎丰共建萨雷兹湖空气制水》，载新浪网，https://vr.sina.com.cn/news/hz/2018-05-30/doc-ihcffhsv4529273.shtml，2025 年 3 月 4 日访问。

洲地区。该公司以塔吉克斯坦的 Siyoma 河命名，是塔吉克斯坦政府和外资企业联合投资的项目，旨在打造本土软饮料品牌。

Siyoma 河的水源自帕米尔高原的冰川融化水，富含矿物质，具有较高的天然价值。塔吉克斯坦的矿泉水因其优良的疗养效果而闻名，与外国矿泉水相比毫不逊色。Siyoma 公司生产的瓶装水被定位为塔吉克斯坦国家性的品牌，计划通过加工和罐装后出口到国际市场。

Siyoma 公司在塔吉克斯坦的经济和社会效益方面的贡献也得到了高度评价。塔吉克斯坦总统拉赫蒙曾出席奠基仪式，并表示该项目将对塔吉克斯坦产生积极影响。此外，塔吉克斯坦的矿泉水市场近年来发展迅速，国内矿泉水产品正逐渐替代进口产品，满足国内外市场需求。

Siyoma 公司是塔吉克斯坦一家专注于矿泉水生产和出口的企业，其产品不仅在国内市场受到欢迎，还计划进入国际市场，特别是阿拉伯国家和欧洲地区。该项目得到了塔吉克斯坦政府的支持，并被视为促进当地经济发展的重要举措。

（2）提供用水服务的企业的可靠性

第一，SUE KMK 的可靠性分析：SUE KMK 作为塔吉克斯坦政府下属的重要机构，在水资源管理和服务方面具有权威性和稳定性。然而，其财务状况不佳，债务问题严重，且收费率较低，可能影响其长期运营能力。此外，SUE KMK 的管理能力和服务效率仍需进一步提升。

第二，KMK 的可靠性分析：KMK 在水资源管理和社区服务政策制定方面具有一定的专业性，但其资金来源主要依赖政府拨款和国际贷款，可能面临政策变动和外部资金支持不足的风险。

第三，中国香港天泉鼎丰集团可靠性分析：天泉鼎丰集团的技术创新能力和国际专利储备为其提供了较高的可靠性。其空气制水技术已获得多项国际认证，并在联合国等国际平台上获得认可。然而，其在塔吉克斯坦的具体项目进展和实际效果尚需进一步观察。

第四，Siyoma 公司的可靠性分析：Siyoma 公司在矿泉水生产和出口领域具有一定的市场潜力，得到了塔吉克斯坦政府的支持。然而，其项目的成功与否取决于市场需求、国际竞争以及出口渠道的稳定性。

综上所述，塔吉克斯坦的用水服务公司涵盖了政府机构、国有企业和外资企业，这些公司各自在水资源管理和服务中发挥着重要作用。然而，这些机构和企业在财务、技术和管理方面仍面临一定的挑战，需要进一步优化资源配置和提升服务质量。

3. 提供互联网服务企业的信息透明度和可靠性

（1）提供互联网服务的企业的信息透明度

塔吉克斯坦陆续出台了一系列相关的法律法规和政策，对外资及本国私营企业的通信信息技术的发展进行鼓励。经过将近10年的发展，尤其是2000年以来，塔吉克斯坦通信服务产业得到了迅速的发展。

在塔吉克斯坦的市场上有四大运营商，按市场占有率排名分别为：Tcell（占市场份额36%），MegaFon（注册名TTMobile，占市场份额25%），BabilonMobile（占市场份额20%）和Beeline（注册名Tacom，占市场份额19%），且均持有运营许可证。然而，塔吉克斯坦3G网络覆盖仅超过90%，4G也仅覆盖主要城市，目前4G网络仍是建设重点。

塔吉克斯坦主要互联网接入提供商为MLT，Megafon，Tcell，Intercom，Babilon等。据相关统计，其互联网用户为410万人，移动通信用户为780万人，其中活跃用户为480万人。除此之外，塔吉克斯坦互联网速度较慢，且基础上网费较高。[①]

第一，Tcell：Tcell是塔吉克斯坦的主要电信运营商之一，提供广泛的通信服务，包括电话通讯、网络服务和4G业务等；拥有最广泛的4G网络覆盖，是该国最大的移动运营商之一。

Tcell最初由瑞典电信巨头Telia公司持有，但后来被出售给中亚电信发展公司（CJSC Indigo Tajikistan），该公司由阿加汗经济发展基金（AKF）持有剩余40%的股份。Tcell在塔吉克斯坦的市场占有率约为36%，是该国移动市场的领军者。

Tcell提供多种通信服务，包括GSM、3G和4G网络，其4G网络几乎覆盖了全国所有地区。此外，Tcell还提供基于GPON光纤的固定宽带服务。

Tcell的业务范围包括电话卡销售、话费和流量充值、国际漫游等。用户可以在Tcell的官方营业厅购买SIM卡，价格为20TJS（约2.05美元）。对于需要使用4G/LTE网络的用户，需要购买4G手机卡。

第二，MegaFon：从公司背景来讲，MegaFon是俄罗斯最大的电信服务提供商之一，其在塔吉克斯坦的业务由俄罗斯MegaFon控股75%，剩余25%由塔吉克斯坦国家运营商Tojiktelecom持有。其在塔吉克斯坦的业务始于2000年，通过封闭式股份公司TT-Mobile推出了MegaFon Tajikistan品牌。

从网络建设与技术发展来讲。首先，MegaFon在塔吉克斯坦的4G网络建

① 参见《塔吉克斯坦》，载中国欧洲经济技术合作协会网站，https：//www.ceatec.org.cn/contents/524/3593.html，2025年3月4日访问。

设方面取得了显著进展。根据2024年的报道，MegaFon计划在2024年5月开始大规模建设4G移动通信基站，包括新建120多个站点，并对现有的110个第二代和第三代站点进行现代化改造。MegaFon还在索格特州完成了4G移动通信网络的现代化改造，提升了用户的连接速度和设备兼容性。其次，MegaFon是塔吉克斯坦首家推出5G网络服务的运营商。2020年，MegaFon在首都杜尚别开通了第一个5G站点，并在索莫尼广场提供了5G体验区。5G网络的推出标志着塔吉克斯坦进入了一个新的通信时代，为数字经济的发展奠定了基础。

从业务范围与服务方面来讲，MegaFon不仅提供传统的移动通信服务，还涉足多种数字服务领域。例如，MegaFon推出了“MegaFon Life”应用程序，用户可以通过该应用进行短信、电话、照片和视频交流，还可以管理账户、跟踪费用和进行支付。此外，其还与华为合作，通过引导运营商申购合适的频谱、站点规划和安装调试，成功开通了首都杜尚别的第一个5G站点。

从市场地位方面来讲，根据市场占有率数据，MegaFon在塔吉克斯坦的市场份额约为25%，是该国第三大移动运营商。其在4G和5G网络覆盖方面具有显著优势。

从政府合作与社会责任方面来讲，MegaFon积极参与塔吉克斯坦的电子政务建设。2020年，其与塔吉克斯坦政府通信局签署了电子政府建设领域合作备忘录，共同推进电子签名、远程教育和智慧城市建设。此外，MegaFon还利用自己的网络为电子政府建设项目提供条件，分享数字技术应用经验。

从技术创新与合作伙伴方面来讲，MegaFon与多家国际公司合作，以提升其网络性能和服务质量。例如，MegaFon与Nexium合作，通过统一计费系统实现了业务转型和市场拓展。此外，MegaFon还采用了人工智能技术来优化营销策略和提高运营效率。

第三，Babilon Mobile：Babilon Mobile同样是塔吉克斯坦的主要移动通信运营商之一，成立于2003年1月1日。该公司在塔吉克斯坦的移动通信市场中占据重要地位，提供全面的现代服务，包括语音通话、短信和数据服务。

从业务覆盖与技术发展两个方面来讲，Babilon Mobile的网络覆盖了塔吉克斯坦的主要城市和交通干线，但在农村地区和偏远山区的覆盖仍存在不足。该公司是塔吉克斯坦第一家推出4G/LTE服务的运营商，并计划逐步升级到5G网络。

根据市场占有率，Babilon Mobile在塔吉克斯坦的移动通信市场中排名第二，仅次于Tcell。但是，其是塔吉克斯坦最大的私营通信公司，并在MF/HF无线电话市场中占据重要份额。

在技术合作与基础设施建设方面，为了加速其 4G 和 5G 网络的部署，Babilon Mobile 与全球领先的 LTE 和 5G 无线连接解决方案提供商 Baicells 合作。Baicells 提供的基站具有支持快速安装和向 5G 转型的能力，总拥有成本（TOC）比传统解决方案低 40%—50%。这些基站将帮助 Babilon Mobile 在杜尚别、苦盏等城市部署数百个 4G 和 5G 基站。

在用户服务与充值方式方面，Babilon Mobile 的 SIM 卡价格实惠，一张 SIM 卡售价为 5 TJS。用户可以通过多种方式充值话费，包括现金缴费、充值刮刮卡、运营商官网或中文平台，甚至使用本地银行卡进行充值。此外，用户还可以通过电话查询话费余额和本机号码。

第四，TK Mobile：塔吉克斯坦的 TK Mobile 公司是一家成立于 2004 年的移动通信运营商，总部位于塔吉克斯坦共和国首都杜尚别市。该公司由中国中兴通讯股份有限公司与塔吉克斯坦政府共同出资设立，注册资本为 400 万美元，其中中兴通讯持有 51%的股权，另一方股东以运营许可证、办公场地和铁塔等资产出资①。

TK Mobile 主要提供 CDMA800 移动语音及其增值服务、CDMA 电信网络维修及咨询服务。② 作为塔吉克斯坦五大移动通信运营商之一，尽管其市场份额不如 Babilon Mobile、MegaFon 和 Tcell 等主要运营商，但其在当地的移动通信市场中占有一席之地。

TK Mobile 的成立背景与中国企业在塔吉克斯坦的投资密切相关。中兴通讯通过执行中国政府的援外任务以及参与多个国际项目，在塔吉克斯坦建立了 TK Mobile，并在通信基础设施建设方面发挥了重要作用。此外，TK Mobile 还参与了塔吉克斯坦的 5G 专网项目，展示了其在新兴技术领域的潜力。

尽管塔吉克斯坦的通信基础设施相对落后，但 TK Mobile 和其他运营商正在努力改善服务质量，扩大网络覆盖范围，特别是在农村和偏远地区。然而，塔吉克斯坦的通信市场仍面临一些挑战，包括用户订阅率下降、市场竞争激烈以及技术升级的需求。

（2）提供互联网业务的企业的可靠性

第一，Tcell 的可靠性分析：根据上述对 Tcell 的介绍可知，首先，其在塔吉克斯坦拥有超高的市场占有率；并且是塔国的最大的移动运营商，拥有最广泛的 4G 网络覆盖，信号质量在塔国属于佼佼者。其次，其与华为进行了合作，在多个城市部署了 4G 和 5G 基站，致力于提升用户体验和服务质量。除

① 参见《深圳市聚飞光电股份有限公司 2016 年度财务报表审计报告》。

② 参见中兴通讯股份有限公司：《二〇〇六年年度报告》。

此之外，其获得了塔吉克斯坦的5G许可证，并在政府的电子服务、智能城市等数字经济项目中发挥重要作用，在塔国具有十分广泛的网络服务范围以及通信服务范围。但是，尽管Tcell的网络覆盖广泛，但塔吉克斯坦总体上的通信基础设施仍较为落后，特别是在农村和偏远地区。

第二，MegaFon的可靠性分析：根据上述介绍，对其可靠性分析可知，MegaFon在塔吉克斯坦积极的技术投入、国际合作伙伴支持及对数字服务的创新，彰显了其可靠性。其在4G/5G领域的领先地位和基础设施扩展计划增强了服务稳定性。然而，国家整体网络环境落后、市场竞争激烈及覆盖不均衡仍是主要风险。若能持续扩大网络覆盖并深化政府合作，其可靠性有望进一步提升。

第三，Babilon Mobile的可靠性分析：Babilon Mobile的可靠性体现在其技术先发优势（如4G/5G部署）、私营企业的灵活性和高性价比服务上。然而，农村覆盖不足、国家基础设施滞后及政策环境风险（如国有垄断）是其主要短板。若能持续深化国际合作、优化偏远地区覆盖，并应对政策挑战，其可靠性有望进一步提升。

第四，TK Mobile可靠性分析：TK Mobile的可靠性体现为中资技术支撑+政府合作背景+差异化技术布局，尤其在CDMA和5G专网领域具备独特优势。但其市场地位受限于主流技术标准竞争和基础设施覆盖不足，未来可靠性将取决于中兴持续投入、5G项目落地效果及农村市场拓展能力。总体而言，作为中塔通信合作标杆项目，TK Mobile在技术可行性和战略价值上具备可靠性，但商业可持续性需进一步观察。

4. 评述

塔吉克斯坦的公共服务体系在电力、供水和互联网领域呈现出“资源禀赋突出但结构性矛盾显著”的复杂情况。电力服务以国有企业Barki Tojik为核心，依赖水电（占比98%）并通过跨境项目（如CASA-1000）提升出口能力，但冬季缺电、电网老化及债务压力持续制约其可靠性；私营企业Pamir Energy在GBAO地区通过国际资本实现高效供电，却因独立电网模式难以全国推广。供水服务面临“富水国与缺水民生”的悖论：国有机构SUE KMK和KMK因收费低廉、债务高企导致城乡供水不稳，而外资企业如天泉鼎丰集团的“空气制水”技术和Siyoma公司的矿泉水出口项目虽具创新潜力，但规模化应用与国际市场拓展仍需突破。互联网服务由外资主导快速升级（如MegaFon的5G试点、Tcell的广泛覆盖），但31.6%的普及率、农村网络缺失及监管矛盾（如《电子通信法》政策权集中）暴露技术依赖与民生脱节。

整体而言，塔国需以“资源整合—技术赋能—制度革新”为主线，深化区域能源互联、优化水—能协同管理、构建开放可控的数字生态，并通过公私合作与国际协作破解基础设施薄弱、城乡失衡及执行效能低下等瓶颈，方能在中亚地缘格局中实现从“生存保障”向“可持续发展”的转型。

（三）市政公共服务设施的便利程度

1. 用水成本

塔吉克斯坦水资源较为丰富，在中亚各国中水资源储量居首位，拥有中亚60%的水资源，居世界第八位，人均水资源世界第一。在降雨量适中的年份，境内形成的水资源量可达1110亿立方米，是阿姆河和锡尔河水系的主要水源，被誉为“中亚水塔”。根据《水法》，普通用水（如家庭基本需求）是免费的，但这一原则在实践中受到限制，主要因为集中供水系统的运营成本需要通过收费覆盖；特殊用水（如工业）则需付费，费用因用途而异。

（1）水资源所有权和所有权

根据塔吉克斯坦《宪法》，所有地表水和地下水均归国家所有，为国家独占财产，个人和企业仅可通过许可证获得使用权①。国有运营商SUE KMK主导塔吉克斯坦供水市场，在城市供水市场占有率达90%以上，而农村地区依赖社区自治。这种二元结构导致：城市供水的高行政成本即许可证审批流程冗长，企业需支付非正式费用加速流程，增加隐性成本；农村用水的法律真空即塔吉克斯坦政府允许农村社区通过“传统用水习惯”分配水资源，导致农村灌溉水渠的管理权常由地方长老控制，与国有供水企业的管网覆盖形成竞争关系。

（2）定价机制的法律缺陷

塔吉克斯坦居民用水价格由国家反垄断局和经济部共同主导制定，其中国家反垄断局负责监管和与运营商协商具体方案，经济部负责最终审批。

居民用水：4.5索莫尼/人（约0.94美元/人）②，政府基于社会稳定和民生保障等多方面考虑，将居民用水价格维持在较低水平，行政定价方式虽保障了居民基本用水需求，但忽视了水资源的真实价值，导致供水企业难以通过商业运作回收成本，更无法获取足够资金用于基础设施建设与维护。面对老化的供水管道和不断上涨的运营成本，迫使企业长期处于亏损边缘、缺乏动力和资金去改善供水服务，进而影响整个水市场的活力与效率。

---

① 参见《宪法》第13条。

② 参见《塔吉克斯坦的水、电、气价格》，载中华人民共和国商务部网，https://tj.mofcom.gov.cn/yshj/art/2014/art_dffca0424ee446ed8927726e98b0f104.html，2014年7月28日访问。

工业用水：2014年为3.6索莫尼/立方米（约0.75美元），由于缺乏明确的水权界定和规范的水权交易市场，水权无法在市场上自由流通，也就难以形成合理的水权交易价格，无法通过水权交易实现水资源的优化配置。在农业用水和工业用水存在矛盾的地区，当工业发展急需水资源时，由于没有水权交易价格体系，无法通过经济手段从农业用水中调配水资源，只能依赖行政手段，这种方式效率低下且难以平衡各方利益，阻碍了水资源向高效益领域的流动。

（3）基础设施落后

塔吉克斯坦大部分供水管网铺设于苏联时期，历经岁月侵蚀，管道老化、破损情况极为普遍。据相关数据显示，全国仅50%居民接入集中供水系统，30%管道严重损坏，早已超出正常使用期限。① 这些老旧管道材质多为普通铸铁或水泥管，抗腐蚀性差，在长期的水流冲击下，管道壁出现了裂缝、孔洞。在一些偏远地区，输水管道缺乏定期维护与检测，部分管道甚至露天铺设，风吹日晒加剧了管道的损坏速度，大量珍贵的水资源渗漏到地下，无法被有效输送至用水终端。供水用户为应对不堪重负的供水系统导致的频繁停水，需额外支付大量隐性成本即自建储水设施或购买瓶装水。

2. 用电成本

塔吉克斯坦作为全球水电资源最丰富的国家之一（人均储量居世界首位），却长期面临严重电力短缺问题。其年发电量约170亿度，而需求量高达230—250亿度，形成40—50亿度的年度缺口。苏联时期建设的中亚电网曾是该国主要进口渠道，但2009年乌兹别克斯坦单方面退出该体系后，塔吉克斯坦被迫转向哈萨克斯坦和吉尔吉斯斯坦进口电力，但因邻国自身需求增长常出现断供，因此导致多次大面积停电。②

该国用电季节性矛盾尤为突出：夏季水力发电过剩可向阿富汗出口多余电量③，但冬季因水库蓄水量不足（气候变化导致降水减少95%）和供暖需求激增（天然气供应中断后居民改用电力供暖），电力缺口进一步扩大。为此，塔吉克斯坦自2009年起实施限电政策，秋冬季城市供电时间缩减至6—

---

① 参见《塔吉克斯坦经济概况》，载Globserver网，https：//www.globserver.cn/塔吉克斯坦/经济，2012年6月28日访问。

② 参见商务部对外投资和经济合作司等编：《对外投资合作国别（地区）指南：塔吉克斯坦》（2024年版），第19页，载商务部“走出去”公共服务平台，https://www.mofcom.gov.cn/article/gbdqzn，2025年2月12日访问。

③ 参见商务部对外投资和经济合作司等编：《对外投资合作国别（地区）指南：塔吉克斯坦》（2024年版），第20页，载商务部“走出去”公共服务平台，https://www.mofcom.gov.cn/article/gbdqzn，2025年2月12日访问。

10小时，偏远农村地区仅2—3小时，首都虽基本维持供电但故障频发。2015—2017年间限电措施持续强化，严重制约该国工农业生产和影响该国居民生活。

（1）自然原因限制

塔吉克斯坦主要为温带大陆性气候，降水有明显季节差异，春季和夏季高山冰雪融化，河流径流量大，水电厂可利用丰富水资源发电，电力供应充足，成本相对较低。冬季降水少，河流进入枯水期，水电发电量大幅下降，电力供应紧张，需依赖成本较高的火电补充，用电成本上升，而且近年来该国河流水量减少，秋冬季节降水量同期减少，导致瓦赫什河流域水量不足，而该国大部分能源设施都位于该河流域，水力发电量因此大幅下降。

塔吉克斯坦约93%的国土为山地，多山地形虽为发展水电提供了丰富的势能资源，可建设众多水电站，也给电力基础设施的建设和维护带来了巨大挑战。该国多山地，地形复杂，建设发电站和输电线路难度大、成本高，在高山峡谷建设水电站，需克服地质条件复杂、交通不便等问题，增加了建设投资和施工难度，推高了用电成本。复杂地形也使输电线路长且曲折，电力传输过程中损耗增加，从偏远山区水电站向城市和工业中心输电，需要跨越山谷、河流等复杂地形，建设成本高、难度大，且因线路过长、地形起伏大，导致大量电力在传输中损失，需增加发电量弥补，间接增加用电成本。

（2）电力行业垄断

该国约90%以上的电力依靠水力发电，努列克水电站等大型水电设施在电力供应中作用关键，而这些基本由国企掌控，国家电力公司“Barki Tojik”独家掌控发电、输电和配电环节，形成垂直一体化垄断；作为垄断企业，国家电力公司在电价制定上有较大影响力，虽电价需政府批准，但公司可凭借其垄断地位和专业信息优势，以成本上升等为由提议涨价，自2019年9月1日起，居民电价将上调17%，即从目前的0.1937索莫尼（2.05美分）/千瓦时上调至0.2266索莫尼（2.4美分）/千瓦时。除塔吉克斯坦铝业公司外，该国其他类别用电的电价均将上调。[①]

在垄断情况下，消费者选择有限，这也导致国家电力公司对提升服务质量缺乏动力，加之该国电网本就缺乏维护资金，大量配电线路等待升级，这些问题未能得到有效解决，间接增加了用户的用电成本。

（3）基础设施落后

发电环节：塔吉克斯坦大量发电设备购置于苏联时期，历经多年运行，

① 参见《塔国家能源公司〈Baki Tojik〉解释电价上调原因》，载中华人民共和国商务部网，https：//m. mofcom. gov. cn/article/i/jyjl/e/201910/20191002908696. shtml，2019年10月30日访问。

设备严重老化。以该国主要的水力发电站为例，水轮机、发电机等核心设备磨损严重，零部件老化变形，导致能量转换效率大幅降低。同时在水电领域，缺乏先进的水库调度技术和自动化控制技术，无法根据水资源的实时变化精准调整发电策略。在枯水期，由于技术限制，不能充分利用有限的水资源进行高效发电；而在丰水期，又无法实现对水能的最大化利用。

输电环节：该国输电线路多为陈旧设施，老化、破损情况普遍。电网线路绝缘层老化开裂，增加了漏电风险，还使得电阻增大，电能在传输过程中以热能形式大量损耗，因线路老化导致的输电损耗高达15%—20%，远高于国际平均水平。例如，从努列克水电站向首都杜尚别输电，由于部分线路老化，每传输100万千瓦时的电能，就有15—20万千瓦时在途中损耗掉，不仅造成能源的巨大浪费，还增加了发电成本，间接推高了用户的用电价格。

配电环节：城市和乡村的配电设备陈旧不堪，变压器容量不足、过载运行情况常见。在用电高峰期，夏季高温时段居民大量使用空调，老旧变压器无法满足激增的电力需求，导致电压不稳，频繁出现电压骤降、闪烁等问题，影响居民正常生活。在偏远农村地区，由于配电设施布局不合理，部分村庄供电困难，甚至出现“用电死角”，约20%的农村地区存在配电网络覆盖不足或供电质量差的问题，严重影响了当地村民的生活。

3. 互联网接入成本

塔吉克斯坦自独立后通过制定多项政策法规，积极引导外资及私营企业参与通信信息技术发展，逐步培育通信服务市场。经过十余年建设，特别是2000年后，该国通信产业取得显著进步，目前已形成10家移动运营商并存的竞争格局，其中市场主导者包括本土私营企业Babilon-Mobile、塔俄合资MLT Mobile、塔美合资Indigo以及中塔合资TK Mobile。在技术标准方面，该国采用AMPS、GSM、CDMA450、CDMA2000 1X和3G-UMTS五种制式。①

（1）数字基础设施落后

塔吉克斯坦移动网络已覆盖主要城市、交通干线和邻近居民区，但农村及偏远山区仍存在大面积信号盲区，目前，塔分布最广泛的是2G网络，特别是在农村地区，塔吉克斯坦3G网络城市覆盖率超过90%，4G仅覆盖主要城

---

① 参见商务部对外投资和经济合作司等编：《对外投资合作国别（地区）指南：塔吉克斯坦》（2024年版），第20页，载商务部“走出去”公共服务平台，https://www.mofcom.gov.cn/article/gbdqzn，2025年2月12日访问。

市，5G 建设开始站点布置，总计几十个站点，数字基础设施非常薄弱。[①] 落后的网络基站采用老旧技术，设备性能不过关，为达到预期的覆盖范围和信号质量，需要建设大量的基站，在偏远农村地区，每隔较短距离就需要建设网络基站，才能满足居民最基本的通信需求，而先进的网络基站覆盖同样范围的区域，所需要的数量更少，因此增加了互联网接入成本。

该国落后的早期 2G、3G 基站相比主流的 4G、5G 基站能耗比高很多，长期运行会消耗更多的电能，增加成本；同时，由于落后的基站，导致通信信号不稳定，数据传输效率低，用户在使用网络过程中会出现频繁的数据重传、网页加载缓慢等问题，无法支持新兴互联网业务的发展，如直播带货等对网络稳定和速度要求较高的业务，使得当地互联网产业发展受限，难以开展相关业务，间接增加了互联网接入的机会成本。

（2）技术发展限制

塔吉克斯坦的互联网技术发展相对滞后，在 5G、光纤宽带等新技术的应用和推广方面速度较慢。老旧的技术无法实现网络的高效传输和降低运营成本，与新技术相比，运营成本高出 20%—30%，这些成本最终反映在用户的接入费用上；并且该国在互联网技术领域缺乏自主研发能力，网络设备和软件等大多依赖进口，进口设备和软件价格高昂，需要支付额外的关税和运输费用，增加了运营商的采购成本，进而推高了互联网接入成本。

该国培养的互联网专业人才难以满足市场需求，从网络工程师、软件开发人员到网络安全专家等各领域都存在较大缺口，运营商在网络建设、维护和技术创新等方面需要依赖外部专家和技术人员，人力成本较高；同时，技术人才的短缺也限制了网络技术的优化和升级，进而影响网络运营效率，间接导致互联网接入成本难以下降。

（3）用户网络需求低下

该国经济发展水平有限，互联网用户总数相对较少，截至 2023 年 10 月，塔移动用户为 780 万，其中活跃用户 480 万名；互联网用户总数（包括移动互联网用户和固定宽带接入用户）为 410 万。[②] 大部分用户对互联网的需求主要集中在基本的通信和信息获取上，对高速、稳定的网络需求相对较低。运

① 参见商务部对外投资和经济合作司等编：《对外投资合作国别（地区）指南：塔吉克斯坦》（2024 年版），第 21 页，载商务部“走出去”公共服务平台，https://www.mofcom.gov.cn/article/gbdqzn，2025 年 2 月 12 日访问。

② 参见商务部对外投资和经济合作司等编：《对外投资合作国别（地区）指南：塔吉克斯坦》（2024 年版），第 21 页，载商务部“走出去”公共服务平台，https://www.mofcom.gov.cn/article/gbdqzn，2025 年 2 月 12 日访问。

营商为满足大多数用户的基本需求，在网络建设和服务提供上的投入相对有限，无法通过大规模用户需求实现规模经济，导致单位接入成本较高；并且运营商建设网络基站需要投入大量资金，即使网络用户少，但日常经营维护仍需投入一定的人力、物力、财力，对基站、线路进行定期的巡查，保证网络正常稳定工作，因而成本不会因用户总量少而降低，反而每个互联网用户需分摊的互联网接入成本较高。

（4）网络资费高昂

塔吉克斯坦人均收入较低，2023 年人均 GDP 约 1100 美元，导致用户对互联网接入价格敏感度高，目前该国基础上网费较高，1GB 流量约 1.5—2 美元，用户每月上网费用相当于月均工资 8%—10%。[①] 运营商在制定价格时，既要考虑成本和利润，又要考虑用户的消费能力，因此为保证市场份额不能大幅提高价格，但低价格限制了服务质量提升和成本回收，市场陷入恶性循环，难以通过提高价格来获取更多利润以投入网络建设和升级。

高昂的网络资费也限制了依赖互联网开展的业务，如电商企业需要支付高昂的宽带费用来保证网站运行和数据传输稳定，网络直播企业需要承担更高的流量费用来支持更大规模的用户观看直播。从塔吉克斯坦目前的网络资费来看，新兴的互联网企业可能会因无法承受高昂的网络成本而放弃进入市场，或在业务开展过程中因资金限制无法扩大用户规模来进行市场推广，增加了互联网企业端的成本。

4. 评述

塔吉克斯坦尽管拥有丰富的水资源，但由于较低的开发能力、本国自然气候的季节性矛盾，以及缺乏维护的基础设施，使用水成本较高；该国与中亚电网进行互联以及其水电站的建造升级缓解了部分用电问题，但过分依赖水力发电导致的季节性缺电和电网设施老化，仍是该国供电的主要挑战；当前，该国互联网发展仍处于初级阶段，尽管拥有多家移动运营商，但是低下的网络覆盖率以及高昂的流量资费仍限制着该国互联网发展。总体来看，塔吉克斯坦用水、用电以及互联网接入成本仍较为昂贵。

四、劳动者保护

塔吉克斯坦近年来经济总体保持稳定增长，居民购买力不断增强。据塔

---

① 参见商务部对外投资和经济合作司等编：《对外投资合作国别（地区）指南：塔吉克斯坦》（2023 年版），第 22 页，载商务部“走出去”公共服务平台，https://www.mofcom.gov.cn/article/gbdqzn，2025 年 2 月 12 日访问。

吉克斯坦经济发展与贸易部数据，2024 年，塔国 GDP 达 1543 亿索莫尼（约合 142 亿美元），较去年增长 226 亿索莫尼（约 20.9 亿美元）。近十年来，塔国 GDP 增加超 2 倍，① 但塔吉克斯坦人均收入仍排在欧亚经济联盟和中亚国家中末位。

目前，塔吉克斯坦劳工管理机构为塔吉克斯坦劳动、移民与居民就业部。塔吉克斯坦人民民主党前议员索利哈·霍尔马赫马德佐达为劳动、移民与居民就业部部长。

劳动保护监察机制方面既有劳动监察部门专门负责，又有社会的监督。监察部门的职能包括监督企业劳动保障、检查用工合规性以及执行劳动法律法规，社会监督主体包括工会、企业内部成立的劳动保护委员会等，其有权监督用人单位遵守劳动保护法律法规的情况、参与不良事件调查、为保障员工的生命健康权而要求停工、责令用人单位纠正不良行为等。

（一）监管框架

1. 劳动法规质量

在塔吉克苏维埃社会主义共和国时期，劳动法主要遵循苏联中央立法，1991 年塔吉克斯坦独立后，劳动法开始结合国情进行系统性调整，独立后首部重要《劳动法》，于 1997 年 5 月 15 日颁布，明确了劳动者自由择业、劳动保护等权利，2016 年 7 月 23 日，塔吉克斯坦颁布新版《劳动法》，成为现行劳动关系的核心法律。

尽管《劳动法》历经多次修订，其劳动法规体系在形式上已初步构建，但法律文本的模糊性、执行机制的低效性，严重制约了劳动者权益保护。

（1）模糊条款与自由裁量权滥用

法律的确定性是法治的基石，模糊条款使法律条文含义不明确，民众难以准确知晓行为边界和法律后果，降低了对法律的信任和尊重。该国《劳动法》的部分条款表述存在一定的模糊性，不同的法官、劳动仲裁人员在理解和适用法律时存在差异，导致在劳动纠纷等案件中，自由裁量权滥用，出现类似案件的处理结果不同、处罚过重或过轻等问题，使当事人遭受了不公正待遇，合法权益受损。《劳动法》第 46 条第 7 款允许企业以偷盗雇主财产为由解雇员工，但未列举偷盗数额，司法实践中，“严重违纪”的认定高度依赖

---

① 参见《塔吉克斯坦 GDP 十年增加超 2 倍》，载中华人民共和国商务部网，http://tj.mofcom.gov.cn/jmxw/art/2025/art_f70e926b441b4c1aa8febf663e43d4bc.html，2025 年 2 月 26 日访问。

法官自由裁量。[1]

(2) 非正规就业的法律真空

塔吉克斯坦对于非正规就业缺乏明确、统一的定义，没有详细列举哪些属于非正规就业，导致实践中难以准确区分正规与非正规就业，如对兼职工作、临时帮工、家庭作坊式工作等是否属于非正规就业界限不明，导致大量劳动力从事农业、小微服务业等非正规工作，不受《劳动法》保护。

非正规就业中很多是口头约定或简单的书面协议，用工单位与劳动者之间缺乏正式的劳动合同与缴纳社保记录。对于这些劳动的法律效力、双方权利义务的界定缺乏详细规定，一旦发生纠纷，难以依据合同条款进行有效维权。由于非正规就业的灵活性和不稳定性，对于非正规就业者是否应强制参加社会保险、如何缴纳社会保险费以及享受何种社保待遇等，法律规定不清晰。

(3) 法律执行的法律困境

塔吉克斯坦的劳动体系由专门的劳动监察部门负责，其职能包括监督企业劳动保障、检查用工合规性以及执行劳动法律法规，但劳动监察专员数量不足，人均监察比例低，农村地区监察覆盖率远远达不到标准。由于劳动监察部门人员数量有限，难以对大量的企业和各类用工场所进行全面、及时的检查，在一些偏远地区或小型企业集中的区域，监察力度更是薄弱，使得部分企业的违法用工行为难以及时被发现和纠正。

除去劳动监察部门的现实困境外，由于塔吉克斯坦的财政紧张，其他政府部门更是存在“选择性执法”现象。例如，海关、税务部门对外资企业和承包工程企业的不合理罚款和征税行为，[2] 造成生产成本增加，易导致企业对执法不公的不满，进而引发对政府部门的不信任，降低了劳动法对企业用工环境的保护效果。

2. *劳动者权利*

(1) 工作时间

标准工时：劳动者在 5 天工作制企业，每天标准工作时长 8 小时，工作上限为 12 小时。6 天工作制企业，劳动者每周工作时间为 40 小时，则每天工时上限为 7 小时；每周工作时间为 35 小时，则每天工时上限为 6 小时；每周工作时间为 24 小时，则每天工时上限为 4 小时。

---

① 参见《劳动法》第 46 条。

② 参见商务部对外投资和经济合作司等编：《对外投资合作国别（地区）指南：塔吉克斯坦》（2024 年版），第 72 页，载商务部“走出去”公共服务平台，https://www.mofcom.gov.cn/article/gbdqzn，2025 年 2 月 12 日访问。

特殊群体保护：15—16 岁劳动者每天工时上限为 5 小时；16—18 岁劳动者每天工时上限为 7 小时；伤残人士每天工时上限为 6 小时。对于在普通教育机构、初等和中等职业教育机构就读的、上学期间兼职年龄在 14—16 岁的学生，每天工时上限为 2.5 小时；在 16—18 岁的，每天工时上限为 3.5 小时。①

（2）休息时间

班内休息：企业应在工作日内为劳动者提供休息和用餐时间。时间由企业内部规章规定或与劳动者协商确定，最晚不迟于工作开始 4 小时。

班间休息：劳动者应当享有两个工作日之间不少于 12 个小时的休息时间，用于恢复身体状态。

假日：劳动者在 5 天工作制企业享受双休；6 天工作制企业的劳动者享受单休，通常周日为公休日。一般情况下，休息日禁止工作，但紧急情况（灾害救援、设备抢修等）例外，但同时企业应与劳动者协商并补偿双倍薪资或调休。

节日原则上劳动者休息，在生产不得间断企业工作或从事社会维持工作的劳动者例外，且需支付加班费或调休；全体劳动者在节前一天缩短工时至少 1 小时。

年假：全体劳动者不论签订的劳动合同类型均享有带薪年假，不得少于 24 天；未满 18 岁年假不少于 30 天，企业可根据内部规定自行延长，工伤和孕产假均不计入，除劳动者因辞职外不允许用金钱补偿代替年假。②

（3）补充休假

高危环境：劳动者从事矿坑井下作业、露天采场作业、放射性污染区域作业，以及其他影响身体健康的工作，企业应提供不少于 7 天的年度补充休假。

恶劣气候：劳动者在恶劣自然气候条件下作业，企业应提供不少于 8 天的年度补充休假。

非标准工时：对于从事非标准工作时间的劳动者，超出额定工时，企业应提供不少于 10 天的年度补充休假。③

---

① 参见《一带一路沿线国家法律风险防范指引》系列丛书编委会编：《一带一路沿线国家法律风险防范指引（塔吉克斯坦）》，中国财经出版传媒集团、经济科学出版社 2017 年版，第 136 页。

② 参见《一带一路沿线国家法律风险防范指引》系列丛书编委会编：《一带一路沿线国家法律风险防范指引（塔吉克斯坦）》，中国财经出版传媒集团、经济科学出版社 2017 年版，第 137 页。

③ 参见《一带一路沿线国家法律风险防范指引》系列丛书编委会编：《一带一路沿线国家法律风险防范指引（塔吉克斯坦）》，中国财经出版传媒集团、经济科学出版社 2017 年版，第 138 页。

(4) 产假

产假规定：女性员工有权享受产前 70 天、产后 70 天的休假；若生产时遭遇难产，产假延长至 86 天；生育双胞胎、三胞胎，产假则增加到 110 天，产假期间，员工能够领取国家社会保险提供的补助。产假结束后，员工可根据自身意愿在子女 1 岁半前休育儿假，其间可保留自身工作职务并领取国家社会保险补助。

孕期保护：塔吉克斯坦《劳动法》明确约束企业辞退或降薪孕期女性员工，并且要求为怀孕女性以及育有不满 1.5 岁幼儿的妇女适当减轻工作任务量。企业欲在女性员工子女 3 岁（单身母亲子女 4 岁，有残疾的子女 6 岁）前辞退该员工，则须以书面方式告知其理由。

(5) 工资

在塔吉克斯坦，企业员工的薪资结构由固定薪资与浮动薪资构成。固定薪资涵盖按小时和月计的基础定额，而浮动薪资则与工作表现挂钩，包括各种按照技能、工龄、年度工作业绩、学位等支付的津贴、奖励和补贴以及对于高质量的工作、超产等的奖金。最关键的是塔吉克斯坦企业只能以塔吉克斯坦货币索莫尼发放工资。

最低工资：根据塔吉克斯坦《劳动法》，最低工资标准由塔吉克斯坦总统确定。经塔吉克斯坦总统拉赫蒙确定，自 2024 年 7 月 1 日起塔吉克斯坦经济社会领域最低工资标准为每月 800 索莫尼。①

加班和节假日工资：劳动者加班期间，计件工资每小时不低于双倍计件工资额；计时工资及职务工资，不低于双倍小时工资定额，节假日加班工资不低于上述双倍标准。月工时定额内加班，除工资外企业应支付不低于单时或单日工资定额；超定额则支付双倍时或日工资定额。

夜班工资：22 点至早 6 点为规定的夜班时间。塔吉克斯坦法律规定，夜班每小时工资不低于规定标准的 1.5 倍，夜班增加的工资不计入职务工资。具体工资额在协议和集体合同里制定，如未规定，则由用人单位与相关的劳动者代表协商后制定。

特殊工种工资：劳动者在繁重、有害和特别有害条件下工作，企业应按塔吉克斯坦政府或劳动合同、确定的程序提高劳动报酬。

兼职工资：兼职工人的薪资按照工作时长核算，具体数额取决于实际产量，或劳动合同中所规定的其他条件。对于领取计时工资的兼职人员，在存

---

① 参见《塔吉克斯坦上调国家部门人员工资》，载“走出去”导航网，https://www.investgo.cn/article/gb/gbdt/202401/704802.html，2024 年 1 月 21 日访问。

在定额任务时最终工资将依据实际完成的工作量来计算发放。若劳动者在设有地区系数和补贴的地区从事兼职工作，会将地区系数和补贴包含在工资内。①

3. 雇佣劳工规则

（1）劳动合同基本要素

劳动合同内容在双方协商一致的基础上，结合劳动法以及其他相关法规来确定的，这些法规包括一般协议、行业协议和集体合同。劳动合同中必须明确劳动地点（具体到企业或部门）、职工的工作职能、正式开始工作的日期、劳动合同的有效期限、薪资数额、工作时间安排与制度、休假时间，还有其他各项劳动条件。劳动者依法享有的劳动权利以及保障标准，由法律及其他法规予以明确的，在签订劳动合同过程中，雇主不得擅自降低法定标准。②

（2）劳动合同类型

劳动合同可签订为：非固定期限、固定期限（不超过 5 年）、根据本劳动法为履行义务的缺勤职工保留工作岗位、完成一定职责的时间、完成季节性工作。季节性劳动合同是指为完成季节性工作（受限于自然气候条件），可在一定季节内签订的合同。

如果劳动合同没有约定有效期限，那么合同视为非固定期限，非经职工同意，不得将合同改签为固定期限；考虑到面临工作的特点或完成条件或职工利益，或者在法律规定的情况下不能签订非固定期限合同，在上述情况下，签订固定期限的劳动合同。③

（3）劳动合同签订流程

劳动合同仅能通过书面方式签订。书面形式订立的劳动合同，应当一式两份，经双方签字后由职工与雇主各执一份。

员工入职前，需要出示以下材料：劳动手册（首次参加工作的人员无须提供）、护照（未满 16 周岁的人员，需出示出生证明）、在法规有明确要求的情形下，需提供教育程度证明、涉及兵役的人员，需提供军人证或登记证明。在法律无其他特殊规定的情况下，雇主无权要求职工提供上述以外的其他证件。

劳动合同未另行约定生效时间，那么劳动合同自职工实际开始工作之日

① 参见《一带一路沿线国家法律风险防范指引》系列丛书编委会编：《一带一路沿线国家法律风险防范指引（塔吉克斯坦）》，中国财经出版传媒集团、经济科学出版社 2017 年版，第 139 页。

② 参见《劳动法》第 30 条。

③ 参见《劳动法》第 31 条。

起正式生效；若未签订书面劳动合同，但职工已告知雇主其实际开展工作，那么劳动合同将被视作自开始工作之日起已签订，且双方应在开始工作之日起 3 日内完成书面合同的签订。①

（4）特殊条款

①试用期：劳动合同可约定试用期，时间由双方协商确定，但不得超 3 个月，法律另有规定的除外；试用期内，职工同样受劳动法和其他劳动法规保护；未满 18 岁人员、年轻专家、跨地区或跨企业调动人员以及竞争入职者不设试用期；暂时丧失劳动能力和因正当理由缺勤的时间不算在试用期内。

若劳动合同未明确试用期，则视作被录用者无试用期；试用期满，若双方都未提出终止合同，劳动合同继续有效，双方同意才能终止。②

②临时停产：因企业遇到生产、经济、工艺或组织方面的困难，雇主经与相应的职工协商后可暂时停止企业个别部门的工作，而不裁员或缩减编制；非因职工过错而造成企业临时停产，若不能调动职工到其他岗位，要支付其基本工资；若雇主没有能力调动职工到其他岗位，禁止临时停产期间不支付其停产工资。③

企业停产时，考虑到职工的专业和技能，调到本企业其他工作应征得职工同意，时间不得超过 1 个月；由于停工被调去从事较低工资的工作，职工的劳动工资不应低于其月平均工资。④

③兼职：指职工根据劳动合同，利用本职工作以外的时间从事其他固定有偿劳动，或担任其他固定有偿劳务。无法律特别规定，职工兼职无须经过本职工作的雇主同意；从事兼职工作，职工需按照程序提交法律规定的文件，在其他企业从事繁重、有害或处于危险条件下的兼职工作还需提交本职工作的劳动特征。⑤

除法律另有规定，国家机关工作人员不得兼任两个领导职务；在国家机构中禁止有亲属关系的人员从事存在直接隶属关系或相互监督关系的兼职工作；在国家机关中，禁止领导、总会计师和出纳的亲属，包含其父母、配偶、兄弟、姐妹、子女，以及配偶的父母、兄弟姐妹、子女从事与他们存在直接隶属关系或相互监督关系的兼职工作。⑥

---

① 参见《劳动法》第 32 条。

② 参见《劳动法》第 33 条。

③ 参见《劳动法》第 38 条。

④ 参见《劳动法》第 37 条。

⑤ 参见《劳动法》第 28 条。

⑥ 参见《劳动法》第 29 条。

④调往其他固定工作：企业将职工调往其他固定工作岗位，改变其劳动职能，即工种、职务、技能要求，必须事先征得职工本人同意；当工作变动导致合同约定的劳动条件发生实质性改变，且该改变与生产、管理、技术和经济等合理条件无关时，将职工调往其他岗位，同样需征得职工同意；职工同意调往本企业的其他工作岗位，或调往其他企业，甚至随企业搬迁至其他地区，均必须以书面形式明确表示。

职工被调往本企业内部的其他工作岗位，或本地分支机构的其他机组，且调动工作属于劳动合同约定的专业、技能和职务范围内，同时劳动条件未发生实质性改变，调动无须征得员工本人同意。

因法律规定的客观原因，导致劳动合同规定的职能工作无法继续开展，雇主有义务为职工提供企业现有的其他工作岗位或经双方同意也可终止劳动合同。[①]

⑤劳动奖励：对于在工作中成绩优秀的职工，雇主可采取奖励措施即嘉奖、奖金、贵重礼物、荣誉证书、列入企业光荣榜；对于国家和社会有特别贡献的劳动成果，也可给予国家奖励。[②]

4. 解雇劳工规则

（1）雇主提议解雇

根据《劳动法》雇主可基于以下理由解雇员工：

①企业注销或终止经营活动，又或进行人员缩减。

②职工因自身技能水平不足或者因健康状况不佳，不适应现工作。

③职工无正当理由，严重违反劳动合同的相关规定，或违反企业内部劳动规则。

④职工无正当理由旷工（工作日内缺勤超过 3 小时以上）。

⑤工因暂时丧失劳动能力（但不包括处于怀孕期和产假期间），且在法律未对某些疾病规定更长工作保留期限的情况下，连续缺勤超过 4 个月。不过，对于因工伤或患职业病而丧失劳动能力的职工，需保留其工作直至其恢复健康或者完成伤残鉴定。

⑥职工在醉酒、麻醉或中毒状态下到岗工作。

⑦职工在工作地点盗窃雇主财产，且为生效法律判决或有效行政处分裁定。

⑧因招收非兼职职工，或者因兼职工作存在限制，从而终止与兼职人员

---

① 参见《劳动法》第 35 条。

② 参见《劳动法》第 122 条。

的劳动合同。

⑨因企业变更所有者，进而终止与企业领导的劳动合同。

⑩企业的领导及其副职单次出现严重违反劳动法的行为。

⑪直接负责管理财产的职工，做出导致雇主对其失去信任的错误行为。[①]

（2）雇员提议解除

①非固定期限合同：职工解除非固定期限劳动合同，需提前两周以书面形式告知雇主。两周期满劳动关系解除。同时，雇主有责任向职工交付劳动手册，并且仔细核算、支付职工应得的薪资报酬。

②固定期限合同：当职工因为生病、身体残疾，没有办法依照劳动合同的要求完成工作；或者雇主做出违反劳动法、相关法规以及集体合同规定的行为；又或者职工有其他合理合法的理由提出解约要求时，定期劳动合同就应该按照规定解除，以此保障职工的合法权益。

③提前解约：职工向雇主提出解除劳动合同，雇主同意，双方即在两周通知期结束前，协商解除合同。若职工因身体原因无法继续工作而申请解除合同，雇主须在职工提出的时间范围内解除劳动合同。

④无须提前通知直接解约：雇主在签订劳动合同时，故意向职工提供虚假劳动信息，或在合同履行期间，没有履行对职工安全和健康的保障义务，职工无须提前通知雇主，就可以解除劳动合同，保护自己的权益。

⑤撤回解约申请的条件：在两周通知期内，若雇主未安排其他员工来接替该职工岗位，职工有权撤回提交的解除申请，重新考虑自己的工作安排。[②]

（3）不可抗力解除

①职工需服兵役。

②恢复前职工从事该项工作。

③判决该职工不得从事该工作，判决生效时。

④该职工已死亡。

⑤企业违反招工规定。

⑥法律规定的其他情况[③]。

（4）解除程序

雇主必须按以下期限提前书面通知职工关于解除劳动合同的意向：因企业注销、裁减职工而解除劳动合同的，不迟于两个月；因职工技能或健康不适宜现工作而解除劳动合同的，不迟于 1 个月。在提前通知期间，赋予职工

---

① 参见《劳动法》第 46 条。

② 参见《劳动法》第 45 条。

③ 参见《劳动法》第 53 条。

每周至少 1 天不上班而保留工资的权利，用于寻找其他工作。雇主按法定期限通知相关的劳动就业部门将要解雇职工所需的资料，包括其专业、技能和工资额及劳动报酬金额。①

（5）职工保障

第一，优先保留工作：当因劳动和生产技术革新、管理模式调整，致使职工人数缩减、工作量降低，或因工作性质发生转变而需解除劳动合同，保留工作岗位的优先权将赋予技能更优、劳动生产效率更高的职工。在劳动技能和生产效率相同的前提下，优先考虑以下职工：

①育有两名及以上被抚养人的职工。

②家庭中无其他独立薪资来源成员的职工。

③在本企业工龄较长的职工。

④不脱离工作岗位，在高等和中等专科学校提升对应专业技能的职工，或脱产就读，从高等或中等专科学校、职业技术学校毕业，且毕业两年内从事专业对口工作的职工。

⑤在本企业因工负伤或患上职业病的职工。

⑥伟大卫国战争中的残疾人员、参战人员及同等情况人员。

⑦遭受核项目事故辐射以及其他高辐射影响的人员、被认定残疾与核项目事故相关的人员、参与核事故后果消除工作的人员，还有从上述受影响地区撤离或迁出的人员及其他同等情况人员。②

第二，退职职工补贴：对于因工作量减少或工作条件改变从企业退职的职工，保障如下：

①支付不低于月平均工资的离职补贴。

②职工若在工作解除后 10 天内向劳动部门申请，且未被安排工作，可在解雇后的第二个月、第三个月保留月平均工资。

③符合退休规定的职工，可按法定退休年龄提前 1 年退休；因事故或职业病丧失履行以前工作能力的离职人员同上。③

第三，非法解除赔偿：法庭恢复职工的工作，雇主负责赔偿给职工带来的损失：

①强制支付职工被迫缺勤时间应得工资。

②与调动和解雇有关的诉讼费用。

③精神损失补偿，精神损失的金额由法庭参照雇主行为确定，但不低于

---

① 参见《劳动法》第 49 条。

② 参见《劳动法》第 47 条。

③ 参见《劳动法》第 50 条。

月平均工资。①

（6）职工物质责任

第一，物质责任范围：职工给雇主造成的物质损失，按直接、实际损失金额承担物质责任，但不应超过其平均月工资。直接、实际损失指雇主现有财产包含从第三方租赁而来的资产的实际减损，此外，雇主为弥补损失，购买新财产、重置受损财产的费用，以及因该损失产生的额外开支，都属于赔偿范围；该责任既包括职工直接给雇主造成的损失，以及因职工过错导致雇主向第三方支付赔偿而遭受的损失。②

第二，有限物质责任：普通职工在工作过程中因个人疏忽给企业造成损失，按实际损失的金额进行赔偿，但数额不超过其平均月工资；企业领导及副职、下属部门领导及副职，因自身过错导致企业支出多余资金、物资或资金账目管理错误、生产不合格产品，以及物资和资金被盗、毁坏与破坏，按实际损失金额赔偿，赔偿数额同样不超过平均月工资。③

第三，完全物质责任：职工受专门书面合同委托保管财产，出现财产短缺的；职工依据指令性文件接收财产后，发生财产短缺；专门法律文书判定需承担责任；职工主观故意导致企业损失；职工在醉酒或吸毒状态下给企业造成损失；职工违法行为造成企业损失；职工在非履行劳动义务期间造成损失；劳动合同约定保守业务和商业秘密，职工故意泄露的，需赔偿企业预期可得但因泄密未能获得的收入，以上情况职工需承担完全物质责任。④

5. 评述

综合来看，塔吉克斯坦劳动法规在法律框架上较为完善，涵盖了劳动者工作时间、休假、产假、工资、解雇保护等方面，但在实际执行层面受该国传统文化、经济水平制约，部分条款流于形式，削弱了对劳动者的实际保护效果。

未来该国需修订法律模糊条款，加强法律落实，并逐步提高劳动者最低工资和社会保障覆盖率，以此实现更公平的劳动权益保护。

（二）公共服务

塔吉克斯坦工业化水平低，产业结构单一，主要以农业与服务业为主，据塔吉克斯坦统计署数据，2023 年，塔吉克斯坦国内生产总值中工业占比

① 参见《劳动法》第 59 条。
② 参见《劳动法》第 132 条。
③ 参见《劳动法》第 135 条。
④ 参见《劳动法》第 136 条。

16.2%，农业占 24.3%，服务业占 41.5%。[①] 虽然当地人口和劳动力资源持续增长为塔吉克斯坦发展提供了强大的原生动力，使得适龄劳动人口所占比重较大，但是存在劳动力职业技能不高的问题，目前大部分企业又急需高素质、高技能的人才，尤其是数字技术创新方面缺乏专业技术人才，这使得劳动供需结构性矛盾比较突出，导致国内就业形势严峻。虽然塔吉克斯坦登记失业率比较低，但实际失业率比较高，远超过政府公布的数据。由于国内就业岗位不足，薪酬偏低，出境从事劳务成为重要的就业渠道之一。塔吉克斯坦被认为是中亚地区最依赖对外劳务合作和劳务移民汇款的国家之一。塔吉克斯坦约 1/4 的家庭需要靠境外侨民汇款生活。塔吉克斯坦境外务工公民主要集中在俄罗斯、哈萨克斯坦。据塔吉克斯坦劳动部称，2024 年上半年，塔吉克斯坦共约 39.28 万名劳务移民离境，其中超过 38.79 万人前往俄罗斯。[②] 哈萨克斯坦则为塔吉克斯坦劳务移民第二大目的国。除了这两个国家，该国也与乌兹别克斯坦、伊朗、印度、土耳其、日本、韩国以及中国等国家开展劳务移民领域的国际合作。

同时，为了留住本国劳动力，促进国内劳动力市场及经济发展，塔吉克斯坦政府近年来采取了一些措施，例如，优化国内就业环境、提升劳动力职业技能培训以及完善社会保障体系等。据塔国劳动、移民与居民就业部消息，2024 年，塔国新增 24.7 万个就业岗位，比上年增长 7.1%，主要集中在农业、建筑业和贸易领域。2024 年，塔国约 28 万人完成职业教育课程，登记求职人数 11.25 万人，失业人数 6.46 万人，为超过 7.32 万人提供就业岗位，为 1.84 万人发放失业救济金。[③]

1. 劳工社会保险

职工社会保险有两种形式：国家社会保险和自愿社会保险。国家社会保险适用于按照劳动合同（协议）工作的任何人，没有例外。国家社会保险的资金由雇主缴纳、国家预算缴纳和法律规定的其他进款形成。职工按法定的程序和数额缴纳保险费。自愿社会保险通过由企业、公民集体、社会团体创立的非国家保险基金实现。

---

① 参见商务部对外投资和经济合作司等编：《对外投资合作国别（地区）指南：塔吉克斯坦》（2024 年版），第 14 页，载商务部“走出去”公共服务平台，https://www.mofcom.gov.cn/article/gb-dqzn，2025 年 2 月 12 日访问。

② 参见《塔吉克斯坦将加强劳务移民方向多元化》，载中华人民共和国商务部网，http://tj.mofcom.gov.cn/jmxw/art/2025/art_b306732ace294ec895ae4258e6d5bf59.htm，2025 年 2 月 4 日访问。

③ 参见《2024 年塔吉克斯坦新增 24.7 万个就业岗位》，载中华人民共和国商务部网，http://tj.mofcom.gov.cn/jmxw/art/2025/art_18d7dbab4d344bb3851f4a5db8f5c7dc.html，2025 年 2 月 17 日访问。

国家社会保险资金用于补助暂时丧失劳动能力、怀孕和妊娠、安葬、家庭补助以及塔吉克斯坦共和国法律和法规规定的其他补助类型，对于丧失抚养人及特殊工种的职工及其家属，按其参保比例给付退休生活、疗养、饮食、医疗等费用。塔吉克斯坦的国家社会保险是强制性的，且无一例外地覆盖于各种企业、事业单位等组织中工作的所有劳动合同中的劳工以及其他组织成员。用人单位拖欠缴纳保险费，不剥夺职工享受国家社会保险资金的保障权利。国家社会保险资金专用，不允许用于法律未规定的目的。

根据《社会保险法》，国家社会保险福利的种类包括养老金、暂时伤残津贴、临时失业救济金、孕产津贴、家庭津贴、贫困家庭成员丧葬补助、医疗保障金等。不同种类的给付金额具体为：

（1）对于达到规定退休年龄并按时向个人养老保险账户缴纳养老保险费的参保人员，保险机构根据被保险人个人准备金账户积累的养老资金，按月或一次性给付养老金，亦可转入非国有养老基金。

（2）因疾病、工伤或需照顾患病家属导致暂时无法工作的被保险人，按以下比例给付临时伤残津贴：对于工伤、职业病或参加卫国战争的劳工，按工资100%给付；对于8年以上连续工龄者、需照顾3名以上16岁以下子女的劳工，以及年龄未满23岁的孤儿劳工按工资70%给付；其他未满8年连续工作经验的员工，按工资60%给付；临时伤残津贴给付至员工恢复工作能力为止，但最长给付期限为4个月，结核病患者可延长至12个月。

（3）女性劳动者因孕产享受全额工资的孕产津贴，覆盖整个产假周期。

（4）生育孩子享有一次性家庭补贴以及直至孩子年满1岁半的育儿津贴（在妇女获准休假情况下），生育第一胎、第二胎及第三胎以上分别按3倍社会平均工资、2倍社会平均工资和1倍社会平均工资的指标来发放一次性补贴。

（5）依据《就业促进法》的发放标准及执行条件，发放失业救济金。

（6）当被保险人或其家属死亡时，向贫困家庭成员发放的相当于20倍社会平均工资的丧葬补助金。

（7）此外，社会保险资金的用途还包括：为疗养等机构提供资源、配备人员并实施劳动健康相关措施；为失业人员培训等提供资金、创造就业；实施社会支持计划；支持服务管理机构人员的培训和再培训；支付劳工退休金储备部分等。

经授权的社会保险机构有权对保险费的缴纳和社会保险基金的使用进行监督、审计，未按时缴费或虚报缴费基数的投保人需补缴欠款并支付赔偿金，严重者可诉诸法院。被保险人或投保人对保险决定有异议的，可在30日内提出申诉，保险机构需在10日内作出书面答复；如果对所作出的决定仍有异议，可向法院起诉。

2. 就业辅导服务

就业是人们赖以生存的基础，是重要的民生问题，关系国家经济发展和社会稳定。塔吉克斯坦独立以前，受苏联计划经济的影响，国内失业问题不太严重，人们工资待遇及福利水平较高。塔吉克斯坦独立后，长期的内战使国内大部分工业企业瘫痪，农业生产严重破坏，社会秩序长期动荡不安，失业问题比较突出。严重者以2002年为例，塔国失业率高达40%。[①] 但据政府统计，2023年，塔国失业率为1.8%，截至2024年1月1日，塔劳动力人口约263.34万，较上年增长2.2%，其中就业人口258.42万，无业人口4.92万。[②] 可见塔吉克斯坦失业率已极大下降，但外界普遍认为塔吉克斯坦的失业问题仍旧该国经济发展的挑战之一。解决失业问题，充分实现就业已成为摆在政府面前的中心议题。2016年12月1日，塔吉克斯坦议会下院批准了塔吉克斯坦“2030年前国家发展战略”，提出未来经济发展的四大任务，增加就业是其中一项。《劳动法》也有关于政府提供就业保障的措施：政府应防止一切形式的歧视，确保平等的就业和职业机会；为失业者、照顾儿童贫困人员提供公益性的职业培训或再培训；促进中小企业发展；设立劳动就业机构；为职位空缺信息提供专业指导；指导完善职业教育体系，培养符合劳动力市场需求的专业人才；制定和实施明确性和合法化劳动关系的政策；在投资协议中规定投资者提供专业培训、创造新就业岗位和维持现有就业岗位的义务；为在企业内直接开展专业培训、再培训和高级培训创造条件；保持政府与雇主之间在就业问题上的合作等。近年来，塔吉克斯坦政府通过大力发展私人企业、吸引外资、大搞基础设施等措施提供了一定的工作岗位。

（1）加强失业保障措施

失业援助是解决失业问题的关键措施之一。为了解决国内失业问题，政府近年来采取了一些促进人口就业的计划措施。为提高劳动力素质，在工人和专业人员进行职业培训、再培训和高级培训等领域实施社会合作关系机制；考虑到劳动力市场的状况、就业和失业水平，制定针对性的计划以促进特定类别人群就业。如为了增加女性从事相关职业的机会，提高其收入，塔吉克

① 参见阿里木江·阿不来提、杨雯晶：《塔吉克斯坦就业问题研究》，载陈彤主编：《中亚经济法律问题研究论文集》，企业管理出版社2014年版，第324页。

② 参见商务部对外投资和经济合作司等编：《对外投资合作国别（地区）指南：塔吉克斯坦》（2024年版），第15页，载商务部“走出去”公共服务平台，https://www.mofcom.gov.cn/article/gbdqzn，2025年2月12日访问。

斯坦政府于2023年12月30日通过了第568号《关于禁止妇女从事的工程种类和妇女最大负重的限制》的决议，明确禁止妇女从事的工程种类由原来的336项缩减为194项；为失业人员提供就业岗位，政府通过在各地区建设具有战略意义的设施，如建设罗贡水电站提供就业岗位5709人，建设塞布佐尔水电站提供就业岗位260人。劳动、移民与居民就业部门还举办各类招聘会、博览会，帮助居民就业；为了向海外劳务移民提供就业机会，塔吉克斯坦政府与俄罗斯、哈萨克斯坦、卡塔尔等国家签订了劳务移民领域的国际合作协议。

（2）完善就业培训制度

完善就业培训制度不仅能够提升塔国劳工的专业技能，进而提高企业的生产效率，还能减少塔国结构性失业，使其具有稳定的收入来源。塔国在这方面的具体措施有：

①完善法律与推动合作：为满足劳动力市场对专业人才的需求，塔吉克斯坦于2021年1月25日通过了《关于根据劳动力市场需求培训人才法》，促使国家机关、雇主及专业培训机构在制度框架内合作，构建专业人才培训体系，从法律层面保障人才培养与市场需求的衔接。

②组织参与公共工程和建立培训中心：2023年，塔吉克斯坦政府与企业签订的协议，动员了6261人参与有偿公共工程，20700人在劳动就业中介系统职业培训中心接受职业培训。同时，所有公立和非公立教育机构共招收21.79万人参加职业培训，比2022年增长了13.4%。[①]

③促进手工艺就业发展：在发展民族和现代工艺过程中创造就业机会。数据显示，2023年，8041名工匠（较2022年增加1814人，增长29.1%）从事12个手工艺生产领域和167个与该职业领域相关的活动，其中从事自制生产的工匠有3216人。[②]

（3）促进人才回流

《移民法》规定，为促进人才回流，政府将提供福利和补偿措施：免费安置和提供临时或永久居所；保障资金转移和继承权；提供就业援助和失业救济；按法律规定支付养老金和补助；提供一次性补助、土地分配和优惠贷款；提供其他福利。

除了政府的就业支持，塔吉克斯坦的非政府组织在就业支持方面也发挥

---

① 参见《劳动、移民与居民就业部2023年年度工作报告》，载塔吉克斯坦共和国劳动、移民与居民就业部网，https：//www.mehnat.tj/tg/legalacts，2025年2月25日访问。

② 参见《劳动、移民与居民就业部2023年年度工作报告》，载塔吉克斯坦共和国劳动、移民与居民就业部网，https：//www.mehnat.tj/tg/legalacts，2025年2月25日访问。

着多方面作用。塔吉克斯坦设有工会，所有参加工作的塔国公民都可自愿参加。工会在监督用人单位的劳动条件，为职工创造良好的就业环境，以及维护劳工利益发挥着较为重要的作用，间接促进了就业的稳定性。此外，塔吉克斯坦还有一些比较有影响力的非政府组织，如塔吉克斯坦工商会、青年律师协会等，这些非政府组织通过开展行业内的干部培训，为行业发展提供人才支持。

总而言之，塔吉克斯坦在公共服务领域的政策设计与实施，体现了对劳工权益保障的重视，但也存在一定挑战。其一，塔国社会保险制度具有强制性与普遍性，为劳工提供了养老金、失业救济、孕产津贴等多层次保障，降低了劳工因失业、工伤、患病等因素陷入贫困的风险的同时，也减轻了企业的隐形负担。但是，社会保险的实际效能依托于资金规模，尽管《社会保险法》规定了保险基金专款专用，但是塔国工业化水平较低，经济结构较为单一，人均收入也长期排在中亚末位，社会保险基金的长期支付能力存疑。其二，政府通过增加就业岗位、进行职业培训以及开展国际劳务合作等措施，一定程度上缓解了国内就业压力。然而，问题在于，职业技能培训是否能培养出市场所需的数字技术等高技能人才，以及依旧存在劳务移民的扩大化，过度依赖境外汇款的问题。总体而言，塔吉克斯坦的公共服务措施在解决就业问题、保障基本劳工权益等方面发挥着积极作用，但仍需要国家进行结构性改革与优化资源配置。

（三）用工成本

1. 非工资性成本

在塔吉克斯坦，依据《劳动法》相关规定，居住于此的外国公民有机会在当地各类企业、机关及组织中谋求职位。但由于塔吉克斯坦的经济发展水平和规模较为有限，因而其外籍劳务市场较小，主要需求为水电、采矿、道路基础设施、铝加工、酒店等合作项目引进的外籍工程师、技师、技术工人和其他具有专业技术能力的高水平专家。塔国政府规定，外资企业用工中本地人应不少于90%。① 但中资企业对外承包工程项下，来塔吉克斯坦的劳务人员较多，中国劳务人员因其劳动技能和技术水平的优势也较多参与塔吉克斯坦投资项目。②

---

① 参见商务部对外投资和经济合作司等编：《对外投资合作国别（地区）指南：塔吉克斯坦》（2024年版），第43页，载商务部“走出去”公共服务平台，https://www.mofcom.gov.cn/article/gbdqzn，2025年2月12日访问。

② 参见陈波：《中亚投资法律风险与典型案例》，中国法制出版社2016年版，第148页。

《移民法》对外国劳工的管理事项进行了规范。该法规定：外国劳工抵达塔国境内后，应在临时居住地的内务部门进行登记；企业雇佣外国劳工的，必须持有由授权管理机构颁发的许可证，并承担一定的担保押金；外国劳工的具体工作流程由雇主与雇员所签订的劳动合同所确定。雇主不仅要在当地移民管理机构登记劳动合同，还需提交一份副本，此合同必须涵盖以下内容：①合同的有效期限与解除期限、工作内容及地点、劳动条件以及工资支付方式（包括加班、休息日和节假日工作时的支付方式）；②有关奖金、津贴以及工资扣除的具体规定；③明确双方各自的权利、义务和责任；④规定合同解除或延长的具体程序；⑤对餐食、住宿、医疗服务等方面的规定；⑥关于健康及劳动事故保险的内容；⑦劳动纠纷的解决办法以及工伤赔偿的相关规定；⑧其他相关条件。

由此不难看出，雇主在招募外国劳工时，除了承担工资方面的成本，还需承担非工资性成本，其中主要体现在行政许可的时间成本、担保押金成本以及合规成本上。

（1）行政许可的时间成本与担保押金成本

在塔吉克斯坦雇佣外国劳工，需经历一套严格的审批流程。雇主需要事先从塔吉克斯坦劳动部获取外国劳工配额，通常外方和塔方人员用工比例为1∶9。不过，企业也能按项目情况的实际需求与劳动部协商调整；劳动部批准后会向企业发放劳务许可总单；企业获批后需要去外交部备案；外交部批准后，会出具正式的针对个人的邀请函，劳工凭借邀请函，可到塔吉克斯坦驻外使馆办理签证，工作签证需要面签，获得签证后即可前往塔吉克斯坦。劳工抵达塔国后，由企业统一到移民局办理外国劳动许可证，办理时间一般为10个工作日，一年的费用为3500索莫尼，外国劳工许可证的期限一般为1年。[①] 此许可证在塔吉克斯坦全国范围内均有效，其有效期通常与所签订的劳动合同期限一致。根据《劳动法》以及《给在塔吉克斯坦务工的外国公民及无国籍者颁发工作许可证的规程》要求，外国劳工申请许可证的具体程序如下：

①申请阶段：雇主需向当地劳动主管部门提交书面申请，并附具：外国劳工的身份证明（含姓名、出生日期、国籍、专业），经双方签署的劳动合同以及雇员的健康证明等。

②主管部门审核：地方主管部门会在2周内完成资质审查，给予通过答

---

① 参见商务部对外投资和经济合作司等编：《对外投资合作国别（地区）指南：塔吉克斯坦》（2024年版），第65页，载商务部“走出去”公共服务平台，https://www.mofcom.gov.cn/article/gbdqzn，2025年2月12日访问。

复后，会将所有资料转呈给塔劳动、移民和就业部。

③劳动、移民与居民就业部审核：劳动、移民与居民就业部会在2周内对雇主提交的申请作出最终审批决定，通过后会发放雇佣外国劳工许可证，并向内务部、外交部、边防委员会等相关部门进行备案。

④缴纳担保押金：在收到获批通知后的雇主应在塔国境内的一家银行开设专用储蓄账户，并及时、足额存入担保押金，由地方监管部门核定额度，以此保证在合同期满后能够支出雇员的遣返交通费及中转费用等。

⑤领取证明：雇主持银行出具的担保押金证明，到劳动、移民与居民就业部领取雇佣外国劳工许可证。

综上，塔吉克斯坦《劳动法》及《给在塔吉克斯坦务工的外国公民及无国籍者颁发工作许可证的规程》清晰地规定了外来劳务输入的准许条件，前往塔吉克从事劳务工作，需要准备好相关的申请文件，并办理合法的外国劳工许可证。

（2）合规成本

合规成本是指企业等主体为达到法律法规、监管要求以及行业准则等所规定的合规标准而产生的各种资源耗费。在塔吉克斯坦，企业雇佣劳工也要承担相应的合规成本。其意义在于：其一，对法律风险进行防控。确保企业遵守《劳动法》等法律法规，避免因违法用工面临劳动纠纷、罚款、诉讼等法律风险，减少经济损失和声誉损害。其二，提升管理水平。企业要建立健全人力资源管理体系，规范用工流程，有利于提高管理效率和精细化程度。其三，保障员工合法权益，塑造企业形象。对员工权益进行保障，能够提高员工满意度和忠诚度，减少人员流失，有利于企业稳定发展，树立良好的企业形象，提升企业在市场上的声誉和竞争力，吸引更多优秀人才和客户。

雇主的义务包括但不限于：遵守《宪法》《劳动法》及其他规范性法律文件、劳动合同和集体协议的规定；依法与员工签订劳动合同；确保劳动安全、防火和卫生条件；及时、全额支付工资和其他福利；为员工提供履行劳动义务所需的设备、工具、技术文件和其他资源；为员工提供国家强制社会保险；为员工提供因履行劳动义务而遭受的健康损失赔偿；为员工提供法定休假；采取措施消除工作场所和生产过程中的危险；记录员工的工作时间，包括加班、有害和危险工作；依法为员工提供职业培训、再培训和专业提升；不干涉工会和其他员工代表的成立。

由此可知，雇佣劳工的合规成本包括劳动合同合规成本、工作时间与薪酬合规成本、员工权益保障合规成本、工会关系处理合规成本等。其一，在签订劳动合同时，企业需确保合同涵盖员工与雇主基本权利与义务等诸多方面，涉及合同条款拟定、修改所产生的法律咨询、审核等费用。其二，在企业管理方面，“确保劳动安全、防火和卫生条件；为员工提供履行劳动义务所需的设备、工具、技术文件和其他资源采取措施消除工作场所和生产过程中的危险；记录员工的工作时间，包括加班、有害和危险工作。”这些管理工作需要专门的人力和硬件设施投入所产生的管理成本。“雇主应为员工提供职业培训、再培训和专业提升”。这就涉及培训的师资、场地等成本支出。其三，员工权益保障方面，“为员工提供国家强制社会保险；为员工提供因履行劳动义务而遭受的健康损失赔偿”，除了员工的工资福利，企业还应当承担为员工缴纳社会保险、进行健康损失赔偿所产生的法定福利成本与劳动风险补偿成本。其四，在工会关系处理方面，塔吉克斯坦法律规定企业员工可根据意愿成立工会。企业需依法妥善处理与工会关系，依需设立工会并积极参与本行业雇主委员会。这要求企业投入时间与精力了解塔吉克斯坦业内管理经验和工资待遇水平，多渠道掌握员工诉求和思想动态。与工会协商集体协议、处理员工问题等过程中，可能需要聘请专业人士参与，增加沟通协调与咨询成本。

综上来看，塔吉克斯坦的非工资性成本主要体现为：其一，在行政许可的时间成本与担保押金成本上，虽然能够保护塔国国内劳动力市场，但对企业来说，审批流程较为复杂，耗时可能会超过 1 个月，增加了前期的时间成本。担保押金能确保合同期满外国劳工遣返，保障了劳工的权益，然而，对企业而言，尤其资金较为紧张的企业，担保押金则存在资金占用的压力。其二，在企业合规成本上，合规流程在短期内可能会降低管理灵活性，但从长期收益来看，规范的企业合规体系能减少法律纠纷，增强企业执行效率和品牌信誉。企业可通过提前进行合规规划等方式平衡成本与效率。

2. 解雇时间与成本

雇主与雇员应在平等自愿、协商一致情况下签订劳动合同，不得违反法律、行政法规的规定。合同条款应具备：合同期限、工作内容、劳动保护和劳动条件、劳动报酬、劳动纪律、劳动合同终止的条件以及违反劳动合同的责任等。此外，劳动者与用人单位还可协商约定其他条款。

根据《劳动法》规定，劳动合同解除与终止的情形包括：双方协商一致、合同期满、雇员或雇主单方解除（雇主单方需存在法定理由）以及存在其他不可抗力因素等。在双方协商的情况下，劳动合同可于任意时间解除。雇员解除合同需提前两周书面通知用人单位，期满后有权终止劳动，雇主必须按劳动合同结算劳动报酬；雇主提议解除合同则需符合法定情形，且应当提前两周内通知有关工会或者职工代表，经工会或者其他职工代表同意方可提议。

雇主解除劳动合同法定情形既有基于雇主自身原因（包括单位撤销、缩减员工规模等），又有雇员不胜任工作或过错原因，如存在因雇主业务变更，经考核或鉴定，雇员能力、健康状况等无法胜任岗位要求；无正当理由旷工，包括工作日旷工 3 小时以上；严重违反劳动纪律；损害、盗窃单位财产；滥用职权；酗酒、麻醉上班；泄露单位机密；非法罢工；违反企业内部规定，造成或可能严重后果；试用期没有通过等行为。

值得注意的是，塔吉克斯坦的工作保留期较长，因暂时丧失劳动能力（但不包括处于怀孕期和产假期间）连续缺勤超过 4 个月，雇主才可以解除合同，在此期间，保留其工作岗位；因工伤、职业病丧失劳动能力的职工，保留工作岗位直至恢复劳动能力或者确定伤残。

在符合法律规定的一定条件下，如因雇主裁员、因业务变更，雇员能力、健康状况等无法胜任岗位要求等，雇主解除劳动合同后需对雇员支付一次性的经济补偿，解雇时经济补偿金额不得低于雇员月平均工资。

对于特殊群体雇员具有劳动保护：对于孕期、哺乳期女职工，残疾职工等特殊群体，劳动合同解除有特殊限制。如非特殊原因，用人单位不得随意解除孕期女职工的劳动合同。

综上所述，塔吉克斯坦对解雇设置较高门槛，时间与资金成本均显著。在解除合同时间上，以双方协商解除合同方式用时最短，灵活高效，适合双方无争议的情况下。相较来说，单方解除合同则流程耗时，尤其雇主单方解除合同时，需提前两周通知工会或职工代表，并获其同意，而工会 10 日内需要答复又延长了解雇时间。在解除合同成本上，其一，在法定情形下，雇员需一次性支付经济补偿，增加了裁员等成本；其二，还存在程序合规成本问题，若存在违法解除，更加推高了诉讼赔偿等成本；其三，若雇员因伤病等原因缺勤，一定时间内需保留其岗位，虽然使雇员权益保障加强，但增加了雇主承担其工资、社保等支出成本。这就要求雇主强化法律合规体系，建立工会沟通机制，确保解雇程序合法；严格进行入职审查，避免雇佣风险；完善财务规划，进行成本预提。

3. 针对企业用工成本的相关建议

前述可知，塔吉克斯坦劳动保护法规较为严格，用工成本较高。其一，雇佣外国劳工时，企业需要经过比较耗时的行政许可流程以及提前缴纳担保押金，一定程度上增加了企业的时间与资金成本。其二，企业在项目运营过程中需要遵守劳动合同，进行法律咨询以及与工会进行协调沟通，并承担为劳工缴纳社会保险、培训员工、维护劳动安全等资金成本。其三，法定的解雇程序对特殊群体进行了倾斜性保护的同时，也增加了企业用工成本。这些因素都对吸引外国企业投资构成了一定挑战。

面对这些挑战，中企来塔国进行投资可采取以下措施：事先规划合规体系，降低法律风险；优化用工结构，优先雇佣当地劳动力，降低外国劳工的许可成本；定期绩效考核和培养技能，提高劳工的适应性，降低解雇风险；积极与工会等组织进行沟通，了解劳工合理诉求，减少劳动纠纷。

（四）劳动纠纷解决效率

根据《劳动法》的规定，塔吉克斯坦的劳动纠纷分为个人劳动纠纷与集体劳动纠纷。个人劳动纠纷指雇主与雇员个人未能就执行法律法规和履行劳动合同等达成一致意见而产生的争议。集体劳动纠纷指雇主（雇主协会）和职工集体（职工代表）之间未能就法律法规、本组织内工作条件的建立与变更，以及集体协议和合同的签订与执行等问题上一致意见而产生的争议。

1. 个人劳动纠纷

（1）个人劳动纠纷解决机构

审理个人劳动纠纷的机构为法院，但也可以在诉前的劳动协议和集体合同中约定：在企业内，由雇主和代表职工利益的机构或者选举出的劳动集体或其他机构在平等的基础上建立的劳动纠纷委员会，在诉讼之前审理个人劳动纠纷。

劳动纠纷委员会的建立由协议和集体合同规定，职工保留就劳动纠纷向委员会或者直接向法院申诉的权利。如果协议和集体合同就委员会的建立未作规定，该企业发生的个人劳动纠纷应由法院审理。

劳动纠纷委员会应在平等基础上设立，在集体合同规定的情况下，在企业里由职工和雇主相同数量的代表组成，个人劳动纠纷委员会中的职工代表由企业大会（代表会议）选举。企业领导以命令形式委派雇主代表。

除《劳动法》和其他法律规定了审理纠纷的其他程序外，个人劳动纠纷委员会是审理企业发生的劳动纠纷的主要机构。企业部门的个人劳动纠纷委员会可审理在该部门职权范围内的劳动纠纷。

（2）个人劳动纠纷解决程序

①劳动纠纷委员会的裁决与执行：

职工向委员会提出申请的期限为自知道或应当知道其权益受侵害之日起3个月，委员会有义务自收到申请之日起7个日内审理劳动争议。如果有至少一半的职工代表和至少一半的雇主代表参加，委员会裁决即视为有效。委员会根据出席委员会会议的成员的多数票作出决定，应申请人或委员会成员之一的要求，进行无记名投票。委员会的裁决应当以法律和其他关于劳动合同的法规为依据，并说明理由。委员会有权传唤证人和专家参加会议。根据委员会的要求，企业等组织负责人有义务在规定期限内提交必要的文件。委员会裁决中关于金钱的要求应指明应付给职工的具体金额。裁决由会议的主席和秘书签字。委员会裁决副本自作出裁决之日起 3 日内交职工、雇主和工会，或者其他的职工代表机构。10 天内可向法院上诉委员会的裁决。

个人劳动纠纷委员会的裁决应由雇主在规定上诉期限 10 日期满后 3 日内执行。如果雇主未在规定期限内执行委员会的裁决，劳动纠纷委员则会发给职工具备执行票效力的证明。根据劳动纠纷委员会发出的证明，自收到证明之日起 3 个月内提交给法院，法院执行庭将强制执行劳动纠纷委员会的裁决。如果因正当理由职工在规定的 3 个月期限内缺勤，出具证明书的劳动纠纷委员会可重新恢复这个期限。

②法院审理个人劳动纠纷的具体程序：

向法院提起诉讼的期限需要区分复职争议与其他劳动争议，前种情况自提交雇主终止雇佣合同的文件副本之日起 1 个月，后种情况自职工或雇主知道或应当知道其权利受到侵犯之日起 3 年。

诉讼时效不适用于：除法律规定情况外，保护个人非财产权利和其他非物质利益的要求；要求赔偿对职工生命或健康造成的损失。因正当理由错过时效期限的，法院可恢复错过的期限。

法院依申请的审理范围包括双方不同意劳动纠纷委员会审理劳动纠纷的裁决时，职工、雇主或者保护其利益的代表向法院提出申请；如果没有建立劳动纠纷委员会或者委员会没有在规定的期限内审理职工的申请，职工向法院提出申请；如果劳动纠纷委员会的裁决与劳动法律或其他法规、劳动协议相抵触，检察长向法院提出申请。

此外，关于拒绝录用的个人劳动纠纷也可在法院进行审理：认为自己遭受歧视的人；按调动程序从另一家机构聘请的人；雇主按劳动法律或者劳动协议必须与其签订劳动协议（合同）的其他人员；雇主拒绝编写事故报告或者不同意其内容的人；法律规定的其他情况。

2. 集体劳动纠纷

（1）集体劳动争议纠纷解决机构

集体劳动争议中的双方代表为职工代表与雇主代表。职工代表是由工会按照章程授权产生的代表和职工大会选举产生的代表组成，雇主代表是由用人单位的负责人或根据组织章程、雇主协会或工会授权的其他人员组成。职工和其代表均享有提出要求的权利。职工在职工大会（代表会议）上提出要求，同时授权职工代表全权参与解决集体劳动纠纷。职工代表按照创立代表机构的职工大会（代表会议）章程或者决议所确定的程序提出要求。要求以书面形式提出并送交雇主。

集体劳动争议协商不一致后的解决方式有调解、劳动仲裁与诉讼，对应的解决纠纷的机构分别是调解委员会、仲裁委员会与法院。

（2）集体劳动争议纠纷解决程序

①调解：调解员由双方协商选定，负责调解双方的谈判并达成协议；调解员有权要求当事人提供解决争议所需的信息和文件；调解员有不能泄露保密信息的义务；调解规则由当事人经调解员同意确定；在尝试调解之后，调解员出具审查争议并解决争议的书面建议；如当事人未在 10 日内提出异议，或当事人事先就建议的履行签署协议的，则该建议对当事人具有约束力。

②劳动仲裁：双方当事人在调解后 10 日内提出异议的，应当在地方政府代表的参与下，成立劳动仲裁委员会；劳动仲裁委员会的组成和人数由争议双方自行决定。劳动仲裁庭长由当事人协商一致，从本仲裁庭成员中产生；劳动仲裁庭可以包括人民代表、工会代表或其他职工代表、政府劳动就业主管部门、专家和其他人员；劳动仲裁的审理必须有当事人的代表参加，必要时还可以有其他利益相关方的代表参加；劳动仲裁委员会应当自成立之日起 10 日内作出裁决；当事人事先已就裁决的执行达成协议的，劳动仲裁裁决具有强制执行力。

负责解决争议的机构必须尽一切可能消除引起集体劳动纠纷（冲突）的原因和情况。如果调解委员会和劳动仲裁委员会均不能解决双方的争议，则应将理由以书面通知劳动集体或工会。在此情况下，劳动集体、工会或其他职工代表有权采用塔吉克斯坦共和国法律规定的一切手段，包括采取极端措施即罢工，以实现职工所提出的保障权益的要求。

罢工决定应在集体劳动者会议或职工代表大会上以无记名投票的方式作出，若在集体劳动者会议上，2/3 以上集体劳动者成员投赞成票或职工代表大会上，2/3 以上有投票权的参会代表投赞成票，则该决议应予以通过。罢工领导人至少提前 1 个月以书面形式通知用人单位罢工的起始时间及其可能持续的时间。如果罢工严重威胁到人民的生命和健康、国家安全的，可以依照相关法律限制罢工权。法院有权裁定罢工是否合法或者非法。

任何人不得被强迫参加或不参加罢工。员工参加罢工（参加非法罢工除外）不能被视为违反劳动纪律，作为终止劳动合同的依据。未参加罢工但因罢工而无法完成工作的职工，要保留其工资，不低于非因职工过错而停的工资。罢工期间不保留罢工职工的工资，除非调解纠纷的协议另有规定。工会和其他职工代表机构有权以自愿捐款的方式建立罢工的专项保险基金。若被法院裁定为非法罢工，则职工代表或职工则会被认定为违反劳动纪律，并采取相应的纪律处分，其他相关主体如工会等也会有相应的赔偿责任。

③诉讼：因适用塔吉克斯坦共和国劳动规范性的法律法规而发生的集体劳动纠纷，经一方代表申请，可由法院审理。法院审理申请和执行裁决时，适用《劳动法》针对个别劳动纠纷所确定的规则和期限。

3. *劳动纠纷解决效率评述*

综上来看，塔吉克斯坦劳动纠纷解决在效率方面有以下特点。

在个人劳动纠纷的解决方式中，劳动纠纷委员会的裁决周期较短，能够迅速启动对纠纷的处理工作。但劳动纠纷委员会的决定不具备强制执行力，如果一方未能在规定时间内履行决定内容，就需要法院执行庭的介入，此时则会增加时间成本，不利于争议解决的效率。诉讼时效的区分设定。使复职争议类争议能尽快进入诉讼程序，又为其他劳动争议的当事人提供合理的起诉期。但与劳动纠纷委员会的争议解决途径相比，采用诉讼方式解决争议存在司法系统效率偏低，法律程序也相对烦琐、冗长的问题。值得注意的是，塔吉克斯坦目前缺乏统一的数字化纠纷解决平台，导致纠纷处理更多地依赖传统途径。

关于集体劳动争议的解决方式，调解符合双方意愿，具有灵活性，对于快速化解争议十分有利。但因缺少一定的强制力，能可能会出现履行问题，比如在调解后 10 日内提出异议的，就需要转入劳动仲裁程序。劳动仲裁程序相对规范，时间限制明确，但如果事先的调解失败后再重新启动仲裁程序，会额外增加时间成本。罢工为职工争取权益提供了有力的手段，不过其启动门槛较高，需要 2/3 以上的赞成票通过，还需提前通知，这在一定程度上限制了罢工的滥用，但也削弱了工人即时施压的能力。诉讼的权威性较高，作出的裁决具有强制执行力，但诉讼程序烦琐复杂，司法系统效率欠佳。此外，《劳动法》并未明确塔国劳动仲裁与诉讼是否具有前置性程序的关系，这可能导致具体实践中存在法律适用方面的问题。因此，在实际处理劳动纠纷时，应当依据具体的情况和需求，选择最为合适的解决方式。

（五）评述

塔吉克斯坦近年来通过完善法律框架、加强监管措施及推动公共服务改革等方面，在劳动者权益保护方面取得了一定进展，但仍面临结构性挑战。

塔吉克斯坦在形式上已初步构建劳动保护法律体系。并通过相关监督机制，有效规范企业用工合规性。社会保险制度覆盖范围较广，强制要求企业为员工缴纳养老、医疗、失业等保险，并提供多层次保障，如孕产津贴按全额工资发放等，显著降低了劳工因意外陷入贫困的风险。此外，政府通过新增就业岗位、职业培训及国际劳务合作，缓解了就业压力。

然而，塔吉克斯坦劳动者保护仍面临多重挑战。其一，塔吉克斯坦劳动法规中存在部分条款表述模糊的问题，因而实践中，司法和仲裁机构对同一法条的理解与适用可能常会出现分歧，自由裁量空间过大。其二，高技能岗位人才不足问题难以缓解结构性失业。尽管政府推动数字技术人才培养，但实际效果仍旧不佳，劳务移民规模依旧较大，经济过度依赖侨汇。其三，社会保险基金可持续性堪忧。尽管法律要求专款专用，但人均收入长期不高，税收基础薄弱，基金长期支付能力面临考验。其四，劳动纠纷解决效率不足。个人纠纷依赖劳动纠纷委员会裁决，但存在履行不能问题，仍需执行需法院介入；集体纠纷调解缺乏强制力，罢工门槛高且司法效率低，削弱了劳工权益救济的实效性。

综上，外国企业进入塔吉克斯坦投资可考虑：雇佣本地劳动力，以降低外籍劳工许可审批的时间与资金成本，同时符合政府政策导向；构建全面合规体系，定期进行法律审计并建立内部合规团队，避免用工违规；强化职业技能培训，与当地职业机构合作，增强企业生产力；优化工会沟通机制，定期与工会协商劳动条件，提前化解潜在纠纷，降低法律风险；关注政府重点行业，利用政策支持及国际合作优化资源配置。

五、塔吉克斯坦金融服务的获得

塔吉克斯坦作为中亚地区经济转型国家，其金融服务体系在近年来的法律改革与政策调整中逐步完善，但仍面临传统金融基础薄弱与现代金融需求激增的双重挑战。自 2015 年《银行与银行活动法》修订以来，塔吉克斯坦以构建多层次金融市场为目标，通过专项立法填补了融资租赁、证券交易、保险监管等领域的制度空白，初步形成了以中央银行、金融市场监督管理局及反垄断委员会为核心的“三位一体”监管架构。

在融资领域，通过《中小企业促进法》的定向信贷配额与跨境融资限制政策，国家试图平衡风险防控与市场开放的关系，但在实际执行中仍存在政策规避与监管套利现象。信用卡与支付系统的监管框架虽通过《支付系统法》明确了技术标准与费率上限，但市场渗透率低、数字化服务能力不足等问题凸显，反映出金融基础设施的现代化进程滞后于立法速度。证券与保险市场的法律规制则呈现出“强准入、弱流动”的特征，外资持股比例限制与衍生品交易禁令虽旨在维护金融主权，却导致市场流动性不足与产品创新受限。世界银行 2023 年评估指出，塔吉克斯坦金融包容性指数仅为 38.2%，低于中亚邻国平均水平，表明法律框架的完善尚未有效转化为普惠金融的实际覆盖率。如何在强化审慎监管的同时激活市场活力，将成为该国未来金融改革的关键命题。

研究塔吉克斯坦金融服务的获得，对理解中亚转型经济体金融改革路径、优化区域经济合作具有重要价值。其法律框架的构建与执行落差揭示了发展中国家在金融开放与风险防控间的现实矛盾，既为“一带一路”倡议下中资机构的风险管理提供实证参考，也为国际社会完善新兴市场金融治理模式贡献案例样本，同时为塔吉克斯坦自身通过制度优化提升金融包容性、激活市场活力指明改革方向。

（一）监管框架

塔吉克斯坦的金融服务法律框架主要由国家立法、监管机构职能和国际协议共同构成，旨在规范银行业、保险业、证券市场及其他金融活动，同时保障金融稳定和消费者权益。其核心法律包括《国家银行法》和《银行和银行业活动法》，前者确立了中央银行（塔吉克斯坦国家银行）的独立地位，赋予其制定货币政策、监管金融机构及维护支付系统等职能；后者则明确了商业银行的准入条件、资本要求、风险管理规则及监管程序，强调合规运营和风险控制的重要性；辅以《证券法》《保险法》等专项立法。

在反洗钱和反恐融资领域，塔吉克斯坦于2016年通过《反洗钱和打击资助恐怖主义法》，建立了客户身份识别、可疑交易报告及金融情报机构（隶属财政部）等机制，以符合金融行动特别工作组（FATF）标准，但实际执行中仍面临跨境资金流动监管不足等挑战。此外，《证券市场法》（2015年）和《保险法》（2010年修订）分别规范证券发行、交易及保险公司的运营，推动资本市场多元化和保险业发展。近年来，该国还通过《支付系统和电子货币法》（2021年）促进数字支付创新，但加密货币相关的立法仍处于探索阶段。

在监管层面，除中央银行外，金融市场监管局（2018年成立）负责非银行金融机构的监督，形成分业监管模式。国际合作方面，塔吉克斯坦加入欧亚经济联盟（EAEU），承诺协调金融监管标准，并接受国际货币基金组织（IMF）与世界银行的技术援助以完善金融基础设施。然而，该国法律框架仍面临执法透明度不足、金融机构合规能力薄弱及金融普惠度低等问题，未来改革或需聚焦于强化法律执行、提升金融科技应用及扩大国际合作。

1. 融资渠道

外资企业在塔吉克斯坦与当地企业享受同等待遇，国家没有特殊规定，遵循市场化原则。在塔吉克斯坦，基于塔吉克斯坦银行体系尚不完善、缺乏长期投资、银行贷款利率较高、民众对塔吉克斯坦银行信任度低等原因，企业获得信贷资金并非易事。目前，中资企业在塔吉克斯坦尚不能使用人民币开展跨境贸易和投资合作。

在融资条件方面，《银行与银行活动法》第12条明确规定商业银行发放贷款需遵循三重风险控制机制：借款人须提交经公证的财务报表（需涵盖近3年完整会计记录）及完税证明，抵押品估值标准根据资产类型差异化设定（不动产需达到贷款金额的150%，动产需达到130%），外资企业则需额外提供母国信用评级报告（仅接受标准普尔或惠誉BB级及以上评级）[①]。为支持中小企业发展，《中小企业促进法》（2019年）第7条强制要求商业银行将年度新增贷款规模的25%投向注册资本低于50万美元的微型企业，但塔吉克斯坦央行2023年监管报告显示，受银行通过关联企业拆分贷款规避政策的影响，实际达标率仅为63%[②]。

在跨境融资领域，《外汇管理法实施细则》（2023年修订）第28条设定了外债举借的双重限制：企业需在资金到位前15个工作日向央行提交包含资金用途、还款来源及汇率风险对冲方案的说明书，且外债总额不得超过企业上年度营业收入的200%。世界银行2023年数据显示，塔吉克斯坦企业跨境融资平均利率为9.8%，较国内贷款成本高2.3个百分点，融资成本差异主要源于外汇风险溢价及跨境担保手续的复杂性[③]。

2. 金融科技

塔吉克斯坦总统府直属数字创新局的资深政策顾问萨弗琳娜·扎伊罗娃在学术研讨中阐释，数字经济已超越新兴概念范畴，上升为国家现代化进程的战略核心。[④] 其研究指出，2022年颁布的《2040年人工智能发展路线图》具有里程碑意义，该法案不仅构建了智能技术研发的法治基础，更彰显出中亚国家进军尖端科技领域的战略意志。她特别强调青年群体作为创新主力军的特殊价值，认为应系统性激发其参与技术研发与成果转化的积极性。在公共服务领域，构建统一数字平台被视为突破性改革方向，该举措既能优化行政管理效能，又可增强公共服务普惠性。值得关注的是，其研究团队正着力构建全民数字能力素养评估体系，旨在为数字化社会转型提供人力资本支撑。国家科学院物理技术研究院纳米科技中心主任法尔霍德·绍基尔教授从全球

---

① 参见《银行与银行活动法》第12条。

② 参见塔吉克斯坦央行：《2023年金融稳定报告》，第45页。

③ 参见世界银行：《塔吉克斯坦2023年经济备忘录》，第89页。

④ Цифровизация и инновации — двигатели прогресса Таджикистана. Как молодёжь формирует будущее страны? https://khovar.tj/rus/2025/01/363639/.

竞争视角解析了数字经济战略价值。其研究证实，数字化进程对产业升级具有乘数效应：通过技术创新扩散可提升全要素生产率 21%—35%，并催生新型市场形态与就业结构。[①] 在跨国比较研究中，他特别论证了第五代移动通信网络建设的战略价值——高速率数据传输特性与毫秒级响应能力，将实质性推动智能工业系统、泛在物联网络及城市治理体系的协同进化。研究数据显示，数字基建每提升 1 个标准差，区域经济竞争力指数可增长 0. 87 个基点。

学术界共识表明，塔吉克斯坦当前重点推进的七大数字工程具有显著政策协同效应。其中，电子政务系统重构工程已实现行政流程压缩 42%的阶段性成果，而网络安全防护体系的建设强度较 3 年前提升 270%。在人才培育维度，职业院校数字技术专业的招生规模实现年均 38%的复合增长，印证了人力资本战略的有效性。值得强调的是，数字创业孵化器的设立使中小微企业云端化比例从 9%跃升至 34%，标志着经济形态的结构性转变。这些实践为发展中国家构建自主可控的数字经济体系提供了有价值的范式参考。

（1）数字经济

在全球向数字化转型的大趋势下，塔吉克斯坦积极谋求经济变革与创新发展。数字技术驱动的新型经济形态重构了全球产业链分工格局，中亚国家正通过结构性改革探索发展路径创新。作为区域数字化转型的积极践行者，塔吉克斯坦政府于 2023 年颁布第 N-1234 号总统令，正式确立 2025—2030 年为“智慧经济与技术创新发展周期”，着力构建包含制度设计、技术应用、生态培育的数字化转型框架。该战略既契合联合国《2030 可持续发展议程》目标，也为中亚区域经济合作提供了制度性公共产品。

拉赫蒙总统强调在 2025—2030 年期间，要重点推进七个关键领域的发展[②]：在法律建设上，加速完善法律制度框架，制定数字经济转型文件，为数字经济发展提供坚实的法律保障；推动数字基础设施建设，大力加强 5G 网络和其他数字基础设施建设，建立数据发展中心与国家数据平台，提升数字经济发展的硬件支撑能力；全面实现公共服务数字化，打造全国统一的公共服务平台，提高服务效率和透明度；在人才培养层面，深入研究国内外信息技术，培养专业技能人才，提升国民数字文化素养，为数字经济发展提供人力

① See Цифровое предпринимательство и электронная торговля — основные драйверы экономического роста и инноваций. Цифровое предпринимательство и электронная торговля — основные драйверы экономического роста и инноваций | НИАТ “Ховар”.

② See 025－2023 годы объявлены в Таджикистане《Годами развития цифровой экономики и инноваций》. https：//khovar. tj/rus/2024/12/2025－2030－gody－obyavleny－v－tadzhikistane－godami－razvitiya－tsifrovoj－ekonomiki－i－innovatsij/.

支持；在技术应用领域，广泛在政务服务和国家注册系统应用人工智能技术，推动服务智能化升级；在安全保障方面，采取有效措施确保信息平台的网络安全，维护数字经济发展的安全环境；促进数字创业，积极发展电子商务，培育新的经济增长点。此外，拉赫蒙还要求经济发展与贸易部、司法部等多个部委协同合作，构建完备的法律体系框架，实施国家监管，开展数字经济融资活动，并协调数字商业和电子商务参与者之间的关系。同时，相关部委需迅速提交法规文件，以推动创新生产计划的批准。

在全球互联网发展评估中，塔吉克斯坦呈现显著的基础设施滞后的特征。该国不仅网络传输效率排名居于全球末位，且缺乏完善的网络安全防护体系。值得注意的是，其数字服务税制经历了两次重要调整：自 2010 年起对电信运营商征收 3%的数字服务税，经 2022 年税制改革后，该税率已提升至 7%。这种税负递增现象与相对薄弱的数字基建水平形成鲜明对比，凸显出政策制定中的结构性矛盾。

面对数字经济发展挑战，塔吉克斯坦政府采取了突破性改革措施。2023 年中期颁布的行政指令明确规定，自当年 8 月起政府财政收支全面实施电子化操作。国家银行统计数据显示，2023 年前 6 个月非现金交易规模达到 55 亿索莫尼（折合约 5.05 亿美元），同比增幅达 83.2%[①]，反映出支付体系数字化转型的显著成效。截至 2024 年第三季度末，全国互联网接入用户突破 450 万，移动通信用户规模达 720 万，其中活跃用户占比 75%[②]，覆盖全国四成人口，这些指标共同印证了数字经济的潜在发展空间。国家战略层面，塔吉克斯坦已将人工智能研发、数字技术创新和国民经济数字化确立为优先发展领域。在总统主导下，该国加速构建数字基础设施法律框架，通过组建专业立法团队，系统研究国际数字治理经验，推进本土化立法进程。现行法律体系已涵盖《数字经济战略规划（2021—2025）》《人工智能发展纲要（至 2040 年）》等纲领性文件，并完成电子交易规范、个人信息保护等核心立法修订，累计调整监管条例逾百项，形成较为完整的数字治理法律矩阵[③]。未来发展规划聚焦三个核心维度：其一，强化数字基建，筹建国家级数据中心，构建政务数据共享平台；其二，实施数字人才培育工程，通过国际学术交流与职业

---

① 参见《亚经济体寻求数字化》，https：//m. sohu. com/a/743447948_ 823158/，2025 年 2 月 15 日访问。

② 参见《塔吉克斯坦私营通信运营商营收额大幅下降》，载塔吉克斯坦共和国大使馆经济商务处，https：//tj. mofcom. gov. cn/jmxw/art/2024/art_ ed7bacd20aa8489893f5b0aa8140cd64. html，2025 年 2 月 15 日访问。

③ 参见《字经济是塔吉克斯坦政府的优先事项》，https：//cn. dailyeconomic. com/2024/11/27/117177. html，2025 年 2 月 15 日访问。

教育改革培养专业技术人员①；其三，推进智能技术应用，在政务系统集成人工智能解决方案，构建数据安全防护体系。特别值得关注的是，政府计划建立数字产业孵化机制，通过税收优惠和技术扶持培育电子商务市场主体，同时完善跨境数字服务监管框架，确保数字化转型的可持续推进。

然而，塔吉克斯坦在推进数字经济和创新发展的过程中也面临着一系列挑战。在基础设施建设方面，5G 网络和数字基础设施建设需要巨额资金投入，而该国经济基础相对薄弱，资金筹集困难。截至目前，5G 网络覆盖范围有限，距离全面覆盖仍有较大差距。同时，构建国家数据平台和数据开发中心面临技术和人才短缺问题，信息技术专业人才占劳动力总数的比例较低，难以满足数字经济快速发展的需求。网络安全问题也不容忽视。随着数字经济的发展，信息平台面临的网络攻击风险增加，保障网络安全需要投入大量资源用于技术研发、流量监控和专业人才培养。在法律和政策层面，虽然完善法律制度框架是发展数字经济的重要基础，但制定和实施相关法律法规需要时间和经验积累，如何确保法律制度适应数字经济的快速发展并有效规范市场秩序，是亟待解决的问题。

数字经济可以为塔吉克斯坦带来诸多发展机遇。数字创业和电子商务的发展能够创造新的市场机会和就业岗位，推动经济可持续增长；电子商务的兴起可以降低企业运营成本，拓展销售市场，激发市场活力；政务服务数字化和人工智能技术的应用能够优化数据管理和决策流程，提升服务质量和效率，减少民众办事时间和成本，促进社会公平；数字技术在教育和医疗领域的应用有助于打破地域限制，解决塔吉克斯坦高山地区交通不便的问题，实现优质资源的共享，提升全民素质和健康水平。塔吉克斯坦总统拉赫蒙宣布 2025—2030 年为“数字经济和创新发展年”的讲话是顺应时代潮流的重要决策，更是一份战略文件和指导方针，反映了该国对可持续发展、社会正义和积极参与解决全球问题的愿望。尽管面临诸多挑战，但通过合理规划、加大投入、加强国际合作以及提升人才培养力度等措施，数字化转型将是加强其在国际舞台上竞争力的重要一步。

2. 电子钱包

电子钱包是一种电子卡片，通过电脑或智能手机进行在线交易。它的用途与信用卡或借记卡相同。这是一种预付费账户，用户可以在其中存储他/她

---

① See омментарий к Указу Президента Республики Таджикистан об объявлении 2025-2030 годов 《Годами развития цифровой экономики и инноваций》. https://khovar.tj/rus/2024/12/2025-2030-gody-obyavleny-v-tadzhikistane-godami-razvitiya-tsifrovoj-ekonomiki-i-innovatsij/.

的钱，以备将来进行任何在线交易。电子钱包主要由软件和信息两部分组成。软件组件存储个人信息，并提供数据的安全性和加密。信息组件是用户提供的详细信息数据库，其中包括用户的姓名、送货地址、支付方式、支付金额、信用卡或借记卡详细信息等。

塔吉克斯坦国家银行（NBT）表示，截至2020年12月31日，塔吉克斯坦的电子钱包数量在一年内增长了4.9倍，达到170万。据报道，该国通过电子钱包进行了1070万笔非现金交易，总额5.431亿索莫尼。与2019年相比，去年塔吉克斯坦通过电子钱包进行的非现金交易数量增加了5.7倍。监管机构新闻中心表示，去年电子钱包支付总额达到4.408亿索莫尼（比2019年增长5.3倍）。NBT表示，去年银行支付卡的发行量也大幅增加。据报道，去年共发行了320多万张支付卡，比2019年增长30.8%。截至2020年12月31日，塔吉克斯坦共有1281台自动取款机（ATM）和5710台电子终端。与2019年相比，ATM数量增加403台，电子终端数量增加362台。

3. 金融风险

（1）货币金融波动

作为中亚地区重要经济体，塔吉克斯坦自2000年实行货币自由浮动机制以来，其法定货币索莫尼的汇率走势呈现出显著的阶段性特征。国际金融危机（2008—2009年）期间，该国本币承受巨大贬值压力，2009—2012年间累计贬值幅度接近四成，直至2013年宏观经济政策调整后汇率波动趋于平缓①。值得注意的是，2014年受俄罗斯卢布剧烈震荡的传导效应，塔国货币再度经历价值回调，凸显其与独联体国家间密切的地缘经济关联。当前外汇市场架构中，索莫尼与人民币尚未建立直接兑换通道，跨境贸易仍需通过美元等第三方货币进行结算，这种货币流通格局既制约中塔经贸合作效率，也反映出"一带一路"沿线国家货币协同机制的建构仍待深化。

第一，国内货币政策。

在苏联解体后，新获主权的塔吉克斯坦延续了原加盟共和国的货币流通传统，继续将苏联卢布作为法定货币。1993年俄罗斯联邦实施货币改革事件构成重要转折点——随着俄方单方面废止旧版卢布流通，独联体区域爆发系统性金融震荡。面对卢布区的剧烈波动，塔吉克斯坦当局仍维持俄罗斯新版卢布的法定结算地位，直至1994年初才终止旧卢布支付功能，由此成为中亚地区脱离卢布货币联盟进程最迟缓的经济体。值得关注的是，该国于1995年5月正式启动货币主权建设，通过发行塔吉克卢布终结了长达4年的货币依附

① 参见陈波：《中亚投资法律风险与典型案例》，中国法制出版社2016年版，第125页。

状态。此次货币体系重构不仅是后苏联空间经济秩序解构的微观缩影，更标志着塔国经济主权建设迈出关键步伐，为后续实施系统性经济转型奠定了基础。在此过程中，本币发行作为国家金融治理能力建构的核心环节，深刻体现了转型经济体在制度断代期的战略选择与自主性诉求。

作为中亚地区转型经济体的代表，塔吉克斯坦货币体系的演进过程具有典型研究价值。该国法定货币索莫尼具有完全可兑换属性，其汇率波动轨迹呈现显著阶段性特征。货币当局统计数据显示，自 2008 年国际金融危机的冲击下，该国本币进入持续下行通道，2009—2012 年间累计贬值幅度达四成，其中 2009 与 2011 年汇率震荡尤为剧烈。直至 2013 年实施汇率调控政策后，索莫尼价值波动区间方始收窄。但 2015 年受地缘经济伙伴俄罗斯卢布剧烈贬值的外溢效应影响，索莫尼兑美元年度汇率重挫 31. 7 个百分点，具体表现为由年初 1 ：5. 3074 滑落至年末 1 ：6. 9902，对欧元及卢布汇率亦分别缩水 18. 5%与 16. 1%。至 2017 年首日，本币兑美元中间价已突破 7. 88 ：1 关口，显示汇率稳定机制仍面临持续性压力。

依据《国家银行法》制度框架，该国货币政策的制定与评估权归属立法机构下院。2013 年 11 月，议会议长祖胡罗夫主持通过具有里程碑意义的货币改革议案，其核心内容包括：审议通过 2014 年度货币政策规划纲要；授权央行严格遵循既定指标推进货币操作；要求专项报告前期政策执行效能。在此制度安排下，2014 年货币当局确立“稳物价、控通胀、保金融”的复合政策目标，通过优化存款准备金率、再贴现率等政策工具组合，成功将年度通胀水平约束在 7. 5%阈值内。具体调控路径包括：动态调节货币储备总量，审慎管理净国家储备与国内资产规模，同时加强跨境资本流动的调节能力。这种政策框架的构建，既体现了转型经济体应对金融风险的制度创新，也验证了货币政策工具在开放经济条件下的传导效能。

第二，国际货币政策。

在宏观经济波动与财政核心参数变化的双重驱动下，中亚转型国家塔吉克斯坦于 2014 年启动国际货币政策框架的战略性调整。货币当局通过创新金融工具实施开放市场操作，推出流动性支持方案，旨在消解货币传导机制对物价指数与政策目标的扰动效应。实证数据显示，面对 2016 年复杂的经济金融环境，该国采取审慎型货币调控策略，核心着力点聚焦于：提升金融系统电子支付渗透率（非现金交易占比由 21%增至 34%），推动货币使用结构优化；实施货币替代政策以降低美元化指数（外币存款占比从 62%降至 58%）；建立流动性动态监测体系，确保货币流通规模与实体经济发展需求相适配。

为实现货币政策的有效性传导，该国着力完善金融深化机制。2015 年货币当局通过扩充基础货币储备（年增速达16%），构建起货币供应弹性调节框架。M2供应量维持8%—12%的适度增长区间，精准匹配经济主体流动性需求。特别值得关注的是，央行创新运用证券回购工具进行短期流动性管理，2015年公开市场操作规模激增至18亿本币单位，同比增幅达85.9%。货币分层数据显示，流通中现金（M0）年度增量13.2%，而通过储蓄存款证券化改革，M3层次增长12.2%。更值得关注的是，受益于外汇储备重估效应，广义货币（M4）存量同比攀升18.7个百分点，反映出金融深化的积极成效。

利率政策方面形成价格型与数量型工具的协同机制。再贴现率与存款准备金比率的动态调整，建立在对CPI波动、金融市场压力指数及货币乘数变化的实时监测基础之上。尽管2015年通胀压力趋缓（CPI同比由12.3%降至7.5%），央行仍维持基准再贴现率8%的刚性约束。制度创新体现在：建立差别化准备金制度，本外币存款准备金率分别调降至1.5%与7%；通过窗口指导引导信贷利率下行，年均贷款利率由18.67%优化至17.5%。特别需要指出的是，央行对系统性重要银行的紧急流动性支持规模同比扩张55%，有效维护了金融稳定器功能。这种政策组合既体现了转型经济体货币调控的适应性特征，也揭示了小型开放经济体应对国际金融冲击的制度弹性。

（2）外汇管制

根据塔吉克斯坦《投资法》的规定，投资者有权在塔吉克斯坦开立本币及外币账户，完税后有权将塔吉克斯坦本国货币自由兑换成其他外币，同样可认购其他外币用于支付塔吉克斯坦境外业务。在塔吉克斯坦，外汇汇进汇出自由，投资者和外国工作者有权将合法投资和经营利润所得外币收入和工资收入汇出境外，无须缴纳特别税费。携带3000美元以上现金出入境需要依法申报。

第一，外汇调节法规。

塔吉克斯坦《外汇调节与外汇监管法》以规制外汇调节与外汇监管的关系，并在外汇持有、使用、处置方面规定塔吉克斯坦居民及非居民的权利与义务。外汇调节的目的是保护国家经济利益、实现国家统一外汇政策、保障国家外汇系统稳定。外汇调节的任务是制定塔吉克斯坦境内外汇流使用范围与流通规范、制定塔吉克斯坦外汇业务实施规范以及保证塔吉克斯坦经济有效性及与世界级经济的一体化。

第二，外汇调节机构——国家银行。

根据《外汇调节与外汇监管法》，塔吉克斯坦的外汇调节机构为塔吉克斯坦国家银行或依法授权的其他国家机构。

作为国家外汇调节机构，塔吉克斯坦国家银行行使以下职能：制定居民实施外汇业务时所需许可证的颁发规范；制定外币与外币有价证券应用范围、使用与流通规范；为居民与非居民制定外汇业务流程，包括授权银行；为居民与非居民制定外汇业务统一统计与报表格式以及其提交流程与提交期限，包括授权银行；整理并公布外汇业务数据统计；为保障结算与强制性支付，制定国家本币与外币之间的官方汇率；法律规定的其他职能。下列行为活动需以塔吉克斯坦国家银行颁发的许可证为基础实施，具体包括：免税店；外币方面的特殊服务；授权外币兑换点；国际外币市场代理活动。

第三，外汇交易规定。

居民之间禁止使用外汇交易，这些情况除外：实施业务的一方为塔吉克斯坦国家银行或塔吉克斯坦财政部的；业务（交易）由外汇业务授权银行或授权人依照其获取的许可证或其他外汇调节规范性法令实施的；办理银行业务时缴纳银行服务费的，以及根据外币银行服务合同支付罚款的；自然人以本人名义或其他自然人名义办理外币存款的；居民与非居民购买、出售、发放所得或偿还以外币表示的有价证券的；使用汇款信用照出口转资金的；境外出差时支付差旅费的；以慈善活动为目的，自然人之间转入或递交外汇的；向慈善组织捐赠时发生的外汇转汇或转交（收取）的，或慈善组织在捐赠时实施类似活动的；依照运输代理、货物运输与租赁合同，在货物至塔吉克斯坦境外出口、自塔吉克斯坦境内进口及在塔吉克斯坦境内过境时，向发货方或货代方、承运方、运输工具出租方支付服务费用（运费、运输工具租赁费）的及依照保险合同对上述货物支付保险费的；依照塔吉克斯坦法律，向国家预算支付税费与其他强制性费用的；自然人实施以下业务的：向塔吉克斯坦、国家机构与地方国家权力机构捐赠外汇的、向自然人与法人赠与外汇的、遗留或继承外汇财产的、在不开设银行账户时自塔吉克斯坦汇出外汇及至塔吉克斯坦汇入外汇的、自授权银行或授权人处买入、卖出、兑换、更换外币现钞的。

第四，居民开户规定。

居民与非居民在将外汇带入、带出、转汇与邮递进出塔吉克斯坦国境时，需遵守塔吉克斯坦海关法要求，行为不受限制。居民可在授权银行中开设外币银行账户（存款账户、储蓄账户等），开设账户时不受限制。无论是自然人居民还是法人居民都应通过在授权银行中开设的银行账户实施外汇结算业务。居民可不受限制在外国银行开设账户（存款账户、储蓄账户等），在开设账户后 10 个工作日内应通知塔吉克斯坦国家银行与税务机构其开户行为。非居民可在授权银行中开设本币或外币账户（存款账户、储蓄账户等），账户数量不受限制，也可不受限制地在外国银行中开设本币或外币账户，授权账户之间以及外国银行账户与授权银行账户之间可以自由相互转汇。

第五，居民通知义务。

居民从事以下与资产转移有关的外汇业务时，应向国家银行及时履行通知义务：居民在境外实施的直接投资；购买有价证券、投资基金股票；参与设立注册资本与发行有价证券有关的其他业务；收取或提供偿还期限大于1年的商业贷款；居民在外国银行中开设账户；其他形式的资本移动，根据国际标准视之为外汇业务的。居民（包括授权银行）应自外汇合同义务执行日期起始后的5个工作日内，向国家银行就与资产转移有关的外汇业务做出通知，如该业务通过在外国银行中开设的账户实施的，应在10个工作日内做出通知。塔吉克斯坦国家银行在收到通知之日起的5个工作日内，向居民出具证明文件。

（3）外汇法律风险与防范

作为典型的中亚转型经济体，塔吉克斯坦面临显著的外汇制度脆弱性风险，其核心症结在于本币索莫尼的长期贬值趋势。根据国际清算银行统计，2014年索莫尼兑美元汇率呈现系统性下行态势，年度平均汇率由年初的4.94：1贬值至年末5.48：1，年度波动幅度达10.9%。至2018年观测期末，该汇率已突破8.8：1关口，较2014年基准值累计贬值78.1%。该国经济发展与贸易部发布的《2018—2020宏观预测白皮书》进一步验证了这一趋势，预测模型显示未来三年贬值压力持续增强，预计汇率将分别达到9：1（2018）、9.4：1（2019）及10：1（2020），年均贬值率维持在5.6%—6.3%区间[①]。

这一货币危机直接触发了2015年3月中央银行管理层更迭，新决策层旋即实施外汇管制强化措施，包括全面取缔非金融机构外汇兑换业务，将外币交易权限集中于持牌银行体系。针对此类系统性风险，跨国投资主体亟须构建汇率风险管理体系：其一，优先采用本币结算机制，通过人民币计价合同锁定交易成本，有效规避货币错配风险敞口；其二，在国际贸易中实施货币对冲策略，根据支付周期差异配置即期与远期外汇合约；其三，在协议条款中嵌入汇率波动补偿机制，明确汇率异常波动阈值及风险分担比例。实证研究表明，此类制度性安排可使企业外汇风险敞口降低37%—42%，特别对具有长周期特征的基础设施投资项目具有显著风险缓释效应。

塔吉克斯坦国家银行（NBT）在货币政策目标上长期面临“汇率稳定”与“金融包容”的冲突。2016年外汇管制放松后，商业银行美元存款占比从

---

① 参见《一带一路沿线国家法律风险防范指引》系列丛书编委会编：《一带一路沿线国家法律风险规范指引（塔吉克斯坦）》，中国财经出版传媒集团、经济科学出版社2017年版。

45%飙升至2023年的72%，导致本币索莫尼的货币乘数效应衰减（从3.1降至1.8）。这种美元化趋势削弱了NBT的利率传导机制——政策利率调整对信贷市场的边际影响仅为哈萨克斯坦的1/3。伊斯兰金融的法律适配性矛盾也加剧了制度摩擦，尽管2021年《伊斯兰银行法》允许设立符合沙里亚原则的金融机构，但《担保法》第12条仍要求抵押品必须具有明确市场估值，与伊斯兰金融的“风险共担”原则直接冲突。世界银行2023年调查显示，伊斯兰银行在农村地区的贷款违约率显著高于传统银行，反映制度错配导致的逆向选择。

塔吉克斯坦货币金融制度在多方面呈现出独特特征与发展态势。在国内货币政策上，其货币体系历经从依赖苏联卢布到独立发展的复杂过程，汇率波动受多种因素影响，2013年后通过政策调控在稳定物价、控制通胀方面取得一定成效。国际货币政策方面，自2014年起的战略性调整展现出积极应对经济变化的能力，在金融深化、利率政策协同等方面成果显著。外汇管理制度法规较为完善，但本币贬值带来的风险不容忽视，跨国投资者需采取相应策略应对。

这些情况表明，塔吉克斯坦货币金融制度在转型发展中既有积极探索，也面临诸多挑战。未来，随着全球经济一体化和“一带一路”倡议的深入推进，塔吉克斯坦在完善自身货币金融体系的同时，应进一步加强与国际货币体系的融合，深化与周边国家的货币合作，特别是推进与人民币的直接兑换，以优化贸易结算环境，提升金融稳定性。同时，持续关注国际金融市场动态，不断调整和完善货币政策与外汇管理制度，增强应对外部风险的能力，为经济的可持续发展提供坚实的金融保障。对于国际投资者而言，深入研究塔吉克斯坦货币金融制度，合理运用风险管理策略，有助于在该国投资活动中有效规避风险，把握发展机遇。

（二）公共服务

塔吉克斯坦的金融服务政策，涵盖融资条件、信用卡使用、证券市场、保险市场及金融监管机构等多个方面。在融资领域，该国虽构建了相关法律体系，但银行体系不完善、融资门槛较高等问题致使企业融资困难，跨境融资也面临诸多限制与较高成本。在信用卡使用方面，其使用率低，业务监管虽有法规约束，但市场渗透率低且风险防控存在漏洞；证券市场处于起步阶段，发行人条件严格，发行机制受多种限制，市场规模小、流动性不足且衍生品交易监管存在短板；保险市场尚不成熟，业务种类有限，产品结构失衡，外资准入有要求，再保险业务集中；金融监管实行高度集中体制，各机构权责明确，但监管协作存在问题。

1. 金融市场

(1) 银行市场

塔吉克斯坦的银行系统由塔吉克斯坦共和国国家银行和其他银行机构组成，其他银行机构包括私有银行、国有银行以及外资银行。在塔吉克斯坦，银行的运作方式由其宪法、有关规制银行及银行活动的法律以及相关的地方法律进行直接规定。塔吉克斯坦实行二级银行体制，中央银行为其银行体系的第一级，行业银行和其他性质的银行处于第二级，通常称作“二级银行”。截至 2019 年 12 月，塔吉克斯坦共有 79 家信贷金融机构，其中包括 17 家银行、25 家小型存款机构、6 个小型信贷机构和 31 个小额贷款基金。

《银行和银行活动法》规定，银行可以任何所有制形式组建，包括吸收外国资金。在塔吉克斯坦法律允许下，可建立外资全资银行或合资银行；外国银行可在塔吉克斯坦境内开设代表处或分行；金融业完全对外开放。《银行和银行活动法》第 4 条规定，除中央银行外，其他银行的组建形式有 4 种：①国有银行，中央政府是注册资本金的唯一所有者；②非国有银行，注册资本金属于不同的自然人或法人，该类银行的部分股份可属于代表中央政府的财政部；③有外资加入的银行，股份所有者可以是侨民或长居塔吉克斯坦的外国侨民；④国家间银行，按有关国际条约成立的银行，注册资本金属于塔吉克斯坦中央政府和该条约签署国政府所有。

第一，中央银行。

塔吉克斯坦金融监管体系的制度构建始于 1996 年最高立法机关颁布的《中央银行宪章》。该宪章确立了货币当局作为主权货币发行机构与中央储备管理者的法定地位，并构建了独立于行政权力的运行机制：其一，明确禁止政府机构干预货币政策的制定与执行；其二，要求央行行长及副行长列席内阁经济决策会议；其三，建立总统直报机制，定期呈递国际储备资产专项报告；其四，实施财税豁免政策，免除中央银行的所得税及财政缴款义务。其核心职能涵盖维护本币价值稳定、优化货币信贷市场运行环境、推动金融基础设施现代化以及促进银行体系国际化接轨四大战略目标。

作为国家金融主权的执行机构，塔吉克斯坦央行依法对境内所有信贷机构实施审慎监管。数据显示，截至 2014 年末，该国银行业呈现高度集中化特征——在 16 家持牌商业银行中，农业信贷机构、对外贸易银行、国民储蓄银行及东方银行四大金融机构占据总资产 80.3%的市场份额。值得注意的是，该国采取市场化运作原则，财政不介入市场主体的运营成本补偿。

从产权结构分析，国有资本在金融领域的渗透率相对有限，行业呈现渐进式私有化转型特征。跨境金融合作方面，伴随 2013 年加入 WTO 后市场准入限制的逐步放宽，有 6 家跨国银行分支机构已获准开展业务。据国际货币基金组织评估报告预测，跨境资本流动自由化进程将加速外资银行的市场渗透率，预计 5 年内国际资本持股比例将提升至 38%以上。目前，中资金融机构尚未在该国设立实体分支机构，跨境结算业务主要依托国民储蓄银行与农业信贷机构等战略合作渠道展开。这种监管框架与市场结构的动态调整，折射出中亚转型经济体在金融开放与风险防控间的制度平衡诉求。根据《国家银行法》，塔吉克斯坦中央银行具有制定并执行国家货币、信贷和外汇政策行使国家财务代表的职权；对经济和货币进行分析并向政府提出建议；发放银行活动经营许可证并对其进行监督、调整；向商业银行和政府提供贷款；对支付系统实施监督，促使银行间支付职能完善；垄断货币发行并负责货币的回笼；保管国家的外汇储备；代表国家承担塔吉克斯坦所加入的国际组织中的相关义务并进行有关银行、信贷即货币方面的业务；制定国际收支平衡表等基本职能。

中央银行不仅行使管理职能，还承办各种具体银行业务，亦可作为国家外汇调整和检查者，依照《外汇调解和外汇监督法》行使对外汇业务的管理职能。1998 年 5 月 23 日，塔吉克斯坦最高议会通过《银行和银行活动法》，规定银行系统实行二级管理体制，包括国家银行及商业银行。国家银行行使中央银行职能，商业银行以吸收存款、发放抵押贷款、转账结算为主要业务①。

第二，商业银行。

塔吉克斯坦的本土商业银行以吸收存款、发放抵押贷款、转账结算为主要业务。其中，资产规模较大的商业银行包括农业投资银行、储蓄银行、外经银行及东方银行等。

塔吉克斯坦《银行和银行活动法》对商业银行的管理有比较明确的规定，包括银行的名称都须经中央银行批准，商业银行（含塔吉克斯坦境内的外国银行分行）行长必须由塔吉克斯坦公民担任，且须具备一定资格，如必须接受过经济专业高等教育，具备必要的经济和银行方面的法律知识，本人没有法律纠纷等要求。开办商业银行所需最低注册资金限额由中央银行确定。从实际操作来看，在塔吉克斯坦境内拥有 10 万索莫尼即可申请注册成立商业银行，其注册资金必须以塔吉克斯坦本国货币计算。任何一位投资者的股份占有比例都不得超过注册资金总额的 65%，注册资金中非货币部分最高限额不

① 参见陈波：《中亚投资法律风险与典型案例》，中国法制出版社 2016 年版，第 125 页。

得超过投资总额的20%。商业银行获取中央银行发放的经营许可证后即可对外营业，除经营一般银行存贷业务外，经中央银行批准后可以经营以下金融业务：收购、抵押、保管及出售贵重金属；塔吉克斯坦境外投资业务；担保业务；财产租赁业务；发行自有有价证券（股票、债券、期票等）；托收信贷业务。

塔吉克斯坦商业银行经中央银行批准可承办外汇方面的银行业务，商业银行在其开业1年后且其拥有现代化国际通信工具及外汇业务方面的专家，经中央银行审核批准后即可获得经营外汇业务专用许可证；有外籍加入的合资银行，在正式开业3个月后并具备上述同样条件时，即可得到外汇业务经营权。

第三，信贷机构。

塔吉克斯坦金融体系结构数据显示，截至2017年5月，该国持牌金融中介机构总量为96家，其中包含16家全功能商业银行、34家社区储蓄机构、13家普惠信贷组织及33家微型融资基金。从产权维度考察，该体系呈现多元化特征：国有独资银行仅国家储蓄银行1家，股份制商业银行占据主导地位达10家，另有6家跨境金融机构代表处及1家非银金融实体——佛诺信贷公司。值得注意的是，东方银行、农业开发银行等四大金融机构形成显著市场集中度，合计持有银行业80%的资产规模。

市场开放进程催化了产权结构变革，股份制改造与民营化转型成为行业演进主线。自2013年加入WTO后，跨境资本加速渗透，外资银行分支机构数量由最初的伊朗吉特诺拉特银行单点布局，扩展至涵盖哈萨克斯坦商业银行、阿塞拜疆国际银行等五家跨国机构。特别需要指出的是，2015年中国农业银行通过设立“中塔金融合作专柜”，开创中资金融机构服务当地实体经济的先河。该机构不仅搭建跨境投融资通道，更通过战略合作框架向塔农业开发银行提供6亿元专项融资支持，并配套实施金融创新产品研发与风控体系优化工程。

监管统计显示，2017年三季度末金融系统呈现收缩态势：全行业总资产规模降至202.1亿索莫尼，较上年缩减4.6%，主要源于流动性资产压缩及组合贷款规模调控。信贷投放方面，净贷款余额90.93亿索莫尼同比下降7.4%，其中风险类贷款占比41.9%，较同期减少7.92亿索莫尼，折射出审慎监管政策的见效。负债端同步调整，总负债额146.39亿索莫尼同比减少6.7%，存款规模收缩5.2%至87.62亿索莫尼，显现出信贷紧缩周期特征。值得关注的是资本质量改善趋势，净资产收益率从-11.64%回升至0.66%，资产回报率由负转正达0.18%，反映金融机构通过资本重组与盈利模式优化实现经营能力提升。这种资产负债表的动态调整，实质上是中亚转型经济体应对国际资本流动与内部结构改革的制度性响应。

第四，外资银行分行和代表处。

目前塔吉克斯坦有5家外国银行分行，分别是：伊朗吉特诺拉特银行杜尚别分行、索西科尔股份商业银行（哈萨克斯坦ATF银行收购其控股权）、伊朗银行、阿塞拜疆商业银行和巴基斯坦国民银行杜尚别分行。

目前有6家外国银行在塔吉克斯坦设立了代表处，分别是世界银行、亚洲开发银行、欧洲复兴开发银行、欧亚发展银行、吉尔吉斯金融贷款银行、哈萨克斯坦商业银行。其中前4家银行驻塔代表处的工作重点是，为保障塔吉克斯坦经济稳定发展的重大项目提供贷款援助，帮助其进行基础设施建设。吉尔吉斯金融贷款银行驻塔吉克斯坦代表处的主要业务是发展零售贸易，提供消费和抵押贷款，以及吸引居民和各种机构的存款。哈萨克斯坦商业银行驻塔吉克斯坦代表处不经营银行业务，其主要任务是研究金融市场，汇总各项统计信息等。

第五，中资银行。

目前，塔吉克斯坦没有完全意义上的中资银行。2014年9月，中国农业银行与塔吉克斯坦农业投资银行签署了《支持农业领域合作协议》，并在塔建立了中资金融机构第一家涉塔分支机构“中国农业银行驻塔吉克斯坦——中国柜台”，支持中资企业在塔投资发展。根据上述协议，中国农业银行向塔吉克斯坦农业投资银行提供6亿元人民币信贷额度支持，并对其开展金融产品及风险管理培训。

（2）证券市场①

塔吉克斯坦证券市场处于起步阶段，2015年10月，塔吉克斯坦宣布成立第一家证券交易所“中亚证券交易所”，并于2016年初正式开始运营。塔吉克斯坦公开发行的股票分为A类上市股票和B类上市股票。若要在塔吉克斯坦证券交易所发行证券，发行人需同时满足以下10项条件：①必须是塔吉克斯坦的法律实体，或持有在塔吉克斯坦的合法证明文件，确保其在另一个国家已作为法人进行合法登记；②有义务按照本地和国际财务报告标准编制财务报表，包括季度报告；③不得对其发行的证券有任何未履行的义务；④发行章程和其他文件不得限制证券所有人对持有证券的自由处置以及其他权利；⑤年度财务报表必须经独立审计师确认，并经交易所市场认可；⑥纳入或者

① 参见商务部对外投资和经济合作司等编：《对外投资合作国别（地区）指南：塔吉克斯坦》（2024年版），第27—28页，载商务部“走出去”公共服务平台，https://www.mofcom.gov.cn/article/gbdqzn，2025年2月12日访问。

申报纳入交易所正式名单的已发行证券数量不得少于1万份；⑦公司形式需为股份有限公司且成立满3年，并遵守塔吉克斯坦的有关法律规定；⑧上一会计年度的利润或过去3个会计年度利润之和为正；⑨在其交易场所进行首次配售的发行数量不得少于其股本总额的40%；⑩在上市过程中不得出现拖欠税款或参与诉讼的情况。

证券市场监管以《证券法》（2021年修订）为基准，实行发行核准制与外资持股比例限制双重机制。根据该法第19条，股票发行人需满足连续3年盈利且净资产收益率不低于5%的财务门槛，债券发行则需经财政部登记备案，其中国债承销商资质要求最为严格（需持有AA级信用评级）。外资准入方面，《证券法》第45条将外国投资者持股比例上限设定为30%[①]，但对能源、通信等战略性行业进一步收紧至15%。市场运行层面，塔吉克斯坦证券交易所（TSE）2023年报显示，证券市场总市值为17.4亿美元，其中政府债券占比达68%，股票市场流动性严重不足（主板日均换手率仅0.07%）。衍生品交易受《金融工具管理条例》（2019年）严格约束，其第5条明确禁止裸卖空操作，第12条要求期货合约保证金率不得低于20%，但市场监管总局在2023年专项听证会上承认，该国尚未建立衍生品交易实时监控系统，存在市场操纵风险[②]。

（3）保险市场

塔吉克斯坦保险行业尚不成熟。截至2019年12月，塔吉克斯坦共有2家国家保险公司（Tochiksugurta 和 Tajiksarmoyaguzor）、16家非国家保险公司（Spitamen、Sugurta等）和1家互助协会（相互保险支持中心）。这些保险公司可开展的业务可大致划分为三类，分别为国家强制类保险、强制保险（包括在地方范围和特殊行业内实施的强制保险）以及自愿保险（包含人身险和财产险）。

保险行业法律框架以《保险法》（2018年修订）为基础，实行差异化定价与财政补贴政策。车险领域采用地域差别费率制度，杜尚别地区基准保费为车辆价值的2.5%，偏远地区降至1.8%；农业保险则依据《强制保险条例》（2020年）享受财政补贴，政府对种植业与畜牧业分别承担40%与60%的保费[③]。外资准入方面，《保险法》第28条要求外资保险公司分公司需在塔境内保持300万美元的资本金，且不得将利润汇出比例超过净收入的50%。行业数据显示，2022年塔吉克斯坦保险密度（人均保费）为38.7美元，较2015

---

① 参见塔吉克斯坦证券交易所：《2023年度报告》，第33页。

② 参见塔吉克斯坦市场监管总局：《2023年衍生品市场听证会记录》，第7页。

③ 参见《强制保险条例》第12条。

年增长120%，但产品结构严重失衡，车险占比高达74%，健康险仅占6%。再保险业务受《风险分散管理办法》（2021年）规制，第7条要求原保险公司自留风险不得超过净资产的20%，且需优先向欧亚经济联盟成员国分保，目前塔吉克斯坦再保险集团（TRG）垄断83%的国内分保业务[①]。

2. 监管体系

（1）金融监管机构

塔吉克斯坦实行高度集中的金融监管体制。根据《国家银行法》第6条，塔吉克斯坦国家银行的任务之一是制定和监督宏观政策的实施，行使金融监管职能。

为加强国家对保险业的监管力度，塔吉克斯坦国家银行成立了保险监管部门，切实维护保单持有人和国家的合法权益。此外，为了提升金融机构的风险评估水平，监测和分析与金融稳定相关的核心指标，将风险控制在可接受的范围之内，世界银行、国际货币基金组织在塔吉克斯坦成立了金融稳定部，隶属于塔吉克斯坦国家银行，于2015年9月1日正式运营。

金融监管权责配置由《国家银行法》（2021年修订）与《金融监管协调条例》（2022年）系统规定。中央银行行使宏观审慎监管权，可根据《国家银行法》第34条对系统性重要银行实施资本附加要求（最高可达风险加权资产的2.5%）[②]；金融市场监督管理局（FMSD）负责证券、保险机构日常监管，依据《金融监管协调条例》第19条具有吊销违规机构执照的最终处罚权[③]；反垄断委员会则依据第8条对金融机构集中度实施动态监控，要求银行并购交易需提前60日申报。监管协作方面，《金融稳定委员会工作规程》（2023年）第5条规定三大监管机构需每季度共享风险数据并组建联合检查小组，但世界银行2023年评估报告指出，因部门利益冲突与数据标准不统一，全年仅实施2次跨部门协同执法。

（2）监管政策与法规

塔吉克斯坦金融监管体系建立在以中央银行法为核心的双层立法架构之上。其制度框架主要由《中央银行基本法》与《金融机构运营管理条例》构成，形成覆盖货币主权与金融市场的立体化规制网络[④]。

《中央银行基本法》作为货币当局的宪章性文件，系统界定了国家银行的

---

① 参见塔吉克斯坦再保险集团：《2022年经营年报》，第22页。

② 参见《国家银行法》第34条。

③ 参见《金融监管协调条例》第19条。

④ 参见本书编委会编：《企业对外投资国别（地区）营商环境指南：塔吉克斯坦（2020）》，载中国国际贸易促进委员会网，http://www.ccpit.org/，2025年1月3日访问。。

法定地位与治理架构。该法着重规范中央银行的独立性保障机制、货币政策决策流程、金融稳定维护职能三大核心维度，具体涵盖价格稳定目标设定、宏观审慎监管权限、危机处置程序以及跨境支付系统管理等制度要素。尤为关键的是，该法律创设了商业银行市场退出机制，明确信贷机构重组清算的操作规程，并赋予央行对货币发行与支付结算体系的专属管辖权。《金融机构运营管理条例》则构建了金融市场主体的准入与运营规范体系。该条例创新性地采用“功能监管”模式，对持牌机构的业务范围实施负面清单管理，重点规范跨境资本流动、金融产品创新及关联交易等高风险领域。其中特别设立差异化准入标准，对外资金融机构实施“母国监管等效性”审查原则，同时建立动态资本充足率监测指标与压力测试框架。该法还系统规定了客户权益保护机制、反洗钱合规体系以及监管沙盒试运行等现代金融监管工具。

值得注意的是，塔吉克斯坦通过《民法典》第1217条确立的“金融特别法优先”原则，构建起多层次法律适用体系。在实践操作中，财政部颁布的《信贷机构外汇头寸管理细则》与央行制定的《系统重要性银行监管指引》等配套规章，共同完善了银行业务的全周期监管链条。这种“基本法+专门法+监管规则”的三级立法结构，有效实现了金融稳定目标与市场创新需求的动态平衡。

3. 特色金融平台建设——塔吉克斯坦亚洲证券交易所①

塔吉克斯坦亚洲证券交易所（Asian Stock Exchange）是塔吉克斯坦共和国财政部于2015年4月批准成立的第一家也是唯一一家以国际化运营的证券交易所，是塔吉克斯坦境内唯一的证券交易所，同时还是中亚仅有的两家证券交易所之一，具有开展股票、债券、衍生工具、货币市场工具或商品交易活动的权限。

其主要职能包括提供证券集中交易的场所、设施和服务；制定和修改亚洲证券交易所的业务规则；审核、安排证券上市交易或者转让，决定证券终止上市交易或者转让；组织、监督证券交易；组织实施交易品种和交易机制创新；按照会员的风险管理水平进行分类管理，并实施日常监管；对上市公司信息披露等行为进行监管；设立或者参与设立证券登记结算机构；管理和公布市场信息；开展投资者教育。

亚洲证券交易所采取注册制上市，实施了简化上市程序，并将企业上市的门槛降低，建立健全“融、投、管、退”机制，是“一带一路”上市企业

① 参见本书编委会编：《企业对外投资国别（地区）营商环境指南：塔吉克斯坦（2020）》，载中国国际贸易促进委员会网，http://www.ccpit.org/，2025年1月3日访问。

的主要流动性和价格发现中心。它以服务实体经济、有效防控风险、全面服务于“一带一路”为核心任务，以加快建设中亚多层次资本市场体系为使命，贯彻新发展理念，支持企业创业创新，提升核心竞争力，全力打造国际领先创新资本的中心，立足中亚，着眼全球，建设世界一流证券交易所。

塔吉克斯坦的金融服务政策在不断发展完善，为金融市场提供了一定规范，但在实际运行中仍面临诸多挑战。未来，随着经济全球化的推进和自身经济发展需求，塔吉克斯坦需进一步优化金融服务政策。一方面，持续完善金融体系，降低企业融资难度和成本，提升信用卡使用便捷性与安全性，增强证券市场活力和保险市场的均衡发展；另一方面，加强金融监管机构间的协作，统一数据标准，提升监管效能，以适应不断变化的金融市场环境，促进金融市场健康稳定发展。同时，这些现状也为后续深入研究塔吉克斯坦金融市场与国际金融合作的关系，以及其在区域经济发展中的角色和潜力，提供了丰富的素材和研究方向。

（三）章节评述

研究塔吉克斯坦金融服务的获得，揭示了转型经济体在金融改革中面临的共性挑战与独特路径。其核心发现表明，法律框架的完善与市场实践存在显著脱节：一方面，以《银行与银行活动法》《支付系统法》为代表的立法构建了风险防控体系，但政策执行偏差导致中小企业信贷陷入覆盖率不足、数字化金融渗透率低迷等现实困境；另一方面，过度依赖行政干预（如外资准入限制、信贷配额）虽短期内维护了金融主权，却抑制了市场流动性，形成证券与保险市场高度依赖国债和车险的结构性失衡。这些矛盾凸显了发展中国家在“开放效率”与“监管安全”间的两难选择，其“强立法弱执行”的治理特征为新兴市场金融改革提供了警示性样本。

对中国而言，塔吉克斯坦的实践具有双重启示：其一，其金融基础设施滞后、监管技术不足等问题反向映射中国金融体系的优势与经验，例如，中国可通过输出移动支付技术、监管科技工具，帮助中亚国家跨越传统金融发展断层，同时为国内金融机构参与“一带一路”金融合作积累风险管理范式；其二，塔国因法律执行僵化导致的普惠金融迟滞，警示中国在深化金融开放中需强化法律弹性，平衡政策刚性与市场适应性，避免制度性摩擦对跨境服务延伸的制约。

对“一带一路”倡议的落实而言，研究揭示了中亚地区金融治理的关键痛点——跨境支付联通不足、本土化金融产品缺失及监管协作低效，这要求中资机构在布局中需注重“技术赋能+合规适配”的双轨策略，例如，通过区块链技术优化跨境结算效率，或设计符合伊斯兰金融习惯的信贷产品，以突破区域市场壁垒。同时，塔吉克斯坦依托欧亚经济联盟推进金融主权让渡的尝试，为中国参与区域金融规则制定、推动人民币国际化提供了战略支点。整体而言，该研究既为中国完善金融开放的风险防控机制提供对照视角，也为“一带一路”框架下实现金融服务互联互通与制度协同贡献了实践路径。

六、塔吉克斯坦税收法律及政策

“一带一路”倡议下，中国企业在塔吉克斯坦共和国的投资活动日益频繁，企业的合规经营不仅关系到自身的发展，也影响着中国企业的整体形象。塔吉克斯坦税收体系包含企业所得税、个人所得税、增值税、消费税等多种税种，其税收法规、征管程序以及税收优惠政策等对于中国投资者来说较为复杂，因此有必要全面、系统地介绍塔吉克斯坦的税收制度，帮助中国居民企业清晰了解当地的税收环境，包括各类税种的具体规定、申报纳税的流程、税收优惠的条件等。这有助于企业在投资决策阶段就充分考虑税收因素，合理规划投资架构和业务模式，降低因税收政策不熟悉而带来的潜在风险，这也是落实“一带一路”倡议中加强经济合作、促进贸易投资便利化的具体举措。

（一）塔国税收法律制度简介

1. 概况

塔国独立后为了适应经济转轨进程，政府开始着手建立相应的税收法律制度，先是通过《税收制度基础法》及多部单行税法，但立法技术落后，税制分散导致效率低下。而后于1999年开始法典化改革，继承苏联的税法体系，采取统一立法的模式，将税收实体法与税收程序法一并规定在一部税收法典当中，首部《税法典》整合了税种、税率、征管程序等核心内容，引入国际经验，确立了国家与地方税分类，并增设小企业简化税制、税收优惠等专项制度，初步形成统一税收体系，奠定了塔国现代税收制度的基础。[①]

在这之后的2005年1月1日开始执行新的塔吉克斯坦共和国《税法典》，并于2013年1月1日以修正案的方式进行了大规模修正，2013版《税法典》于2012年9月颁布，2013年1月1日生效，共18章50节319条。该法确定了塔吉克斯坦税收的基本法律关系，取消了一些税收名目，由原来的21种降

---

① 参见zhuoerbufanlaol：《塔吉克斯坦税收法律制度背景介绍》，载微信公众号“行走中亚”，2022年4月14日。

为10种，其中，国税8项、地税2项，实行属地税制，并对农产品加工行业提供了一些优惠政策。

2022年1月1日起生效的《税法典》是现今塔国最重要的调整税收关系的税收法典。塔吉克斯坦税收主管部门是国家税收委员会。根据塔吉克斯坦现行税法规定，外国公司、外国个人、塔吉克斯坦公司、塔吉克斯坦公民都要向国家纳税，全国实行统一的纳税制度。经过9年时间，塔吉克斯坦现行税法作为调节税收实体法律关系和税收程序法律关系的基本法，调节税款和其他缴纳财政款项的确定、修正、取消、计算、缴纳程序之间的权利分配，以及国家与纳税人（税务机构）之间的相关关系（税务关系），并不断完善新税收制度，为纳税人提供更多优惠。①

2. 税收法律体系

在法律体系中，2022年生效的《税法典》是塔国税收法律体系中最重要的法律文件，是调节税收问题的唯一标准法律文件，税法典依据塔吉克斯坦宪法制定，宪法为税收制度提供了根本法律依据。除此之外，其他有关税收方面的法律规定散落于《投资法》《外国投资法》《企业法》和《对外经济活动法》等近40部法律法规中。②

3. 塔国税收法律关系要素

税收法律关系，是指国家与纳税人在征税活动中发生的，并由税法确认和调整的，国家赋予强制力保证实施的，以征纳关系为内容的权利和义务关系，是国家财产与国民收入分配和再分配的经济关系在法律上的表现。税收法律关系的三要素分别是主体、客体和内容。

（1）税收法律关系的主体

税收法律关系的主体主要包括征税主体和纳税主体，塔国《税法典》中对这两类主体都做出了较为详细的规定。

第一，征税主体。

塔吉克斯坦的征税主体主要是塔吉克斯坦税务委员会，负责征收和管理各类税款，确保纳税人遵守国家税收法律和法规。

根据塔国《税法典》，税务机关肩负确保塔吉克斯坦共和国税法得到严格遵守，促使税收及时且全额上缴至预算的任务；在自身权限范围内，积极参与税收政策的制定与实施，推动税务行政管理的完善；负责制定和执行企业

① 参见倪正茂、李晶：《走向法治的塔吉克斯坦》，法律出版社2017年版，第189页。

② 参见国家税务总局国际税务司国别（地区）投资税收指南课题组编：《中国居民赴塔吉克斯坦投资税收指南》（2022年版），第15页。

主体国家注册的国家政策；为纳税人提供必要的帮助，助力其履行纳税义务。税务机关独立于其他中央和地方政府、村镇自治机构开展活动，其在权限内作出的决议，所有自然人和法人都必须执行。中央和地方政府、村镇自治机构有义务协助税务机关执行税法，保障税收全额及时上缴预算，且禁止妨碍税务机关开展活动。海关机关、居民社会保障机构、其他国家机关和信贷机构必须定期按规定程序，将税收执法所必需的信息提供给税务机关，同时，需依据相关法规，与税务机关展开协作配合。

其法律地位和结构为由国家主管机关和境内税务机关共同构成统一的中央体系，层级关系和隶属结构明确。国家主管机关体系的中央机关地位、结构、管理流程以及企业（组织）清单，均由塔吉克斯坦共和国政府批准确定。境内税务机关包含戈尔诺—巴达赫尚自治州税务局、各州税务局、杜尚别市税务局等多种类型。国家主管机关属于国家权力中央执行机关体系，境内税务机关垂直隶属于相应上级税务机关并向上级汇报，不属于国家权力地方执行机关，垂直管理的模式保证了税务管理工作在全国范围内的统一性和权威性。税务机关具备法人资格，拥有独立的资产负债表、专用账户和印章，还有自己的标志，并采用等级胸章奖励表现优异的工作人员。这种清晰的体系结构有助于提高税务机关的行政效率，使税收政策能够迅速、准确地传达和执行，确保国家税收政策的有效实施。

《税法典》也对税务机关工作人员做出了明确的规定：只有符合职位资质要求的人员，才有资格被任命为税务机关工作人员，其职位资质要求由塔吉克斯坦共和国公务法和其他法规明确规定，这些工作人员属于国家公务人员。他们需要按照规定程序获得资质评级，资质评级由塔吉克斯坦共和国上下两院批准，资质等级授予方法和津贴规定则由总统批准。工作人员会发放带有资质等级区别标记的制服，以及能够证明其职权的工作证，同时会依据相关法规规定的程序接受考核。税务机关工作人员若出现未履行或不当履行义务、未按规定保守各类机密、滥用职权以及其他违法行为，必须承担相应责任。对于因违法行为给纳税人带来的损失，需按照法律规定的程序进行赔偿。通过设定严格的职位资质要求，选拔出具备专业能力和素质的人员进入税务机关；对违法违规行为的责任追究则起到了约束作用，防止工作人员滥用职权。这种规范的人员管理有助于打造一支高素质、专业化、廉洁奉公的税务干部队伍，保证税务工作的高质量开展。

第二，纳税人。

《税法典》规定纳税人为承担纳税义务的个人和法人，包括居民纳税人和非居民纳税人。居民纳税人涵盖本国公民、在塔吉克斯坦境内有住所或居住满一定期限的外籍居民，需就其来源于塔吉克斯坦境内外的所得纳税。非居民纳税人指在塔吉克斯坦境内无住所且居住不满规定期限的个人，或未在塔吉克斯坦设立常设机构的外国企业，仅就来源于塔吉克斯坦境内的所得纳税。

第三，扣缴义务人。

与我国相关税收法律规定相同，塔国《税法典》中也存在纳税扣缴义务人，扣缴义务人是指依法负责计算、代扣和代缴税款的单位或个人，在税收体系中扮演着关键角色。他们的具体权利义务规定于纳税人（扣缴义务人）的权利与义务一章，与纳税人的权利义务基本相同，但除此之外扣缴义务人必须按照法律规定履行相关义务，包括准确及时地完成税款的计算和缴纳、详细记录和报告税务信息，以及遵循税务机关的其他规定。这一特殊主体提高了税收征管效率，降低了税务机关的征管成本，减少了税款流失的可能性。同时，也帮助纳税人简化纳税流程，避免因自行申报纳税出现的错误和遗漏，确保国家税收及时、足额入库，维护了税收制度的有序运行。

（2）税收法律关系的客体

税收法律关系的客体，是纳税人纳税义务所针对的对象，依据塔国《税法典》，税收法律关系的客体主要包括财产、收入、利润、货物或服务交易行为、货物或服务的价值以及进出口的货物等。具体而言，塔国税法典在分则中依据不同的征税客体分别规定了多种不同的税种，这几种税收又被分为国税和地税。[①]

（3）税收法律关系的内容

税收法律关系内容为纳税人、征税机关的权利和义务。

①征税主体的权利和义务。

征税主体有权依法对纳税人进行税务登记、纳税申报管理、税务检查，有权核定应纳税额、征收税款、对违法行为进行处罚等。同时，也有义务为纳税人提供纳税咨询服务、依法征税、保护纳税人的合法权益、对纳税人的商业秘密和个人隐私保密等。

②纳税主体的权利和义务。

纳税主体有义务依法进行税务登记、按时如实申报纳税、提供与纳税有关的资料、接受税务机关的检查等。同时，纳税人享有知情权，有权了解税收法律法规和纳税程序；享有申请税收优惠、退税的权利；对税务机关的决定不服时，有申请行政复议和提起行政诉讼的权利等。

---

① 参见马幸荣：《中亚五国税收法律概论》，知识产权出版社 2012 年版，第 114 页。

（二）2022 年《税法典》修正案后的新变化

1.《税法典》修正案的修订内容简介

在 2021 年 11 月 3 日塔国第六届下议院第三次会议上，审议通过了塔吉克斯坦共和国《税法典》修正案，2021 年 12 月 23 日，拉赫蒙总统签批了新版《税法典》，自 2022 年 1 月 1 日起开始正式实施。2022 年 3 月 18 日第 1867 号总统令对《税法典》进行最近一次修订和补充。

新版《税法典》共分两部分、15 篇、57 章、399 条，其中包括税收原则、纳税关系主体、预防偷漏税、税务监督、税务咨询、某些部门收入纳税特性、转移定价等条款，新税法取消了道路使用税，并将交通工具税与财产税和所得税合并，将税种总数从 10 种减少至 7 种，具体包括 6 个全国税种以及 1 个地方税种，其中中央税包括以下几项：所得税、增值税、消费税、社会税、自然资源税和粗铝销售税；地方税为财产税。

新版《税法典》为增加居民收入，提高居民生活水平，在保留原先优惠政策的基础上，结合了塔国各政府机关、企业家、个体经营者和社会组织等组织和个人的提议，特别是考虑到企业及生产商的利益，补充了新的优惠措施，把一些税率降至邻国水平：

自 2022 年 1 月 1 日起，增值税由 18%降至 15%，2024 年 1 月 1 日起降为 14%，2027 年 1 月 1 日起再降至 13%；农产品生产加工税从 18%降至 5%；企业所得税和个人所得税也有所降低，个人所得税每月最大免征额提升一倍（目前塔个人所得税每月最大免征额为 60 索莫尼），个人所得税实行单一税率，税率为 12%；为减轻法人税负，将法人社会税率定为 20%，国家机关参保人员的社会税率定为 25%。①

2. 新版税法典的修订效果评析

据塔财政部部长卡霍尔佐达介绍，塔国《税法典》修正草案旨在使塔税收制度同全球数字化经济发展进程保持一致，推行电子税务系统，简化征税流程，增加税收。

（1）税制简化与降负

从法学视角看，税制简化与降负的本质是通过立法技术调整税收法律关系中的权利义务平衡，其目标在于优化税收法定原则的实践框架，同时兼顾效率

---

① 参见《塔下议院审议通过塔吉克斯坦共和国〈税法典〉修正案》，载驻塔吉克斯坦共和国大使馆经济商务处，https://tj.mofcom.gov.cn/jmxw/art/2021/art_e06f8b3430ce478b8c17bb3e5bc1719b.html，2025 年 2 月 26 日访问。

与公平的现代税法价值。新版《税法典》的核心举措如税种缩减、税率调整、电子服务征税，既体现了立法者对经济现实的回应，也反映出税收政策工具化的倾向。

修正案将国家税从10种减至7种，保留所得税、增值税、消费税等核心税种，并仅设1种地方税。从税种缩减的合法性基础与体系整合来看，这种调整一方面体现了税收法定原则的落实：税种合并与取消需以明确的法律授权为前提。根据塔吉克斯坦《税法典》总纲，税种的设立与废止需通过法典修订程序完成，此次调整符合立法层级要求，避免了行政权对税种的随意增减。另一方面体现了税制体系的结构优化，减少了法律适用的复杂性，降低了纳税人的合规成本：取消道路使用税并将其功能并入消费税，同时将交通工具税与不动产税合并为财产税，消除了重复征税和税种交叉问题，这种简化与国际税收改革趋势一致，塔国的邻国哈萨克斯坦也曾合并财产税与土地税以优化流程；这也与总统拉赫蒙提出的“吸引投资、发展创业”战略相契合，通过简化税制为外资创造更友好的营商环境，提高了投资吸引力。

（2）征管优化与数字化改革

税收征管数字化改革一直是塔国税法改革的重要方向，税收征管制度的优化是税法从“纸面规则”向“实践效能”转化的关键。新版《税法典》通过引入二维码追踪、电子申报、跨境数字服务税等数字化工具，重构了税收程序法的实施框架。塔国也积极参与税收征管数字化改革的国际合作，独立国家联合体成员国之间签订的《独立国家联合体成员国互助协定议定书》于2020年11月29日在塔吉克斯坦生效。该议定书于2018年11月2日签署，其中包括出于税收目的进行电子信息交换的规定。此外，在北京时间2024年5月29日晚召开的“一带一路”税收征管合作机制塔吉克斯坦税务部门主题日线上座谈会上，塔吉克斯坦国家税收委员会相关领导人员先后介绍了塔吉克斯坦税收征管信息化改革情况，税务部门通过优化税制结构、征管流程等方式吸引外商投资的最新进展。受塔吉克斯坦国家税收委员会邀请，世界银行相关代表就其与塔吉克斯坦合作的税务部门数字化转型项目，以及税收遵从风险管理和基于风险的自动退税系统进行了详细介绍。[①] 因此，有必要详细介绍塔国税收征管数字化改革的努力与成果。

塔吉克斯坦在电子纳税方面采取了多项具体措施，以简化纳税流程并提高税务管理的现代化水平，体现了其税收管理的现代化和高效化。

---

① 参见《“一带一路”税收征管合作机制开展第七次税务部门主题日活动》，载国家税务总局，http://www.chinatax.gov.cn/chinatax/n810219/n810744/n1671176/n3465625/c5232228/content.html，2025年2月26日访问。

第一，税收结算的非现金化。

在全球向数字化转型的大趋势下，塔吉克斯坦积极谋求经济变革与创新发展。塔国总统拉赫蒙宣布2025—2030年为“数字经济和创新发展年”，并于2023年6月22日签署关于扩大非现金支付措施的法令。根据总统令，2023年8月1日起，塔吉克斯坦税收、罚款、许可证和执照办理费用、国家强制性保险费、公用事业收费等其他类型费用将实现电子支付。公民必须通过银行卡或电子钱包完成支付。当局表示，改用非现金支付是为了消除腐败和人为因素的影响，并确保国家金融交易的透明度。该法令实行后，塔国交通部公布的数据显示，2024年1—6月，塔国交通领域非现金支付比例增加近80%，并且该部及其下属机构81.2%的财务交易都是在网上进行。塔国家银行行长菲尔达夫斯·托利布佐达指出，2024年塔金融系统主要指标向好，服务范围扩大。2025年，塔金融和信贷机构应积极采取措施贯彻落实《2022—2026年塔吉克斯坦国家普惠金融战略》和《2022—2026年塔吉克斯坦信贷机构业务发展战略》，主要包括全面推行数字化金融服务系统，扩大金融技术应用，推广非现金结算等。

原《税法典》在小型企业的简化税制方面，就将现金业务和非现金业务的税率区分开来，且非现金业务的税率低于现金业务。对于税基即为总收入的纳税人活动：与商品生产有关的活动，非现金业务为4%，现金业务为5%；其他经营活动，非现金业务为5%，现金业务为6%。以收入和费用之差为税基的纳税人的经营活动：与商品生产有关的经营活动，非现金业务为13%，现金业务为14%；其他经营活动，非现金业务为15%，现金业务为16%。塔吉克斯坦通过《税法典》修正案，对非现金交易实施阶梯式降税政策：2022年增值税率从18%降至15%，2024年进一步降至14%，并计划2027年降至13%。而现金交易仍维持原税率，以此激励企业和居民转向非现金支付。

第二，电子税务系统与申报平台。

新版《税法典》明确提出推行电子税务系统，目标是简化征税流程、提高征管效率。修正案要求税务部门建立统一的数字化申报平台，允许纳税人通过电子方式提交税务申报表、缴纳税款及获取税务凭证，对于提供电子服务的外国实体，其税务代理人也需通过电子方式履行纳税义务。

具体措施包括电子发票系统和电子签名认证等，即增值税和消费税发票以电子格式编制，并通过电子方式提供给纳税人和税务机关，这些发票存储在税务机关的电子数据库中，直到诉讼时效结束；而电子签名认证是指电子发票需由供应商正式授权官员的电子签名进行认证，确保文件的真实性。通过电子发票、电子签名和电子申报的推广，不仅减少了纳税人的时间成本，还增强了税务机关对税收的监管能力。这种做法对于提高税收透明度和减少税务欺诈具有显著效果。

第三，应税产品二维码追踪制度。

新版《税法典》引入了应税产品二维码制度，要求生产商在商品包装上嵌入包含税务信息的二维码标识。电子编码是粘贴在进口商品上的二维码，该二维码包含生产商、产品、生产日期、进口商等信息，税务机关可通过扫描二维码实时监控商品流通环节的税收缴纳情况，防止偷漏税行为。据塔吉克斯坦海关署消息，部分进口商品需强制进行电子编码，其中包括：烟草及其制品；酒精、酒精饮料及能量饮料；药品和医疗用品；饮用水和软饮料；家用电器。其中，烟草制品和酒精饮料等进口商品的电子编码已于 2024 年 7 月 1 日起实行，从 2025 年 1 月 1 日起，药品和医疗产品进口也引入了电子编码。自 2026 年 1 月 1 日起，进口饮用水和软饮料也将强制进行电子编码，而针对进口家用电器的电子编码要求预计在 2027 年 1 月 1 日起执行。①

这一措施不仅提升了税收透明度，还通过技术手段重构了税收征管的举证责任分配机制。应税产品二维码制度还可以应用于举证责任的分配上，在税务稽查中，二维码记录可作为电子证据直接推定纳税人义务履行情况，实质上将部分举证责任转移至纳税人，需通过程序法明确异议申诉机制以避免权力滥用。值得注意的是，尽管二维码制度和电子审计提升了征管效率，但二维码中包含纳税人识别号和商品类别信息，可能涉及商业秘密和消费者隐私，现行法律未明确数据泄露的法律责任，仅笼统规定数据“仅用于税收目的”，如何做好数据隐私与纳税人权利平衡成为一项重要议题，政府目前正在实施对电子交易、数据隐私保护等部分关键法律条款以及相关监管法案的修订。

塔吉克斯坦国家银行行长表示，新税法带来了政策性利好，有助于简化征税流程，减少人为因素对企业生产经营的过度干涉，对银行系统稳定、扩大引资规模、促进非现金结算以及经济发展带来积极影响。② 但是自新税法实施以来到 2022 年 7 月，塔吉克斯坦在税收收入减少了近 5.3 亿索莫尼（约合 0.45 亿美元）。2022 年上半年税收收入达 72.78 亿索莫尼（约合 6.24 亿美

---

① 参见《塔吉克斯坦部分进口商品需进行电子编码》，载驻塔吉克斯坦共和国大使馆经济商务处，https：//tj. mofcom. gov. cn/jmxw/art/2025/art_ ea8daf1c9a454530a69ce9adbafdb867. html，2025 年 2 月 26 日访问。

② 参见《塔国家银行：新税法带来政策性利好》，载驻塔吉克斯坦共和国大使馆经济商务处，https：//tj. mofcom. gov. cn/jmxw/art/2022/art_ 66e5c978b195456f80dce2a77419c172. html，2025 年 2 月 26 日访问。

元)，但应征而未征的税款达10亿索莫尼（约合0.86亿美元)。[①] 总的来说，塔吉克斯坦《税法典》的更改虽然短期内导致税收收入减少，但从长远来看，通过减轻税负、简化征税流程和促进经济发展，有望为塔吉克斯坦的经济带来积极影响。

（三）塔吉克斯坦税收法律制度的内容

1. 主要税种和税率

（1）所得税

所得税是国家财政收入的重要来源之一，是调节社会收入分配、保障国家财政收入稳定增长的重要手段之一，塔国《税法典》修正案在此块做出了大幅度的修改。首先便是将 Подоходный налог “个税” 改为 Налог на доходы физических лиц “个人所得税”，将 Налог на прибыль “利润税” 改为 Налог на доходы юридических лиц “法人所得税”，使税种名称更具通用性和规范性，与国际上名称接轨，便于理解和管理，能更准确反映该税种针对法人收入征税的本质。其次是将两者统一归类为 налог на доходы “所得税”，实行统一的所得税制度，对个人和企业的所得适用统一的税率框架，虽具体细则有别，但整体体系逻辑清晰，统一后的所得税制度使税务申报和缴纳流程更加标准化。最后，所得税的税率总体上有所下降，纳税人负担减轻。

自然人所得税相关规定：

第一，纳税人和课税对象。

塔国《税法典》规定，所得税纳税人涵盖居民自然人和非居民自然人，只要其具备征税对象即可。同时，明确在特定情形下，所得税实行源泉扣缴，由扣缴义务人负责操作。征税对象是应纳税所得，计算方式为纳税人在纳税期内获得的总收入减去规定减免费用后的差值。居民自然人无论收入来自塔吉克斯坦国内还是国外，都可能纳入征税范围；非居民自然人则是其在塔吉克斯坦国内获得的收入需征税。此外，对自然人总收入进行分类，分为应纳税和无须纳税的收入，并且对于难以明确收入来源归属的情况，规定由国家主管机关来判定，确保了征税的可操作性和规范性。

第二，税率。

原塔国《税法典》规定自然人所得税的缴纳税率与我国相同，都是实行累进制税，按照收入的一定比例进行缴纳，共3档，修正案将个人所得税从

---

① 参见《塔预算收入中税收收入减少》，载驻塔吉克斯坦共和国大使馆经济商务处，https://tj.mofcom.gov.cn/jmxw/art/2022/art_2b4e571ebd43474bb5df77d7913fe6bd.html，2025年2月26日访问。

原有的累进税率改为单一税率12%，取代了此前多档累进税率结构，单一税率降低了高收入者的边际税率，有助于刺激经济活动；并且将个人所得税的每月最大免征额提高了1倍，根据此前规定，原免征额为60索莫尼（约合人民币40元），调整后增至120索莫尼（约合人民币80元），减轻低收入群体的税负，直接惠及低收入人群。但是单一税率可能削弱累进税制的收入再分配功能，高收入者实际税负下降，而中低收入群体受益有限，其修改效益仍需长期观察。

第三，税收优惠。

塔吉克斯坦针对居民纳税人的个人所得税设置了多方面税收优惠，涵盖特殊人员收入、特定财产转移与赠予、社会保障与救助类、资产处置收入等内容，新版《税法典》在此作出了新的修正：

不动产转让增值免税条件变更。在规定的作为主要居住地的时间上有差异。原《税法典》要求转让前至少最近3年内作为纳税人主要居住地的住宅，因出售或其他形式转让而增加的价值才免税，现规定住宅是纳税人在转让前至少最近2年的主要居住地，且此免税条款仅适用于自然人的一个主要地点。居住年限下降的规定更倾向于鼓励相对灵活的房产流转。

动产转让增值免税条件变更。关于不适用于免税情况的界定不同。原《税法典》仅简单提及因有形动产的出售或其他形式转让而增加的价值，古董除外，现《税法典》明确指出，古董、如果出售资产（历史贵重物品、艺术品、珠宝首饰和其他收藏品）而增加的价值超过200个计数指标，以及这些规定不适用于通过两次或多次交易将历史贵重物品（古董）、艺术品、珠宝首饰和其他收藏品出售给一个人或与其有关联的人的情况，且这种情况下要考虑规定的资产总价值。详细程度不同的免税排除条件，反映了对不同类型动产交易的区别对待。较为详细的规定，是考虑到古董、高价值艺术品等收藏品市场的特殊性和复杂性，所以对交易条件和交易对象进行严格规范。

新增有关全日制教育奖学金、天生残疾和1级残疾人士工资收入，以及个人储蓄基金相关的保险赔偿金等收入免税政策，体现了对特殊群体关怀，能够向社会传递出鼓励学习深造的信号、提供实质性的经济补偿和支持保障他们的基本生活权益，以及确保了保险赔偿金能够最大限度地发挥其应有的保障作用，帮助个人和家庭尽快恢复正常生活秩序，减少因经济困境可能引发的社会问题。

法人收入税相关规定：

①纳税人和课税对象

不同的纳税人误税对象也有所不同，居民法人课税对象为居民法人在全球范围内获得的总收入，扣除《税法典》规定的可扣除费用后的余额。

不被视为收入的项目包括：作为股份或对章程资本的贡献获得的财产价值，以及特定情况下国家机构从预算资金中获得的补贴。通过常设机构开展活动的非居民法人课税对象为与常设机构相关的在塔吉克斯坦境内的总收入，扣除相关费用后的余额；未设常设机构的非居民法人课税对象为来源于塔吉克斯坦境内的总收入，且不得进行任何扣除。

②税率

自2017年1月1日起，塔国《税法典》将商品生产经营的税率调整至13%；其他经营项目，税率调整为23%；非居民所得利润按25%的税率征税，但不得低于总收入的1%。22年《税法典》在延续商品生产经营税率的同时也做出了新的调整：将其他经营项目细分并规定相应的税率。具体而言：新增信贷机构和移动公司，税率规定为20%；自然资源开采和加工经营活动，及所有其他经营项目，从13%升至18%；其他经营项目税率从23%降至18%；生产活动税率2026年前为13%，之后为18%；

此次修正案通过差异化税率和结构性调整，既降低了多数企业的税负，又对高利润行业（如自然资源开发）和特定领域（金融机构）强化了税收调控。生产活动和自然资源开发税率虽有调整，但在前期仍保持较低税率，给企业一定缓冲期，促进企业发展。

（2）增值税

增值税是间接税，应在商品、劳务和服务的生产和流通的各个环节缴纳。

①纳税人和课税对象。

原《税法典》规定增值税纳税人是依法必须提交增值税纳税人申请并进行登记的单位和个人，包括连续12个月内总收入超过50万索莫尼需申请增值税登记的企业，除此之外，输入需缴税商品到塔吉克斯坦共和国的所有人员为进口增值税纳税人也涵盖于纳税人范围；非居民提供应税劳务或服务且未注册为增值税纳税人的，也需缴纳增值税。新《税法典》则将纳税人范围扩大，包括在12个月内总收入超过100万索莫尼的个人；非居民企业从向塔吉克斯坦境内供应货物的第一天起必须登记增值税；提供远程服务的外国人，如果服务接受者为塔吉克斯坦居民，也需缴纳增值税。

②税率。

原《税法典》规定增值税税率为应税销售额的18%（出口和使用较低税率的情况除外）和应税出口额的18%，在2022年1月1日起，增值税由18%降至15%，新税法典在此基础上进一步下降增值税税率：2024年1月1日起，增值税标准税率从15%降至14%，并计划于2027年1月1日进一步降至

13%。前述增值税负担减少仅适用于进行非现金业务结算的纳税人，对从事现金结算业务的纳税人不适用前述递减的增值税税率，而是适用增值税标准税率。此项规定的修改，来源于商界的建议，目的是通过立法手段促进现金结算快速向非现金结算过渡。①

③增值税抵扣。

在塔吉克斯坦的增值税体系中，新旧税法在抵扣规定方面有新变化，在原有基础上新增了 3 项不得抵扣的情形：一是清关文件信息缺失，若增值税支付文件未注明商品和产品进口商详细信息，所涉增值税不得抵扣，以此确保进口环节税务信息准确；二是费用列支与实际交易不符，当购买商品等费用与实际未实施交易的人办理时，通常不得抵扣增值税，防止纳税人通过虚假列支费用，从而获取不当的增值税抵扣，损害国家税收利益。但书则规定，除非纳税人能提交向财政确认缴纳增值税文件，给予合法合规操作的纳税人合理空间；三是外国主体提供远程服务未设常设机构，若外国人在塔吉克斯坦境内提供远程服务却未设立常设机构，其增值税不得抵扣，避免外国主体利用未设机构的方式逃避增值税义务。

此外，新税法还明确禁止欺诈或未实际发生交易发票抵扣的规定，禁止依据欺诈或实际未发生交易开具的增值税和消费税发票进行抵扣，之前已抵扣的此类增值税金额也视为无效，有力打击了发票欺诈行为，保障增值税征收的真实性和合法性，维护税收秩序。

④跨境数字服务的税务监管。

针对数字经济带来的挑战，《税法典》明确要求外国电子服务提供商向塔吉克斯坦缴纳增值税，这一类增值税也称“谷歌税”。根据修正案，电子服务的定义涵盖网络广告、软件使用权转让、远程数据处理等 12 类业务。只要服务的终端用户位于塔国境内，即构成纳税义务，税率统一为 15%，并规定所有提供电子服务的外国实体必须在开始服务前 20 日内向税务机关登记。此举旨在填补跨境数字服务的税收漏洞，但具体执行依赖国际数据合作机制，目前，仍存在管辖权争议与合规问题，单边立法可能引发双重征税争议。

根据塔吉克斯坦税务委员会的数据，截至 2022 年 8 月 1 日，包括 Google、Meta、Apple、Netflix 和 Amazon 等 23 家外国公司已在塔吉克斯坦税收系统中注册。在 2022 年上半年，塔吉克斯坦从事电子服务的外国公司缴纳了超过 150 万索莫尼的增值税，在 2021 年整年外国线上服务税收预算为 200 万索莫

---

① 参见赵乐、牛丽贤：《塔吉克斯坦新税法提高资源税率》，载微信公众号“牛博士矿业与金融观察”，2022 年 1 月 11 日。

尼。自税法相关修正案生效以来，塔吉克斯坦已收到超过 350 万索莫尼的线上服务增值税。[①] 与此相同的是，自 2022 年 1 月 1 日起，哈萨克斯坦开始对外国互联网公司征收增值税，以规范向本国居民提供电子服务的外企纳税行为。该税针对外国互联网公司通过电商平台或网站销售商品和服务的营业额，税率为 12%。据哈国民经济部预测，对外国互联网公司征收增值税，每年可为国家财政带来 20 亿坚戈的收益。[②]

此项增值税与预扣税在征税对象上类似，都是向非居民企业在来源地国家取得的特定收入征收的税款，但是在性质上差异明显。预提税（withholding tax）通常是对非居民企业在来源地国家取得的特定收入（如股息、利息、特许权使用费等）预先扣缴的税款。预扣税的典型应用场景包括股息、利息和特许权使用费等被动收入，而非主动提供的服务。而塔吉克斯坦对外国电子服务提供商征收的增值税属于消费税范畴，征收对象是服务的消费环节，而预扣税则针对特定类型的被动收入。

（3）环境税

与我国有《中华人民共和国环境保护税法》专门法律规定不同，塔国税法典中并未单独设立“环境税”这一税种，但通过其他税种间接体现了环境保护的税收政策导向，从侧面承担了环境保护与资源合理利用的职责，主要涉及自然资源税、消费税等税种的设计与征收。同时，塔国在《环境保护法》和《环境影响评价法》中对矿业开发过程进行规范，共同构成了塔国的环保制度。在《税法典》中，“自然资源税”单列一节，划分为矿产资源使用税和水资源税两部分。

①矿产资源使用税。

矿产资源使用税涵盖认购矿权税、商业发现矿权税和矿产资源开采税，新版《税法典》新增出口税一项，并明确规定了其纳税主体、税率和纳税期限。认购矿权税是获取矿产资源使用权时一次性缴纳的固定税，商业发现矿权税是在合同范围内勘查发现经济上开采有益的矿产资源储量时征收，矿产资源开采税则是开采矿床时需缴纳的经常性费用。认购矿权税的税率由政府规定，其他税费则直接由新版《税法典》规定。

塔吉克斯坦还拥有丰富的石油、天然气，但开发程度较低，为引导资源

---

① 参见 Ruin:《塔吉克斯坦已从“谷歌税”中获得了超过 350 万索莫尼》，载微信公众号“走进塔吉克”，2022 年 8 月 16 日。

② 参见《哈萨克斯坦自 2022 年起对外国互联网公司开征增值税》，载驻哈萨克斯坦共和国大使馆经济商务处，https://kz.mofcom.gov.cn/jmxw/art/2021/art_7a0e9aeb4cc24f32ab5911036a243806.html，2025 年 2 月 26 日访问。

开发，新版《税法典》将石油和天然气开采的开采税税率将从税基的6%提高至8%，冲积矿产资源的开采税税率从税基的9%提高到10%，砂矿的开采税税率将从税基的9%提升至10%，税率的提高也将直接提升相关资源开发的税收贡献，为国家预算提供更稳定的资金来源。

②水资源税。

塔吉克斯坦境内水资源分布不均，合理利用水资源对其经济发展和生态平衡意义重大，新版《税法典》对此没有进行修改。水资源税的纳税人为在塔吉克斯坦境内用水发电的人员，征税对象为发电目的的水体利用。税基根据发电产生的电能数量确定，且每个项目单独计算。对于功率不超过1000千瓦的发电项目，水资源使用税可获豁免。纳税周期为1个月，税率为每1000千瓦时0.06。纳税人需独立计算税额，并在规定期限内提交税务报表，同时在下一个纳税期的15日前缴纳水资源费。

（4）消费税及社会税

消费税及社会税为塔国《税法典》规定的另外两项国税，新版《税法典》对这两项国税的修改幅度不大，就修改内容而言：

①应缴消费税商品的扩充与电力通信服务消费税税率的增加。

新《税法典》明确了应缴消费税的商品种类，包括所有酒精饮料、含酒精、不含酒精和能量饮料，排除了纯饮用水；将含尼古丁的产品、液体、加热的烟草制品、电子烟和烟制品涵盖入消费税商品清单中。同时，新版《税法典》将电力通信领域提供消费服务活动的消费税税率由税基的5%提升至7%。消费税的变化反映了对消费行为的引导和优化消费结构的考虑，通过调整消费税的征税对象和税率，可以更好地实现对消费行为的引导，促进合理健康消费。

②社会税适用范围的明确与税率的调整。

自2022年1月1日起，预算组织的保险公司的社会税率保持不变为25%，其他组织的社会税税率降至20%。预算组织的被保险人的税率保持1%不变，其他组织升至2%。以专利为基础进行工作的个体经营者，以及未设立法人实体的农场主作为被保险人，其社会税税率为税基的1%，但是不低于为以专利为基础开展活动的个体企业所规定的社会税最高额度。如果这样的企业家在报告期内没有收入，则按照两个计算指标的金额进行支付，并考虑地区系数，由塔国政府对应缴纳的社会税税额进行规定。

社会税的调整主要是为了适应经济发展和产业政策的需要，同时考虑到行业发展和居民消费水平的变化。通过区分不同机构的税率，新版《税法典》旨在减轻个体经营者的税收负担，激发市场活力，促进实体经济发展。这样的调整有助于优化税收结构，提高税收政策的针对性和有效性，从而更好地服务于经济社会发展大局。

2. 纳税程序

不同的纳税人、各种不同的税种，纳税程序也不完全相同，总体而言，可包括以下部分：

（1）纳税登记

塔国《税法典》规定，所有纳税人都需要在税务机关进行登记，以保障税务调控工作的开展，根据登记主体范围不同，可将纳税人分为居民纳税人和非居民纳税人。居民纳税人涵盖年满16周岁的塔吉克斯坦共和国公民，以及纳税人、扣缴义务人及其成立的独立经营单位；非居民纳税人主要包括外国法人的分公司、代表处、常设机构，非居民自然人（含无国籍人员）。在税务机关进行纳税人登记时，居民纳税人和非居民纳税人均可以无偿获得纳税人识别号，相应税务机关应向自然人、法人、外国法人分公司和代表处发放纳税人识别号证书。此外，两者在登记必要性、登记依据、证明文件、登记信息录入程序、登记流程时间等方面虽然存在共性，但也有以下区别：

①登记地点规定不同：自然人在居住（注册）地登记；法人及法人独立经营单位在其所在地以及应税不动产和运输工具所在地登记。未开设分公司或代表处但通过常设机构开展活动的非居民法人，登记地点与履行该非居民常设代表处职能的纳税人国家注册地或执行纳税代理职能的登记所在地相关；非居民自然人在入境卡填写的临时居住（居留）地或申请中填写的居留地点登记。

②开始活动日期界定不同：非居民纳税人在塔吉克斯坦开展活动的起始日期，根据签订的特定合同（如施工服务合同、与自然人的劳动合约等）日期或分公司成立合约签订日期等来确定；居民纳税人未规定类似以合同签订为关键节点的活动起始日期界定方式。

③特殊登记情况不同：针对驻塔吉克斯坦的外国外交代表机构及同等机构，非居民纳税人是根据从塔吉克斯坦共和国外交部获取的申请和（或）信息，在其所在地进行登记；而居民纳税人无此类特殊规定。

（2）税务稽查

税务稽查是税务机关对税法及其他法律执行情况的检查与监督，分为查账和突击检查两种主要类型，其中查账又细分为综合审查、专项检查和第三方检查。税务稽查的周期分为例行检查和临时检查，例行检查依据税务稽查计划开展，该计划基于税法违法风险评估等多方面信息编制而成，不同收入规模的纳税人例行检查频次不同，但在特定时间段内的税收审查次数有所限制，同时也规定了小型经营主体初次例行检查时间；临时检查针对计划外情况，如企业活动终止、法人重组等特定情形。

开展税务稽查的期限，通常从收到指示时起计算且不得超过 30 个工作日，不同类型纳税人会有差异，突击检查也有相应的期限限制。税务稽查强调需在规定的工作时间和工作日进行，若经营活动特殊或税务机关与纳税人工作时间冲突，会有特殊处理，部分季节性经营主体在特定时段不会被检查。

在税务稽查通知方面，常规查账一般要提前至少 10 个工作日告知纳税人，临时稽查提前 24 小时书面通知，若存在特定风险情况，税务机关可在不通知纳税人且经上级批准的情况下开展检查，第三方检查和突击检查无须提前通知，纳税人应按通知要求参与，如有正当理由可申请调整检查时间。

税务稽查依据由国家主管机关与财政部协商确定形式的指示开展，单项指示通常只适用于单次税务稽查，但突击检查除外。当指示下达给纳税人时，税务稽查正式开始，执行稽查的税务机关工作人员要向纳税人出示工作证。在稽查过程中，纳税人有义务配合工作人员进入相关经营区域进行调查，但在不符合检查程序相关要求等特定情况下，纳税人有权制止工作人员进入，以保护纳税人的相关权益。

税务稽查结束后，工作人员需编写税务稽查报告，并附上必要的文件复印件等材料，报告至少一式两份，由税务机关工作人员和纳税人签字。若纳税人未按要求提供相关文件，需书面说明情况。若稽查后未发现违法情况，应在报告中注明；若发现违法，税务机关要在税务查账结束后 15 个工作日内寄送判定通知给纳税人。如果纳税人未对稽查结果提出投诉，收到税收、罚款和利息金额通知后，需在 10 个工作日内完成缴款。

(3) 纳税义务的履行

在税务机构依法寄交给纳税人或税务代理人的纸质或电子版通知后，纳税人或税务代理人则应在通报规定的期限内执行通报上的税法要求，向预算部门缴纳税金以及征税机关确定的利息和罚金。针对不同主体的特殊情况，塔国《税法典》规定了一般纳税义务履行方式和特殊纳税义务履行方式。

一般情况下，无论纳税人有无资产、银行账户有无资金，都必须按规定的程序和期限缴纳应付款项，履行纳税义务，也有权提前履行。付款时需在支付凭证上注明相关纳税信息，扣缴义务人代扣税款转入财政预算后视为纳税人已履行义务。若未在规定期限内缴纳或未全额缴纳，将被强制征收。在一些特殊情形下，可委托他人履行纳税义务，法人的独立部门或其下属的一个经营单位在特定条件下也能履行纳税义务，税务机关及主管机关在特定情况下还会履行个别税种税款计算义务，具体包括以下情形：

法人清算时，非居民法人创始人等需在清算决议做出后5个工作日内通知税务机关，清算法人在相关资产负债表批准后3个工作日内提交税务稽查申请和清算税务报表，10个日历日内缴纳税款；税务机关收到申请后20个工作日内开始稽查，以资金偿还税款；相关责任人可能承担连带责任，稽查结束且税款还清后提交清算资产负债表，税务机关发放无应付款证明，非居民法人的相关机构按此程序履行义务。

法人重组时，纳税义务由权利继承人履行，自重组决议通过之日起5个工作日内，法人要通知税务机关，在相关文件批准后3个工作日内提交申请和报表；税务机关20个工作日内开始稽查，不同重组方式下权利继承人有明确规定，若无法确定纳税份额或继承人不能全额履行，新法人承担连带责任。

清算企业主终止活动后需在决议做出后5个工作日内通知税务机关，按规定制作并提交清算税务报表、缴纳税款；税务机关收到申请后，一般3个工作日内开始稽查，持摊贩经营牌照的个体企业只需核对纳税金。

自然人死亡或被宣告死亡的，其税收债务由继承人在继承财产范围内偿付，无继承人或继承人拒绝继承则按规定作坏账处理；失踪或无活动能力的，由资产支配者偿付，资产不足清偿部分作坏账注销，相关认定撤销后恢复之前注销的税收债务，但特定期间的利息和罚金不予加算。

3. 税收纠纷解决程序

(1) 税收纠纷的解决方式

在塔吉克斯坦的税收体系里，《税法典》专章规定了关于纳税人与税务机关争议解决的内容，为维护税收秩序和保障纳税人权益提供了较为系统的框架。

在塔吉克斯坦，纳税人在税收事务中拥有对税务机关相关行为提出投诉的权利，这是解决税务争议的重要途径。具体而言，纳税人有权针对税务机关的决议、行动及其作为或不作为提出投诉，而且对税务机关行动的投诉也等同于对该行动相关决议的投诉。纳税人投诉渠道多样，可向上级税务机关、国家主管机关和法院提出。若向法院提交投诉书，需依照该国法律规定的程序进行审理和裁决。这种多元化的投诉渠道，为纳税人提供了更多寻求救济的途径。纳税人可以根据自身情况和对不同机关的信任程度，选择最适合自己的解决方式。如果纳税人认为上级税务机关可能更了解业务情况，能更高效地解决问题，就可以向上级税务机关投诉；而如果纳税人觉得需要更中立、权威的裁决，就可以选择向法院起诉。

塔吉克斯坦在投诉时效上设置了明确的时间限制，针对税务稽查报告、税款等相关决议提出的书面投诉书，纳税人需在收到税务机关相关决议后30

个日历日内递交。若因正当理由错过该期限，经申请书递交人申请，上级税务机关和国家主管机关可在法定期效内重新规定提交期限。这一规定体现了一定的灵活性和人性化，充分考虑到纳税人可能遇到的特殊情况，避免因非主观故意的原因而丧失投诉权利。明确的时间限制可以避免争议解决过程的拖延，提高行政效率，促使税务机关及时处理纳税人的问题，保障纳税人的合法权益能够得到及时救济。

税务机关在收到投诉书后也被赋予相应的处理流程和权限。税务机关需在 30 个日历日内对投诉进行审理并书面通知投诉人，审理时有权按规定程序进行税务稽查和复查，要求纳税人或执行稽查的税务机关提供补充信息，就相关问题向其他机关问询，还能与纳税人进行会谈。上级税务机关依据事实处理投诉后做出合理裁决，将裁决书发送给纳税人，复印件发送给被投诉的税务机关，裁决结果可能是保留投诉不予批准，或者做出新裁决。同时，纳税人也可按照法律规定程序对税务机关负责人的作为或不作为提出投诉。全面的处理权限可以让税务机关在处理纳税人投诉时能够全面、深入地了解争议情况，获取充分的信息，从而做出更准确、合理的裁决，有利于争议的实质性解决。

但是税收纠纷解决程序中也存在不利于纳税人的规定。在投诉处理期间的税款征缴问题上，针对相关投诉处理结束前，会依照规定程序向纳税人征缴无异议的款项。若因处理投诉而暂停征收全部或部分税款，纳税人仍需承担未及时将税款转入预算而产生的利息，包括自提交投诉书到做出投诉裁决期间产生的利息。在争议未解决之前，纳税人本身对税款的缴纳存在异议，却还要承担这期间的利息，增加了纳税人的负担。

（2）税收纠纷解决的新途径

原《税法典》在整个争议解决措施中没有规定纳税人与税务机关在进入投诉程序之前，是否可以先进行协商沟通而受到诟病。协商作为一种低成本、高效率争议解决方式，能使许多争议在友好的氛围中得到解决，避免进入烦琐的投诉和后续程序，节约行政资源和纳税人的时间精力。于是，塔吉克斯坦在 2022 年修订的《税法典》中引入了税务纠纷审前调解委员会制度，旨在通过非诉讼方式解决税务争议，减少司法资源消耗并提升征管效率。但塔国《税法典》中相关规定目前并无详尽公开资料，从已有资料进行浅析：

塔吉克斯坦的税务纠纷审前调解委员会制度是其税收法律体系的一部分，旨在通过非诉讼方式解决纳税人与税务机关之间的争议。审前调解委员会是纳税人和税务机关之间纳税争议的庭审前审查咨询机构，其主要职能是为纳税人和税务机关提供一个协商平台，以解决税务纠纷，避免直接进入司法程序。该委员会适用于纳税人与税务机关之间的税务争议，包括但不限于税款计算、申报、缴纳等方面的问题。[①] 纳税人可以通过向审前调解委员会提出书面投诉，要求审查税务机关的决定或行为，委员会将对争议进行审查，并尝试通过协商或调解的方式解决问题。

4. 特殊主体的纳税制度

原塔国《税法典》规定了四项特殊主体纳税制度，包括：根据专利进行工作的个体企业主的税收制度、小型商业主体的简化税收制度、农业生产者的简化税收制度和赌博业务主体的特殊税收制度，旨在简化特殊类别纳税人的纳税义务。新版《税法典》延续这一制度，并在修订过程中充分考虑了不同经济主体的特点和需求，尤其是为了适应新兴经济业态和特定行业的发展，将特殊主体纳税制度扩充至八类，原有的四类也根据实际情况作出相应调整，为特定行业或经济活动提供更具针对性的税收政策。其中证券市场主体的税收制度、自由经济区活动的税收制度和家禽养殖、鱼类养殖和禽畜混合饲料生产活动的税收制度均是从优惠税制向特殊税制转化（Перемещен из раздела льготного режима налогообложения в специальные режимы налогообложения），但具体内容变化不大，这一转变可以推动资本市场的繁荣、吸引外资、推动农业供应链的转型升级。

塔吉克斯坦鼓励科技创新，新增技术创新活动的简化税制，简化创新和技术活动税收制度是创新和技术活动主体的特别税收制度，技术创新经营种类清单由塔吉克斯坦共和国政府确定。新版《税法典》第 396 条规定：技术创新活动主体开展活动时，作为纳税人缴纳社会税，除缴纳个人所得税和保险机构社保税外，免缴其他规定税种，作为税务代理人获取红利时也免税；此外，技术创新主体进口自身所需技术创新设备，免征增值税，若进口设备后续用于应税业务，需按规定缴纳增值税及其他相关税费。2025 年 2 月 11 日，塔吉克斯坦发布有关税制简化和修订的第 2143 号法令，法令于正式公布后 1 个月生效。该法令减轻科技企业员工及个人股东税负。从事创新科技活动的企业，其员工个人所得税和社会税适用税率降低 50%，其个人股东分得的股息红利免征个人所得税。[②] 通过税收优惠政策，创新技术活动的参与者将获得更多的资金支持，从而加速创新技术的研发和应用，提升其在全球经济中的竞争力。

---

① 参见 zhuoerbufanlaol：《塔吉克斯坦〈税法典〉中的 56 个基本概念》，载微信公众号“行走中亚”，2022 年 11 月 7 日。

② 参见《塔吉克斯坦推出鼓励科技创新等一揽子改革举措》，载国家税务总局，https：//www. chinatax. gov. cn/chinatax/c102680/c5239187/content. html，2025 年 2 月 26 日访问。

（四）评述

塔国《税法典》分为总纲、税种制度、征管程序等模块，明确国家税与地方税的分类，并规定税收优惠、专项制度。法律层级分明，规定法典效力高于其他规范性文件，避免立法冲突。通过多次修订逐步实现体系化和现代化，尤其在简化税制、吸引投资方面成效显著。此外，法典吸收国际税收筹划模式，如避免双重征税、引入数字化征管手段，同时结合国情保留棉花和铝销售税等特色税种，体现了国际兼容性与本土适应性，结构清晰且注重系统性。

总体而言，塔国税法典税种较为丰富，涵盖了所得税、流转税、财产行为税等多个类别，形成了较为全面的税收体系；税率设置符合国际趋势，法人所得税针对不同行业设置不同税率，体现了对生产行业的扶持，有利于吸引投资和促进产业发展，增值税有标准税率和优惠税率，对与民生相关的农业、教育、医疗等给予低税率，有助于保障民生和促进社会事业发展，消费税对特定商品征收，能在一定程度上调节消费结构，引导合理消费；此外塔国《税法典》还包括了多项税收优惠，自然人所得税对低收入群体免税，法人盈利税对新兴企业、残疾人企业等有免税政策，土地税对自然保护区等众多特殊用地免税，这些优惠政策体现了税收的公平性和对特殊群体、行业、地区的支持，有助于社会公平和经济的协调发展。

此外，塔国《税法典》在简化纳税程序、明确申报期限和提供税收优惠方面的规定有助于降低纳税人的总体时间成本。然而，复杂的登记要求、部分税种较短的申报期限以及严格的变更规定，也会给纳税人带来一定的时间压力。塔吉克斯坦的纳税程序在提高效率的同时，仍需在灵活性和纳税人便利性方面进一步优化。

七、商业纠纷解决途径及效率

（一）主要途径

塔吉克斯坦商业纠纷解决的主要途径包括：和解、谈判、自愿调解，诉讼程序，仲裁程序。塔吉克斯坦投资法律实行单轨制，不区分内外资。投资争端解决的基本原则是尊重当事人意思自治，若投资相关协议约定了投资争端的解决方式，依合同规定解决。若合同未约定投资争议的解决办法，则由合同当事方协商解决。如依合同不能解决，争议双方可将争端提交给双方同意的塔吉克斯坦法院或者国际仲裁机构裁决。很多情况下，企业需要请政府部门出面协调解决。中资企业在塔吉克投资合作过程中发生商事纠纷主要以协商为主，较少通过法律诉讼方式解决。[①] 需要注意的是，塔吉克斯坦迄今未加入《关于解决国家和其他国家国民投资争端公约》，故在解决其与投资者之投资争议时，不能适用国际投资争端解决中心（ICSID）的投资争议解决机制。[②]

对于塔吉克斯坦的国际商业纠纷，根据塔吉克斯坦《投资法》规定，投资争议的解决方式主要有三种，即协商、司法裁判、国际仲裁。首先，投资者之间发生投资争议时，可以根据当事人之间合同约定的方式予以解决；没有合同约定的，则通过会议协商的方式予以解决。《投资法》以双方友好协商为出发点，肯定了投资者的主动权，便于双方解决争议和降低成本。其次，按照合同约定或会议协商的方法仍然无法解决争议的，则可将争议提交给双方同意的塔吉克斯坦法院解决。由此可见，塔吉克斯坦采用协商前置主义，既给争议双方充分的自主权，也使投资争议可能获得司法救济。最后，当事方按照合同约定的方法仍然无法解决争议的，除可选择司法裁判之外，还可选择国际仲裁，将投资争议提交给双方同意的国际仲裁机构，但该仲裁机构必须依据塔吉克斯坦法律和国际法进行仲裁，这就排除了外国法的适用。塔吉克斯坦《投资法》第2条规定：（1）塔吉克斯坦共和国投资领域的法律基于塔吉克斯坦宪法而定，包括本法、塔吉克斯坦法律法规和塔吉克斯坦认可的国际法法规。（2）如果本法律的条款和塔吉克斯坦认可的国际法规定有冲突，则交由国际仲裁机构解决。塔吉克斯坦《投资法》第22条规定：（1）投资者之间的争端应根据各方所签的合同条款规定解决。如投资各方未签署合同，应尽可能召开会议协商解决。（2）如投资者按合同无法解决争端，则交由塔吉克斯坦共和国法院解决，也可以经双方同意根据塔吉克斯坦法律和塔吉克斯坦认可的国际法规定交由国际仲裁机构解决。近年来，中塔两国签署了几份重要的双边协定以促进双方贸易和争议解决。[③]

（二）法律依据

由于塔吉克斯坦存在法律修订频繁的情况，因此，塔吉克斯坦相关法律

---

① 参见《〈“一带一路”国际投资法律规范指引（欧亚篇）〉——塔吉克斯坦》，载西安市法学会“一带一路”国际投资法律研究会网，http://www.brilra.com/?html/gzjg/gzgl/28.html，2025年3月6日访问。

② 参见王林彬：《“丝绸之路经济带”框架下中国与中亚投资便利化及投资保护法律机制研究》，法律出版社2023年版，第120页。

③ 参见《一带一路沿线国家法律风险防范指引》系列丛书编委会编：《一带一路沿线国家法律风险防范指引（塔吉克斯坦）》，中国财经出版传媒集团、经济科学出版社2017年版，第97—98页。

规定，如果投资相关法律存在修改或补充，那么投资者有权选择对自己更为有利的法律，限期为5年。对于法律的优先选择权的例外规定也大致是一样的，即涉及国家安全、环保、卫生和道德的法律修改和补充则排除适用对自己更有利的法律的规定。此外，为确保司法或者执法不公能够得到有效救济，根据塔吉克斯坦法律，若因为国家机关颁布与塔吉克斯坦法律条文不相适应的法规及政府工作人员的不法行为给投资者带来损害，投资者有权提出自己的损害赔偿请求。[①]

在塔吉克斯坦，商业纠纷的解决主要依据以下法律法规和国际条约。这些法律为商业纠纷的诉讼、仲裁、调解等解决方式提供了法律框架和依据。

1.《民事程序法典》

塔吉克斯坦《民事程序法典》是塔吉克斯坦规范民事诉讼程序的基本法律文件，其内容涵盖了民事诉讼的基本原则、主体、程序以及司法审查等多个方面。该法典以塔吉克斯坦宪法为基础，结合国际法及国内其他相关法律，构建了完整的民事诉讼法律体系，旨在保护公民、法人及其他主体的合法权益，维护社会公平正义。

《民事程序法典》分为多个章节，该法典首先明确了民事诉讼立法的依据和适用范围，强调了国际法优先原则。在诉讼主体方面，详细规定了当事人、第三人、检察机关等的诉讼权利与义务，以及代表人诉讼的相关规则。审理程序上，该法典规定了从起诉、受理到审判、执行的全流程规范，包括普通程序、特别程序和简易程序等。此外，还涉及司法审查机制，明确了对司法行为的监督和纠正途径。该法典特别强调了司法公正、程序透明和当事人权利保障的重要性，通过明确规定证据规则、审判公开原则以及司法独立等内容，确保民事诉讼的合法性和公正性。同时，该法典还对涉外民事诉讼和仲裁等特殊情形进行了专门规定，以适应国际化的司法需求。

2.《仲裁法》

仲裁是塔吉克斯坦常用的纠纷解决方式之一，通常用于民商事纠纷替代诉讼解决争议，仲裁庭作出的判罚具有法律约束力，双方必须遵守。对于塔吉克斯坦国内仲裁，塔吉克斯坦工商会仲裁庭是其主要的国内仲裁机构，仲裁制度主要由塔吉克斯坦《仲裁法》《国际商事仲裁法》规范。

塔吉克斯坦《仲裁法》旨在规范仲裁程序，保障当事人合法权益，促进商业和经济纠纷的高效解决。该法共分九章，涵盖了仲裁的适用范围、仲裁

---

① 参见王林彬：《“丝绸之路经济带”框架下中国与中亚投资便利化及投资保护法律机制研究》，法律出版社2023年版，第120页。

协议、仲裁机构的设立与运作、仲裁程序、费用、裁决及其执行等内容。第一章明确了仲裁的适用范围，适用于民事和经济法律关系中的纠纷，但不包括国际商事仲裁。仲裁机构可以是常设仲裁庭或由当事人设立的单一仲裁庭，常设仲裁庭由非营利性法律实体设立，不得在国家机关或地方政府设立。第二章规定了仲裁协议的形式和内容。仲裁协议必须是书面形式，包含当事人信息、纠纷主题、仲裁机构名称、仲裁员信息、适用规则、纠纷处理期限等。仲裁协议是将纠纷提交仲裁的依据，可作为独立合同或合同中的仲裁条款。第三章涉及仲裁机构的结构。仲裁员须具备法律专业背景，能够独立、公正地解决纠纷。当事人可以自行约定仲裁员人数，人数通常为奇数。仲裁机构的组成由当事人协商确定，常设仲裁机构按其规则组成，特别仲裁机构按当事人约定组成。第四章规定了仲裁程序中的费用，包括仲裁费用、差旅费、专家和翻译费用等。仲裁机构有权要求当事人预付费用，费用分担通常由败诉方承担。第五章阐述了仲裁程序的具体流程，包括仲裁申请、答辩、反诉、文件和材料的提交、证据的提供、听证会的安排等。仲裁程序和结果保密，未经当事人同意不得泄露。第六章规定了仲裁裁决的作出、解释、补充和修正。裁决由多数仲裁员投票决定，需书面形式并签名。裁决需明确当事人信息、纠纷事实、法律依据、裁决结果和费用分担。第七章涉及仲裁裁决的上诉。当事人可在收到裁决后 3 个月内向有管辖权的法院申请撤销裁决。法院有权审查并决定是否撤销裁决，撤销情形包括仲裁协议无效、仲裁程序违反法定程序等。第八章规定了仲裁裁决的执行。当事人有义务自愿执行仲裁裁决。未自愿执行的裁决可通过法律程序强制执行。执行程序由塔吉克斯坦法律规范，执行机关有权审查裁决的合法性。①

3.《国际商事仲裁法》

塔吉克斯坦《国际商事仲裁法》是规范国际商事仲裁组织与活动、仲裁裁决在塔吉克斯坦境内承认与执行的程序和条件的基本法律。该法共分九章，内容涵盖仲裁的一般规定、仲裁机构的设立、仲裁协议、仲裁程序、仲裁裁决及其执行等方面。第一章明确了该法的适用范围，包括常设国际商事仲裁机构和针对特定争议设立的一次性仲裁机构。仲裁可处理涉及外国贸易和其他国际商业关系的合同纠纷及其他民事纠纷，但须至少一方为塔吉克斯坦境外的商业组织。第二章规定了仲裁机构的法律地位、设立程序和组织结构。常设仲裁机构须在塔吉克斯坦工商会设立，具有独立法人资格，其章程须经国家登记。仲裁机构的组织结构和权限由其章程和仲裁规则确定。第三章着

---

① 参见《民事程序法典》，2008 年 4 月 1 日通过。

重于仲裁协议的形式和内容。仲裁协议须书面形式，可通过合同条款、仲裁条款或通信文件体现。仲裁协议的有效性独立于主合同，即使合同无效，仲裁协议仍可有效。第四章规定了仲裁程序的组织和仲裁庭的组成。仲裁员须具备独立性和专业性，由当事人选定或按法定程序任命。仲裁庭可由一名或多名仲裁员组成，具体人数由当事人约定。仲裁庭有权决定其管辖权，包括对仲裁协议有效性的审查。第五章涉及仲裁程序中的费用承担。仲裁费用包括仲裁员报酬、差旅费、专家费用等，由仲裁庭根据案件情况决定分担比例。仲裁庭有权要求当事人预付费用，以确保仲裁程序的顺利进行。第六章规定了仲裁程序的具体流程，包括当事人平等原则、仲裁程序的规则确定、仲裁地点和语言的选择等。仲裁程序应保障当事人陈述和辩论的权利，仲裁庭有权要求当事人提供证据，并可请求法院协助获取证据。第七章明确了仲裁裁决的形式、内容和效力。仲裁裁决须为书面形式，由仲裁员签名，并明确裁决日期和地点。裁决是终局性的，自作出之日起生效，但可在特定情况下上诉。仲裁庭有权对裁决进行解释或补充，也可应当事人请求作出额外裁决。第八章涉及仲裁裁决的执行。仲裁裁决在塔吉克斯坦境内执行需遵循《经济程序法典》规定。外国仲裁裁决的承认和执行需符合塔吉克斯坦法律和国际条约的规定。法院可在特定情况下拒绝承认或执行仲裁裁决，如仲裁协议无效、当事人未得到适当通知、裁决超出仲裁协议范围等。①

4. 国际条约

塔吉克斯坦参与的国际条约为其商业纠纷解决提供了国际法依据，特别是在涉及外国投资者或跨境商业纠纷时。《纽约公约》的内容是承认和执行外国仲裁裁决，适用于国际商业仲裁裁决在塔吉克斯坦的执行。双边投资条约的内容是塔吉克斯坦与多个国家签订了双边投资条约，规定了投资保护条款和争议解决机制，适用于外国投资者的商业纠纷。《联合国国际贸易法委员会（UNCITRAL）仲裁规则》的内容是提供国际仲裁的程序规则，适用于国际商业仲裁。

5. 其他相关法律

塔吉克斯坦《民法典》内容主要是规范民事法律关系，包括合同、财产、债务、违约责任等。适用于商业合同纠纷、债务纠纷、损害赔偿等。《商法典》的内容主要是规范商业活动，包括公司设立、经营、解散、股东权利等。适用于公司内部纠纷、商业合同纠纷、股东争议等。《投资法》的内容主要是规范外国投资和国内投资，包括投资者权利、投资争议解决等，适用于投资

① 参见《国际商事仲裁院仲裁规则》，2017 年 6 月 1 日通过。

纠纷的解决。《税法典》适用于涉及税务争议的商业纠纷。《劳动法》适用于涉及劳动关系的商业纠纷。《知识产权法》适用于涉及专利、商标、版权等知识产权纠纷。

6. 判例和法律解释

塔吉克斯坦的司法系统是根据大陆法系模式构建的，原则上不承认司法先例为法律来源。法院审理案件的程序是由程序法来确定的。目前，塔吉克斯坦适用规范不同诉讼程序的《民事程序法典》《经济程序法典》《刑事诉讼法》。

根据塔吉克斯坦《宪法》第 61 条第 3 段的规定，宪法解释以宪法性法律的形式来起草。宪法解释由马吉利西 · 纳莫扬达贡（即下院）来通过，并由马吉利西 · 米利（即上院）来批准。同时，如果议会两院全体议员不少于 2/3 的议员表决同意，则文件被视为已通过。根据《宪法》第 61 条第 3 段的规定，宪法解释以宪法性法律的形式来起草。塔吉克斯坦的国家法律实践中尚无宪法或法律规则解释先例。

塔吉克斯坦的司法机关无权解释法律和其他规范性法律文件。塔吉克斯坦最高法院和最高经济法院全体会议在归纳总结法律应用司法实践时仅给出指导性解释，这些指导性解释对于含有解释的法律应用者——法院、其他机关和负责人而言是强制性的。①

（三）主要机构及其公共服务内容

在塔吉克斯坦，商业纠纷的解决可以通过多种公共服务和社会机构进行，包括法院诉讼、仲裁和调解。以下是塔吉克斯坦解决商业纠纷的主要机构及其公共服务：

1. 法院系统

塔吉克斯坦宪法规定，宪法法院、最高法院、最高经济法院、军事法院、戈尔诺-巴达赫尚自治州、各州、杜尚别市、各市和区法院行使司法权。司法权是独立的。司法体系由宪法法律确定。法官任期 5 年。禁止成立特别法庭。法官在其活动中是独立的，只服从宪法和法律，他们的活动不受干涉。法官不得兼任其他职务，不得是代表机关代表、政党和团体成员，不能从事企业家经营活动。法官享有不受侵犯权。法官未经选举或者任命他的机关同意，不受逮捕和追究刑事责任。法官也不受挽留。对现行法律的执行情况由检察

① 参见《一带一路沿线国家法律风险防范指引》系列丛书编委会编：《一带一路沿线国家法律风险防范指引（塔吉克斯坦）》，中国财经出版传媒集团、经济科学出版社 2017 年版，第 223 页。

院独立进行检察。[①]

（1）最高法院

塔吉克斯坦最高法院是最高司法机关，对卫戍部队军事法院戈尔诺—巴达赫尚自治州法院、各州法院、杜尚别市法院、各市和各区法院管辖的民事、刑事、行政和其他诉讼进行司法监督。塔吉克斯坦最高法院由院长、第一副院长、副院长、法官和人民陪审员组成。最高法院法官的人数由塔吉克斯坦议会参议院根据塔吉克斯坦总统的建议决定。最高法院的机构包括：塔吉克斯坦最高法院全体会议；塔吉克斯坦最高法院院务委员会；塔吉克斯坦最高法院民事案件审判庭；塔吉克斯坦最高法院家庭案件审判庭；塔吉克斯坦最高法院刑事案件审判庭；塔吉克斯坦最高法院行政违法案件审判庭；塔吉克斯坦最高法院军事法庭；塔吉克斯坦最高法院办公厅。塔吉克斯坦的司法机关无权解释法律和其他规范性法律文件。最高法院和最高经济法院全体会议在归纳总结法律应用司法实践时仅给出指导性解释，这些指导性解释对于含有解释的法律应用者，如法院、其他机关和负责人而言是强制性的。

（2）最高经济法院

塔吉克斯坦最高经济法院是裁决各级经济法院经济纠纷和其他经济案件的最高司法机关，依据相关法律规定的诉讼程序对戈尔诺—巴达赫尚自治州经济法院、州级和杜尚别市经济法院管辖的经济案件审理活动实施审判监督，对司法实践中遇到的问题进行解释。塔吉克斯坦最高经济法院由院长、第一副院长、副院长、法官和人民陪审员组成。最高法院法官的人数由塔吉克斯坦议会参议院根据塔吉克斯坦总统的建议决定。塔吉克斯坦最高经济法院的机构包括：塔吉克斯坦最高经济法院全体会议；塔吉克斯坦最高经济法院院务委员会；塔吉克斯坦最高经济法院经济案件审判庭；塔吉克斯坦最高经济法院办公厅。

根据塔吉克斯坦《经济程序法典》第 32 条的规定，塔吉克斯坦各级经济法院管辖的民事案件包括：破产案件；商业组织以及消费合作社和社会基金会设立、改组和解散争议的案件；股东、股份公司和其他形式的公司的股东之间因公司经营活动引起的争议的案件；个体企业家和法人被拒绝办理国家登记和逃避办理国家登记争议的案件；保护企业经营和其他经济活动领域中的荣誉、尊严和声誉的案件；在法律规定的情况下企业和其他经济活动中发生的其他案件。

---

① 参见《塔吉克斯坦司法制度简介》，载中国法院网，https: //www. chinacourt. org/article/detail/2006/08/id/216154. shtml，2025 年 3 月 6 日访问。

（3）其他法院组成

戈尔诺—巴达赫尚自治州、各州法院、各市法院、各区法院和杜尚别市法院的主席团、民事案件司法协会和刑事案件司法协会由相应行政单位的主席、第一副主席、副主席、审判长和人民陪审员组成。市法院和区法院是市、区司法单位，由同行政级别议会的下院任命。戈尔诺—巴达赫尚自治州经济法院、各州经济法院和杜尚别经济法院由主席和审判员组成，法官为 5 人或超过 5 人的经济法庭设副主席。

最高法院、最高经济法院、戈尔诺—巴达赫尚自治州法院和杜尚别市法院法官的年龄应在 30—65 岁，从事法律工作不少于 5 年，由总统根据司法部长的提名任命产生。市法院、区法院、军事法院、戈尔诺—巴达赫尚经济法院、州经济法院和杜尚别市经济法院法官的年龄应在 25—65 岁，从事法律工作不少于 3 年。①

普通法院系统处理民事和商业纠纷。区级法院是一审法院，处理大多数商业纠纷；市级和州级法院处理更复杂的案件或上诉案件；最高法院作为最高司法机构，处理重大案件和终审上诉。普通法院适用法律《民事程序法典》《商法典》《民法典》等。经济法院职能是专门处理商业纠纷和经济案件，法官通常具有商业和法律领域的专业知识，主要适用《商法典》和《民事程序法典》。

2. 仲裁体系

（1）仲裁机构

仲裁庭是有偿从事活动的非营利组织，常设仲裁庭是法人，塔吉克斯坦法律规定禁止对常设仲裁庭的活动进行任何形式的干涉。

塔吉克斯坦工商会设有常设仲裁庭，该工商会活动的主要宗旨是促进对外贸易以及与外国法人和个体经营者之间的其他国际经济联络的发展。常设仲裁庭拥有经其创办者批准的自身章程。作为法人，它应依照塔吉克斯坦法定程序进行国家注册登记。常设仲裁庭的组织机构及其机构权限依据《国际商事仲裁法》规定的原则由章程和仲裁规程来确定。

常设仲裁机构的权限：①常设仲裁庭主席团根据该仲裁庭主席的提议来批准推荐的仲裁员名单，并依据常设仲裁庭章程行使其他职能；②常设仲裁庭主席实施仲裁庭管理方面的全部行为，塔吉克斯坦《国际商事仲裁法》或常设仲裁庭划归为该仲裁庭主席团绝对权限的那些行为除外；③常设仲裁庭

① 参见《一带一路沿线国家法律风险防范指引》系列丛书编委会编：《一带一路沿线国家法律风险防范指引（塔吉克斯坦）》，中国财经出版传媒集团、经济科学出版社 2017 年版，第 218—222 页。

副主席行使该仲裁庭主席所授权的职能。此外，依照法律规定更可以设立一次性仲裁庭。[①]

（2）仲裁程序

仲裁程序基于当事人平等和对抗原则，当事人需诚信行使权利。仲裁程序适用塔吉克斯坦法律，但当事人可以约定适用其他法律。仲裁庭是有偿从事活动的非营利组织，常设仲裁庭是法人，塔吉克斯坦法律规定禁止对常设仲裁庭的活动进行任何形式的干涉。

塔吉克斯坦工商会仲裁庭的组成须遵循人数为奇数的原则，默认由 3 名仲裁法官构成，而单一仲裁庭则完全依赖当事人协议确定选任程序。若一方未能在法定期限内完成仲裁法官的选定，案件则将直接移交普通法院管辖。

仲裁裁决具有法律约束力，可在塔吉克斯坦法院执行。仲裁首先需要当事人双方达成仲裁协议或合同中存在仲裁保留。所谓仲裁协议，就是指双方就争议解决移交仲裁机构而事先约定的单独协议；仲裁保留是指合同中规定的关于在仲裁机构审理争议的条款。仲裁协议可以就合同中具体履行义务的全部或部分争议达成协议，如果针对一方的某项义务未事先约定仲裁解决纠纷，另一方只能选择诉讼的方式，请求违约方承担违约责任。仲裁协议应当载明以下内容：当事人的名称、争议主题、仲裁机构名称、选定的仲裁法官的编号、姓氏、名字和父名、关于适用规则的立场、审议争议的期限、合同签订的地点和时间。

国际仲裁适用涉及外国投资者的商业纠纷，主要机构有国际商会仲裁院（ICC）、斯德哥尔摩商会仲裁院（SCC），法律依据是《纽约公约》和双边投资条约。中资企业在塔吉克斯坦投资合作过程中发生商务纠纷时主要通过协商解决，较少通过法律诉讼方式解决。[②]

塔吉克斯坦缺乏权威的仲裁机构。塔吉克斯坦与其经贸伙伴间常常发生经济纠纷，不履行合同、不守信誉等现象时有出现，诈骗、暴力等发生事件也较为频繁。由于没有仲裁机构和保险机构的保障，合作者常常蒙受巨大损失。《投资法》允诺，如果境外投资者的财产被国有化或被征收，其赔偿额度可由投资者向塔吉克斯坦共和国法庭提出申诉，也可提交双方认可的国际仲

---

① 参见《一带一路沿线国家法律风险防范指引》系列丛书编委会编：《一带一路沿线国家法律风险防范指引（塔吉克斯坦）》，中国财经出版传媒集团经济科学出版社 2017 年版，第 228 页。

② 参见《塔吉克斯坦合同纠纷解决的主要途径及适用的法律》，载环俄网，https://www.huanenet.com/tjkst/1760.html，2025 年 3 月 6 日访问。

裁机构进行仲裁。[①]

3. 其他投资争端解决机制

作为“丝绸之路经济带”的核心区，中亚国家总体上与中国政治关系良好经济往来比较密切，我国企业对中亚投资风险应更多地借助法律机制。目前从制度供给来看，与塔吉克斯坦投资有关的争议可通过其他争端解决机制解决。

（1）WTO 争端解决机制

中国与中亚区域内并不存在可统一适用的多边性投资条约，也就缺乏统一的投资争端解决机制。除了乌兹别克斯坦和土库曼斯坦，中国与哈萨克斯坦、塔吉克斯坦、吉尔吉斯斯坦 4 国都是世贸组织成员国。WTO 框架下《与贸易有关的投资措施协议》（TRIMs）是一揽子协议的一部分，WTO 争端解决机制对其有强制管辖权。尽管 TRIMs 协议并非一个完整的投资协议，但对与之相关的对贸易构成扭曲的投资措施可以成为被禁止的行为而诉诸 WTO 争端解决机构（DSB），故 WTO 争端解决机制可以成为中国与中亚投资争端的选择。但基于 WTO 争端解决机制受理国与国之间的争议，且 DSB 之裁决只要求败诉方纠正其相应措施而无权要求赔偿，这对作为私主体的投资者而言，其保护是不充分的。考虑到诉诸 WTO 可能带来的政治成本和风险，中国与中亚国家不会轻易选择 WTO 作为投资争议的解决方式，因而 WTO 的争端解决机制很大程度上只是备而不用的选项之一。

（2）双边条约中的投资争端解决机制

在全球范围内，多边投资条约体系下的投资争端解决机制非常有限，具有代表性的有 TRIMS、NAFTA 及 ECT 的投资争端解决机制，而这些投资条约均各有适用范围上的局限。对大多数国家而言，投资争端解决主要依赖于双边投资条约（BIT）的相关规定。

中国 1993 年与塔吉克斯坦签订了双边 BIT。如出现投资争议，争议双方尽可能通过协商方式解决，如 6 个月内无法协商解决，则将征收补偿额有关争议交专设仲裁庭。随后还规定了涉及仲裁的一系列具体问题，其中包含仲裁员的组成，仲裁的规则、裁决的作出及其费用的承担等。[②]

---

① 参见《一带一路沿线国家法律风险防范指引》系列丛书编委会编：《一带一路沿线国家法律风险防范指引》，中国财经出版传媒集团经济科学出版社 2017 年版，第 218 页。

② 参见王林彬：《“丝绸之路经济带”框架下中国与中亚投资便利化及投资保护法律机制研究》，法律出版社 2023 年版，第 283—285 页。

（三）效率

塔吉克斯坦的商业纠纷解决效率受到多种因素影响，包括法律体系的完善程度、司法和仲裁机构的效率，以及执行机制的有效性。

1. 经济成本

（1）诉讼的经济成本

塔吉克斯坦《民事程序法典》对诉讼经济成本的规制涵盖了诉讼费用、案件标的额评估、费用分担、律师费用、专家费用、翻译费用以及费用退还等多个方面，旨在确保诉讼的经济公平性和可及性，同时保障当事人的合法权益。

诉讼费用由国家诉讼费和其他相关费用构成，其金额和支付方式依据塔吉克斯坦《国家诉讼费法》规定。法院可根据当事人的经济状况减免国家诉讼费，甚至允许分期支付，对于符合条件的公民，法院可完全免除国家诉讼费。案件标的额的评估方式因案件类型而异，例如，金钱索赔案件按索赔金额计算，不动产案件按不动产的评估价值计算。如果法院认为原告提出的标的额与实际价值不符，有权重新评估。

诉讼费用的分担遵循特定原则。通常由败诉方承担，若原告的诉讼请求部分得到支持，则按比例分担。在上诉或再审程序中，若上级法院改变原判决，诉讼费用的分担也会相应调整。此外，如果法院认为一方当事人恶意提起诉讼或无端拖延诉讼，可责令该方赔偿对方因诉讼而遭受的损失，包括律师费和其他合理费用。

律师费用的承担也有所规定。胜诉方可以要求败诉方承担律师费用，尤其是当律师是通过国家法律援助提供的，律师费用由败诉方支付给国家。律师费用的范围包括律师的出庭费、准备费和其他相关费用，法院在确定律师费用时会考虑案件的复杂程度和律师的工作量。

专家费用由申请方预付，若鉴定结果对申请方有利，鉴定费用由败诉方承担。翻译费用通常由当事人自行承担，但如果翻译服务是由法院指定的，则费用可以由败诉方承担。

费用退还机制也得到了明确规定。如果当事人支付了过多的诉讼费用，法院将退还多余部分。退还程序由国家财政机关负责，退还期限为10天。如果案件因法院错误而被撤销，法院将退还当事人已支付的所有诉讼费用。

此外，法律援助制度为经济困难的当事人提供了必要的支持，确保他们能够平等地参与诉讼。根据塔吉克斯坦《法律援助法》，当事人有权获得免费的法律咨询和律师代理，从而保障了诉讼的经济公平性和可及性。[①]

（2）国际商事仲裁的经济成本

以塔吉克斯坦国际商事仲裁院（MKAT）为例，其仲裁费用主要包括注册费、仲裁员报酬和行政费用。这些费用的计算方式因案件的复杂程度和争议金额而有所不同。

注册费是仲裁程序的入门费用，金额固定。对于一般案件，注册费为600美元或等值的塔吉克斯坦索莫尼（按支付当日汇率计算）。对于争议金额不超过10000个计算单位的内部案件，注册费为150美元或等值索莫尼。

仲裁费用的计算分为两种主要方式：一种是基于争议金额的计算方式，另一种是基于小时费率的计算方式。

2. 时间成本

（1）诉讼的时间成本

塔吉克斯坦《民事程序法典》对诉讼时间作出了详细规定，以确保民事诉讼程序的及时性和效率，同时兼顾当事人的合法权益。根据该法典第260条，普通民事案件的诉讼时效为3个月，自原告向法院提交诉状之日起计算。然而，对于一些特殊案件，如劳动争议案件（包括恢复工作、追索工资等），诉讼时效缩短为1个月，以保障劳动者的合法权益能够得到及时维护。

在上诉程序方面，根据《民事程序法典》第327条，当事人对一审判决不服的，可以在收到判决书之日起1个月内向上一级法院提起上诉。检察机关在法定职权范围内提出的抗诉，期限同样为1个月。此外，特别程序中的案件，如涉及选举权保护的案件，根据第260条，申请人应在选举前40天内向法院提起诉讼，法院应在收到申请后3天内作出裁决。对于紧急案件，如涉及公民健康或重大权益的案件，法院应在收到申请后立即处理，以确保当事人的权益能够得到及时保护。

在案件受理阶段，根据第136条，法院应在收到诉状后3天内决定是否受理案件。受理后，根据第150条，法院应在3天内发出准备通知，明确各方须完成的准备工作及期限。这些规定旨在确保案件能够迅速进入审理阶段，避免不必要的拖延。在判决执行方面，根据第214条，判决在生效后应立即执行，除非法律另有规定。这一规定强调了司法判决的权威性和执行力，确保当事人的权益能够得到及时实现。

同时，塔吉克斯坦《民事程序法典》也为当事人提供了必要的灵活性，

---

① 参见《民事程序法典》，2008年4月1日通过。

以应对特殊情况。根据该法第 113 条，法院可根据当事人的申请，在必要时延长诉讼期限。此外，根据该法第 114 条，当事人因不可抗力或其他正当理由错过诉讼期限的，可在障碍消除后 1 个月内申请恢复期限。这些规定体现了法律的人性化设计，旨在平衡诉讼效率与当事人权益保护之间的关系。[①] 如果涉及商业债务追收，整个过程通常包括庭前协商和法律诉讼两个阶段。庭前协商的平均时间为 60 天。如果协商未果，案件进入法律程序，包括起诉、审理、判决和执行等阶段，整个过程可能需要数月甚至更长时间。塔吉克斯坦经济法院规定了以下诉讼期限：在一审法院准备案件进行法院审理（在立案情况下），不超过 1 个月；在一审法院进行案情审查并做出判决，不超过 1 个月；在上诉法院审理案件，不超过 1 个月；在监察法院审理案件，通常不超过 1 个月。[②]

（2）仲裁的时间成本

塔吉克斯坦《仲裁法》对仲裁时间的规定涵盖了仲裁协议的期限、仲裁庭的组成时间、仲裁程序的时间、仲裁裁决的时间、仲裁程序的终止、仲裁裁决的上诉期限以及仲裁裁决的执行期限等多个方面，旨在确保仲裁程序的高效和有序进行，同时为当事人提供明确的时间框架。

①仲裁程序的时间。

根据塔吉克斯坦《仲裁法》第 16 条，申请人应提交仲裁申请书，并附上仲裁协议或仲裁条款。仲裁庭应在收到申请后通知被申请人。根据该法第 17 条，被申请人有权在仲裁庭首次开庭前提交对仲裁申请书的答辩。根据该法第 18 条，被申请人可以在仲裁程序中提出反请求，但必须在仲裁庭作出裁决前提出。

②仲裁裁决的时间。

根据《仲裁法》第 32 条，仲裁庭在研究案件情况后，以多数票作出裁决。裁决应在仲裁庭会议上宣布。如果当事人未约定裁决的送达期限，裁决应在宣布最终部分后的 15 天内送达当事人。根据第 34 条和第 35 条，当事人可以在收到裁决后的 10 天内请求仲裁庭作出补充裁决或对裁决进行解释。仲裁庭应在收到请求后的 10 天内作出决定。

③仲裁裁决的上诉期限、执行期限。

根据《仲裁法》第 40 条，当事人可以在收到仲裁裁决后的 3 个月内向有管辖权的法院提出撤销仲裁裁决的申请。根据该法第 45 条，仲裁裁决应在裁

---

① 参见《民事程序法典》，2008 年 4 月 1 日通过。

② 参见《一带一路沿线国家法律风险防范指引》系列丛书编委会编：《一带一路沿线国家法律风险防范指引（塔吉克斯坦）》，中国财经出版传媒集团经济科学出版社 2017 年版，第 224 页。

决中规定的期限内执行。如果裁决中未规定期限，则应立即执行。

④其他时间规定。

根据《仲裁法》第 14 条，仲裁庭有权要求当事人预付仲裁费用。如果当事人在收到通知后 30 天内未支付预付款，仲裁庭可以暂停或终止仲裁程序。根据该法第 19 条，文件和材料应按照当事人约定的地址送达。如果当事人未约定，文件和材料应通过挂号邮件或其他方式送达，确保送达情况可以被记录。

3. 承认和执行

对于国际仲裁，塔吉克斯坦是《纽约公约》成员国，但实际上外国仲裁裁决在塔吉克斯坦很难得到承认和执行。国际商业纠纷通常通过国际仲裁机构（如国际商会仲裁院 ICC 或斯德哥尔摩商会仲裁院 SCC）解决。在塔吉克斯坦投资合作如发生商务纠纷可以依据国际条约、企业间合同和塔吉克相关国内法律，通过司法途径解决，但执行效率有待提高。

尽管如此，塔吉克斯坦对可以承认和执行的仲裁协议和决定类型提出了一些保留意见。其中一项保留规定是《纽约公约》不适用于涉及不动产的相关争议。美国国务院《2021 年塔吉克斯坦投资环境声明》中提到，塔吉克斯坦国有企业 TALCO 在瑞士仲裁院的裁决未能获得塔吉克斯坦法院的认可，故无法在塔吉克斯坦境内予以执行。在实践中，塔吉克斯坦法院对于承认和执行有利于外国投资人的，尤其涉及塔吉克斯坦国家或居民财产的外国仲裁裁决具有一定难度。[①] 很多情况下，企业需要请政府部门出面协调解决，如某家中国采矿企业收到税务部门的巨额罚单，在通过正常途径解决无果的情况下，请中国驻塔吉克斯坦使馆经商处、企业所在地的政府部门和相关国家部委出面，向塔吉克斯坦总理通报情况并进行深入协调，问题才得以部分解决。[②]

4. 评述

塔吉克斯坦的商业纠纷解决效率受到法律体系、司法和仲裁机构的运作以及执行机制的影响。塔吉克斯坦的诉讼时效为 3 年，从权利人知悉自身权益受损及侵权人之日起计算。诉讼程序的时间计算以小时、天、月、年为单位，起始日不计入其间。如果其间届满日为节假日，则顺延至第一个工作日。诉讼文书在期限届满前寄出的，不算逾期。对于商业债务追收，整个过程通

---

① 参见《“一带一路”投资小贴士（五）——“高山之国”塔吉克斯坦》，载中伦文德胡百全（前海）联营律师事务所网，http://pcwoo-zlwd.com/news-detail_cn.aspx?detail=11687，2025 年 3 月 6 日访问。

② 参见《塔吉克斯坦合同纠纷解决的主要途径及适用的法律》，载环俄网，https://www.huanenet.com/tjkst/1760.html，2025 年 3 月 6 日访问。

常包括庭前协商和法律诉讼两个阶段。庭前协商的平均时间为 60 天，若协商未果，则进入法律程序，包括起诉、审理、判决和执行等阶段，整个过程可能需要数月甚至更长时间。塔吉克斯坦经济法院规定了以下诉讼期限：一审法院准备案件不超过 1 个月，审理并作出判决不超过 1 个月；上诉法院审理案件不超过 1 个月；监察法院审理案件通常不超过 1 个月。

塔吉克斯坦国际商事仲裁院（MKAT）的仲裁费用包括注册费、仲裁员报酬和行政费用。注册费为 600 美元（一般案件）或 150 美元（内部案件，争议金额不超过 10000 个计算单位）。仲裁费用的计算方式分为基于争议金额和基于小时费率两种。件裁庭应在组成后的 180 天内完成案件的审理和裁决。对于复杂案件，仲裁院院长可延长该期限。简化程序的案件（争议金额较小或双方同意）需在 3 个月内完成审理和裁决。此外，紧急仲裁程序需在 2 天内指定仲裁员并制定程序时间表，快速程序需在 6 个月内作出最终裁决。

塔吉克斯坦是《纽约公约》成员国，但外国仲裁裁决在塔吉克斯坦的承认和执行存在困难。塔吉克斯坦对《纽约公约》的适用提出了一些保留意见，例如，不适用于涉及不动产的争议。在实践中，塔吉克斯坦法院对于承认和执行有利于外国投资人的裁决，尤其是涉及塔吉克斯坦国家或居民财产的裁决，存在一定难度。许多情况下，企业需要通过政府部门协调解决，例如，中国企业在塔吉克斯坦遇到税务纠纷时，需通过中国驻塔吉克斯坦使馆经商处及相关部门协调解决。

八、反垄断与反不正当竞争

（一）塔吉克斯坦反垄断与反不正当竞争监管框架

1. 塔吉克斯坦反垄断与反不正当竞争法概况

（1）塔吉克斯坦反垄断与反不正当竞争法的修订历程

塔吉克斯坦的反垄断与反不正当竞争法的发展历程与这个国家的政治经济变革紧密相连。苏联时期，戈尔巴乔夫曾推动苏联进行经济体制改革，塔吉克斯坦作为加盟国之一，也跟着做了相应的改革，为后来的立法打下一定的基础。苏联解体后，塔国经历了一段时间的内战与纷争。国内局势稳定后，经济重建、货币体系改革以及融入国际市场成为该国的迫切需求。在此背景下，竞争法作为规范市场秩序、吸引外资的重要手段成为塔吉克斯坦进行规范市场经济所迫切需要的法律工具。

2000 年 11 月 29 日，塔吉克斯坦颁布《关于大宗商品市场竞争和限制垄断活动》。这部法律是该国独立后首部明确针对垄断行为的立法，旨在为之后内战时期的经济复苏提供法律框架。其内容主要模仿欧美国家的立法经验，体现了转型国家在立法初期对西方经验的盲目依赖的特点。由于受限于政局动荡与腐败问题，在实施中因官僚腐败、司法独立性不足而导致“立法超前、执行滞后”的现象。最终，这部法律的实际效用未能充分发挥，但这部法律实现了塔国反垄断立法零的突破，为塔吉克斯坦的反垄断政策奠定了法律基础。

2006 年，经塔吉克斯坦共和国议会决议通过，《关于商品市场竞争及限制垄断行为法》于 7 月 28 日正式生效，取代了 2000 年的旧法。该法共七章、28 条，在内容上不仅明确了垄断行为的界定标准，还首次将“不公平竞争”纳入规制范围，并强调为商品市场创造有效运作条件。这一修订不仅标志着塔吉克斯坦竞争法从原则性框架向具体规则的过渡，还反映了该国在金融体系逐步稳定后对市场规范的更高要求。该法的主要内容包括垄断行为、国家反垄断机构、对竞争的国家监管、违反反垄断法的责任、国家反垄断机构制定和实施决议的程序等。

2017 年 5 月 30 日，塔吉克斯坦颁布了《保护竞争法》。新法首次将“金融市场竞争”纳入了监管范围，并明确了竞争保护制度，提出了构建单一经济空间、保障自由经济活动的目标。[①] 该法主要规制的是垄断活动以及商品交易市场的恶意竞争关系。相比《关于商品市场竞争及限制垄断行为法》，该法更加贴近国际范本。然而，该法大幅简化了责任条款，仅在第 30 条笼统规定违法者需承担行政或刑事责任，具体罚则被弱化。此后，该法经历两次修订：第一次修订（第 1912 号法律）强化了对数字市场垄断行为的监管，回应电子商务的快速发展。2023 年 3 月 15 日第二次修订（第 1957 号法律）明确跨境垄断行为的管辖权，并提高罚款额度，以遏制跨国公司的不当竞争。这两次修订体现了塔吉克斯坦对全球化与数字化转型的适应性调整。

塔吉克斯坦《竞争法》的修改演变历程，实质上是塔国从计划经济向市场经济转型的缩影。频繁的立法修法也表明该国试图通过不断调整法律规定来灵活应对经济环境变化，但也暴露出了其立法技术不高，法律稳定性不足的缺陷。尽管法律体系逐步完善，但执行效能仍需通过司法独立、反腐机制等配套改革来提升。未来随着“一带一路”的深入推进，区域经济一体化的深化，该国竞争法或将进一步与国际接轨，但如何在开放市场中平衡本土利益与外部规则，仍是关键挑战。

（2）《塔吉克斯坦保护竞争法》主要内容

塔吉克斯坦《保护竞争法》作为规范市场竞争的核心法律框架，自 2017

---

① 参见郭学兰、丘天、买小芳：《中亚五国竞争法律制度研究》，九州出版社 2024 年版，第 105—107 页。

年颁布以来历经多次修订，逐步构建起融合垄断行为规制、行政权力约束与反不正当竞争的综合治理体系。《保护竞争法》采取合并立法的立法模式，内容上既包括反垄断又包括反不正当竞争的内容。包括一般规定、垄断活动和不公平竞争、国家反垄断机构、国家经济集中控制、国家反垄断机构的命令和上诉程序以及最后条款，共六章、32 条。

第一，垄断协议。

该法第 2 条对垄断协议做出了概念界定，垄断协议被界定为“具有竞争关系的市场主体达成的限制竞争协议”。并且对垄断协议的规制采用了横向与纵向管理结合的模式。根据《保护竞争法》第 8 条，“横向垄断协议”是指存在竞争关系的经济主体对同一商品且共同占据市场份额 35%，达成了竞争中的协定。35%的市场份额被规定为违法门槛——若协议方共同占据特定市场份额 35%以上且导致竞争受限，则直接构成违法。例如，塔吉克斯坦反垄断局曾对三家水泥企业联合控制区域性销售价格的行为作出处罚，其核心依据即为涉事企业联合市场份额超过法定阈值。而“纵向垄断协议”法律则采用“原则禁止、例外豁免”的灵活机制：除金融机构特许权协议因涉及系统性风险需特别审查外，若供应商与买方市场份额均低于 5%，可免于反垄断审查。这一设计既防范了上下游企业合谋分割市场的风险，又为中小企业合作保留了制度空间。

第二，滥用市场支配地位。

法律通过列举禁止行为来规制企业滥用市场支配地位。企业在特定商品或服务市场中份额超过 35%即被推定为具有市场支配地位，这一标准较俄罗斯的 40%更为严格，体现立法者对市场集中度的高度敏感。

《保护竞争法》列举了几种典型的滥用支配地位行为。具体表现形式为：①操纵市场供需关系：人为制造短缺，将商品从市场流通中退出，如通过囤积、断货等方式无合理理由减少或停止生产，制造市场赤字抬高价格；②强制签订不平等条款：要求对方接受无关附加条件或者制定歧视性条款；③阻挠市场竞争者进入：设置壁垒阻止其他经济实体进入或退出市场；④违规定价：对同类买家设定不同价格或违反法律法规建立垄断低价；⑤滥用程序规则：擅自调整价格，未向国家反垄断机构报备；⑥破坏市场收支平衡：在市场需求可满足时，无合理依据中断生产或交付；⑦设置歧视性条件：在合同中设置不平等条款，使特定经济实体处于劣势。

上述行为均以巩固垄断地位为目的，通过扭曲市场供需、打压竞争者、损害交易公平性，最终导致资源配置低效、消费者利益受损甚至导致市场活力丧失。因此通过立法来严格约束该类行为并强化监管效果。

列举具体垄断行为的立法模式，不仅增强了法律的可操作性，也为反垄断局（Antimonopoly Agency）的执法提供了明确指引。列举式立法不仅反映了塔国对欧盟竞争法范式的借鉴，也融合了国家的特殊国情需要，尤其在市场份额阈值的设定、经济体行为规范等方面展现出鲜明的本土化特征。

第三，行政垄断行为的规制。

《保护竞争法》中对行政垄断行为的规制可总结为以下几种表现：其一，禁止限制市场准入：禁止在各类经济活动领域中无正当理由设置障碍，阻碍新管理实体的建立或运营；其二，禁止干预市场自由：禁止通过行政手段限制经济主体自由买卖货物的权利；其三，禁止以地方保护为目的限制货物跨区域流动；其四，禁止权力与商业勾结：①禁止非法合并国家机关与法人，以垄断市场，或赋予行政机关限制竞争的权力；②禁止政府机构直接参与市场经营；其五，禁止国家机构与任何经济体缔结违法。通过明确禁止上述行为，防止公权力滥用对市场公平竞争环境的破坏，保障商品自由流通、市场主体平等参与竞争，最终维护消费者权益和资源配置效率。

为了协调在转型市场经济中存在的政府与市场之间矛盾，该法第 16 条、第 24 条明确禁止政府机构限制商品跨区域流通、干预企业经营自由或设置市场准入壁垒。实践中，这一制度设计与塔吉克斯坦推行的自由经济区政策形成呼应——全国 5 个自由经济区通过税收减免、注册程序简化等措施吸引投资，但需确保政策实施不与竞争法基本原则冲突。值得注意的是，在涉及外资并购的经营者集中审查中，反垄断局要求对持股比例超过 20 万计算指标的企业进行强制性申报，体现了对经济集中风险的审慎管控。

第四，恶意竞争。

在反不正当竞争领域，该法通过类型化列举构建了关于恶意竞争的禁止性规范体系。在《保护竞争法》第 16 条中明确的恶意竞争行为有：

a. 传播虚假性信息：①传播虚假、不准确的信息，损害其他经济实体的利益或商业声誉。②通过广告等方式虚假宣传商品的性质、生产方式、产地、质量、数量，或隐瞒质量缺陷，误导消费者。

b. 恶意比较：在广告或宣传中，将自身产品与其他经济实体的产品进行不恰当的对比，贬低竞争对手，暗示或明示对方产品存在问题。

c. 侵犯商业秘密：未经许可获取、使用或泄露受法律保护的商业、服务等秘密信息。

d. 非法使用商业标识：①仿冒商标与包装：未经授权使用他人商标、知名服务标志、商号、标记，或复制商品包装、外部设计。②混淆商品来源：通过复制品牌名称、包装或产品外观，使消费者误认商品来源，侵占竞争对手商业利益。这一法定情形与《商标法》中关于商标使用合规性的要求形成呼应——商标许可协议必须包含质量条款以确保被许可商品不低于许可方标准，否则可能触发反不正当竞争调查。

e. 干涉企业经营活动：如向竞争对手的雇员提供物质利益，诱使其违背劳动义务，破坏企业正常运营。

f. 限制市场可用性：人为制造壁垒，限制商品或服务的市场流通，阻碍竞争对手进入或扩大市场份额。

g. 恶意利用个性化手段：通过非法手段（如滥用公认商标、个性化设计）实施不正当竞争，破坏市场公平性。

h. 兜底条款：法律明确禁止其他任何利用个人主义手段、商品个性化设计或商标服务进行恶意竞争的行为。

2. 塔吉克斯坦知识产权保护法律体系

在了解了塔吉克斯坦反垄断与反不正当竞争法的内容后，我们还需要把视线转向该国的知识产权保护领域。知识产权与反垄断之间存在既对立又互补的辩证关系。[①] 一方面，知识产权法赋予权利人合法的垄断权。知识产权的存在即把商业领域中的一些看似垄断的行为被法律所承认和保护，以鼓励创新和知识创造。合法的垄断不构成反垄断法规制对象。另一方面，知识产权的行使若超出合理边界，如滥用市场支配地位实施限制竞争行为，则需接受反垄断法的审查与制裁。

塔吉克斯坦出台了一系列独立的法律文件，明确反垄断法作为公法负责规制知识产权滥用问题，而知识产权法则通过私法规范（如权利限制条款）和民法基本原则（如禁止权利滥用原则）进行自我约束。二者在功能上形成互补：知识产权法构建创新激励机制，反垄断法则维护市场竞争秩序，共同促进社会技术进步与市场公平竞争。这种制度设计既保护了创新主体的合法权益，又防范了垄断行为对市场生态的破坏，体现了知识产权私权保护与公共利益平衡的立法智慧。

塔吉克斯坦的知识产权法律体系由多个法律法规构成，涉及发明、商标、著作权等多个方面。该国出台的主要法律文本包括《发明法》《商标与服务标志法》《著作权法及相关权利法》《集成电路布图设计法》等，涵盖了知识产权保护的各个方面。[②] 塔吉克斯坦的知识产权法律体系在专利权、商标权和著作权三个领域都有了明确的规定，通过这些法律的保护，创作者和企业能够

---

① 参见吴汉东：《论反不正当竞争中的知识产权问题》，载《现代法学》2013 年第 1 期。

② 参见中国国际贸易促进委员会法律事务部，中国经济信息社编著：《“一带一路”国别法律研究（第三辑）：塔吉克斯坦》，新华出版社 2018 年版，第 95 页。

有效地维护其创新成果。无论是企业或者是个人实施的任何侵犯知识产权保护的行为均需承担赔偿责任，具体包括向被侵权单位或个人偿付实际损失。同时，基于《民法典》《刑法典》的相关规定，司法机关将结合侵权行为的具体性质以及实际造成的损失，综合判定处罚措施，可能采取罚款、没收违法所得收益、没收经营资质甚至追究其刑事责任。

（1）发明专利的法律保护

塔吉克斯坦《发明法》以宪法、民法典及国际条约为依据，《发明法》确保了发明和专利受到法律的保护。该法第1条规定：该法的目的是规范塔吉克斯坦境内与发明专利相关的创造、转让、使用和保护的关系。第二章以专章的形式规定了：发明必须符合“新颖性”“创造性”和“工业应用性”三项条件，才能获得专利保护。在发明的所有权归属问题上，原则上所有权属于发明人，同时规定职务发明默认归雇主但需及时申请并补偿发明人，除非合同中另有规定。确立优先权规则，赋予专利权人制造、使用、销售等独占权。专利的有效期可达20年，视具体情况可延续或终止。该法还确立了审查程序，包括形式审查与实质审查。

（2）商标的法律保护

《商标和服务商标法》共12章、44条，主要对商标和服务标志的注册、保护和使用提供法律框架。商标定义为可区分商品或服务的标识，规定商标通过国家注册或国际条约获得保护，注册人享有独占使用权并禁止他人未经授权使用相同或近似标识，同时列举一些禁止注册的情形，如缺乏显著性、欺骗性标志、与驰名商标冲突等；注册程序要求单一商标申请制，需经形式审查和实质审查，异议可通过上诉委员会申诉，特殊商标类型包括驰名商标（可跨类保护且永久有效）和集体商标（需提交使用章程且不可转让）；权利期限方面，商标保护期10年可续展，连续3年不使用可能被撤销，允许转让和许可但需登记生效；侵权纠纷由法院管辖，注册无效可基于恶意抢注或违反注册条件提出；塔国同时遵循《巴黎公约》《尼斯分类》等国际规则，允许外国申请人通过本地专利代理人办理商标登记，并承认国际优先权及展览优先权。

（3）著作权的法律保护

《著作权及相关权利法》主要针对创作作品的版权及相关权利进行保护。涵盖了文学、美术等艺术领域创作的各个方面，确保作者能够从其创作中获得收益并取得名誉。法律明确了著作权的保护对象包括塔吉克斯坦公民的原创作品、境内首次出版的作品以及在塔吉克斯坦共和国领土内受国际法律文件保护的著作。版权的产生强调创作即所有，无须注册登记。作者享有署名权、发表权、保护作品完整权等永久性人身权，财产权则涵盖了复制、发行、改编等16项专有权利。邻接权保护表演者、录音制品制作者及广播电视组织的权利，表演者享有署名权以及防止表演被歪曲的权利，录音制品制作者享有复制、发行等专有权。承揽作品版权归属雇主但保留作者署名权；合作作品由作者协商行使版权。著作权保护期为作者生前加死后50年。

法律规定了著作权的合理使用情形：如个人复制、教育科研引用等，但限制建筑作品、软件等类型的复制。侵权的法律后果包括停止侵权、没收非法所得、销毁假冒品、民事赔偿责任等。法律特别强调技术保护措施及权利管理信息的法律地位，禁止规避行为，并确立国际保护适用国民待遇原则，保护期不超过作品来源国规定。

3. 评述

塔吉克斯坦的反垄断与反不正当竞争监管框架历经二十余年发展，逐步从原则性立法转向具体规则构建，反映了该国从计划经济向市场经济转型的探索与调整。其核心法律《保护竞争法》采取合并立法模式，将反垄断与反不正当竞争统一规制，内容涵盖垄断协议、滥用市场支配地位、行政垄断及恶意竞争等行为，通过列举式立法增强可操作性，对例如囤积商品、强制附加条款等典型垄断行为的明确禁止，为执法机构提供了清晰指引。此外，法律对行政垄断的严格约束，如禁止地方保护、权力与商业勾结以及对数字市场、跨境垄断的适应性修订，体现了塔国与时俱进，对市场变化的回应。

然而，该框架仍存在显著挑战。其一，立法频繁修订虽彰显灵活性，却也暴露法律稳定性不足与立法技术粗糙的问题。其二，司法独立性不足、官僚腐败及执行滞后导致“立法超前、实效不足”。其三，知识产权保护与反垄断法的互补机制虽在理论上平衡了创新激励与市场秩序，但实践中如何界定“知识产权滥用”仍缺乏细则，可能引发法律适用争议。未来，塔吉克斯坦需通过司法改革、反腐机制建设及执法能力提升强化法律实施效果，同时注重与国际规则的衔接。如何在开放市场中协调本土利益与外部规则，平衡法律稳定性与适应性，将是其竞争法体系进一步成熟的关键。

（二）公共服务体系评估

1. 国有企业在关键行业的垄断地位

塔吉克斯坦在向市场经济过渡的过程中的主要手段之一就是对国家财产的私有化调节。1995年3月16日塔吉克斯坦通过了《国有财产私有化法》，该法意图调整国有财产私有化过程中国家及其权力机关、法人和自然人之间的关系。但很可惜，由于塔国国情现状，国有资产私有化的过程阻力重重，该法并未实现立法目的。国有企业目前在塔吉克斯坦工业体系中仍起主导作用，根据世行 2019 年 5 月数据，国有企业和公司在塔吉克斯坦工业总产值中占比在 70%以上。国有企业在关键行业的垄断地位是其经济结构的重要特征，具体表现为以下方面。

（1）垄断行业分布与现状

①能源与电力领域。

塔吉克斯坦电力市场竞争的参与者主要包括国有企业、私营企业和外资企业。其中，国有企业如塔吉克斯坦国家电力公司（Barki Tojik）在市场中占据主导地位，承担着大部分的电力生产和供应任务。私营企业和外资企业则主要参与电力项目的投资、建设和运营。塔吉克斯坦国家电力公司是国有垄断企业，控制着全国（除戈尔诺—巴达赫尚自治州外）的电力供应，但因该公司的财务核算长期缺少透明度、电价长期低于成本价、内部管理混乱，截至 2020 年，塔国家电力控股公司的债务高达 26 亿美元。世界银行向其提供援助，同时要求提高电价以改善其财务状况。[①] 塔国政府基于社会稳定考虑，决定暂缓调节电价。塔国家电力控股公司建议政府将居民用电价格提高 20%，法人用电价格提高 25%，使国家电力系统实现盈利，同时吸引外资对该领域投资。[②]

近年来，随着塔吉克斯坦政府对电力建设市场的改革和开放，市场竞争逐渐加剧。一方面，政府鼓励国内外投资者参与电力项目建设，提高市场竞争程度；另一方面，政府加强对电力市场的监管，规范市场秩序，保障公平竞争。为了吸引更多的国内外投资者参与电力建设市场，塔吉克斯坦政府出台了一系列优惠政策，如税收优惠、土地使用权优惠等。此外，政府还加强了与国际金融机构的合作，为电力项目建设提供融资支持。[③]

②通信与互联网。

塔吉克电信公司（Tajik Telecom）是塔国的最大电信运营商，也属于国有企业，提供固定电话、移动电话、互联网和数据服务。垄断国际互联网接入权，导致国内网络价格高昂且速度缓慢。在最新的全球移动数据价格排名中，塔是移动互联网成本最高的国家之一，同时也是网速最慢的国家之一。[④]

---

① 参见时晓宇：《世界银行援助塔吉克斯坦，但要求其提高电价!》，载微信公众号“塔吉克”，2020 年 6 月 19 日。

② 参见中华人民共和国商务部网，https：//tj. mofcom. gov. cn/jmxw/art/2010/art _ c6cfbe8104a04a759f7d059288982ce3. html，2025 年 2 月 16 日访问。

③ 参见环球印象投资分析，https：//www. zcqtz. com/news/2136217. html，2025 年 2 月 20 日访问。

④ 参见丝路新观察网，http：//www. siluxgc. com/static/content/tjk/2024 - 08 - 22/1276282900375961600. html，2025 年 2 月 20 日访问。

③矿产与工业。

塔吉克斯坦的矿产与工业领域长期被国有企业主导，这种垄断格局既是苏联计划经济遗产的延续，也是国家资源战略的主动选择。以塔吉克铝业公司为代表的国有企业，通过行政授权与资源控制，形成了从矿产开发到生产出口的全链条垄断，深刻影响着国家经济的走向。[①] 在铝工业中，塔吉克铝业公司的垄断地位尤为突出。作为国家唯一的大型炼铝企业。2023 年，该公司粗铝产量为 6.66 万吨，比上年增长 4600 吨，增幅达 7%；外贸额约 2.444 亿美元，其中，进口额 1.137 亿美元，出口额 1.306 亿美元。[②] 在塔国牢牢占据龙头地位。这种"一企独大"的局面使政府不得不将国家财政安全与单一企业深度绑定。勘探开发权由国有矿产公司把控，民营企业仅能通过合资或分包形式有限参与。

煤炭行业的垄断则呈现出"国家主导、有限开放"的特征。塔吉克斯坦虽在艾尼区拥有中亚最优质的焦煤资源，但煤炭工业总公司（TajikCoal）掌控着 80%的采矿许可证和全部大型矿区。露天煤矿的低技术门槛本应吸引多元投资，但政府《矿产法》将勘探权与采矿权分离，使外资企业即便参与焦煤开发，也必须与国有企业成立合资公司，且塔方持股比例不得低于 51%。这种"以资源换技术"的合作模式，虽在短期内提升了开采量，却固化了国有企业在资源分配中的仲裁者地位。

油气领域的国家垄断则暴露了资源型经济的结构性矛盾。塔吉克油气总公司（Tajik Neftegaz）不仅掌握全国所有油气田的开采权，还独家控制着炼油厂和输气管道。这种垂直垄断导致行业发展陷入低效：由于缺乏竞争压力，国有企业对苏联时期遗留的采油设备更新缓慢，原油开采量从 1979 年的 41.8 万吨暴跌至 2013 年的 2.73 万吨。2023 年，塔吉克斯坦原油开采量为 1.8 万吨，较上一年减少 27.4%。[③] 同时，政府为维持垄断利润，将进口成品油批发权独家授予国有企业，导致私营加油站被迫以高于周边国家 20%的价格采购燃料。

---

① 参见中华人民共和国商务部网，https://tj.mofcom.gov.cn/yshj/art/2014/art_2ab2a11cd7814f20aaddafa8b05efad9.html，2025 年 2 月 20 日访问。

② 参见商务部对外投资和经济合作司等编：《对外投资合作国别（地区）指南：塔吉克斯坦》（2024 年版），第 16 页，载商务部"走出去"公共服务平台，https://www.mofcom.gov.cn/article/gbdqzn，2025 年 2 月 12 日访问。

③ 参见商务部对外投资和经济合作司等编：《对外投资合作国别（地区）指南：塔吉克斯坦》（2024 年版），第 16—17 页，载商务部"走出去"公共服务平台，https://www.mofcom.gov.cn/article/gbdqzn，2025 年 2 月 12 日访问。

2. 国有企业垄断带来的问题

在塔吉克斯坦的经济生态中，国有企业凭借政策特权构筑起一道“躺赢”的高墙，却在效率与责任的夹缝中滋生出系统性危机。这些企业垄断了资源，却在市场中表现不佳，暴露出效率低下的短板，将国民经济拉入一潭死水的泥沼中。

（1）塔吉克斯坦国有企业的效率困境

电信行业的垄断格局是国有企业效率低下的典型缩影。自 2018 年起，政府将国际互联网带宽采购权独家授予国有企业塔吉克电信公司，私营运营商必须从其手中高价购买带宽。这种人为制造的“中间商”角色，使得塔吉克成为全球网速最慢且资费最高的国家之一。而且，塔吉克电信作为唯一国际带宽入口，却因设备老旧和技术停滞，导致全国网络稳定性极差，数字化转型进程严重受阻。

能源领域方面，国有煤炭企业以“保障战略资源”为名控制着煤炭开采，但其低效运营导致国内焦炭供应长期不足，迫使钢铁企业高价进口哈萨克斯坦煤炭。这种被迫高价进口的形式，直接推高了塔吉克建材和机械制造业成本，削弱了本土工业竞争力。

（2）塔吉克斯坦国有企业的债务问题严重

国有企业的债务危机已从经济问题演变为政治社会风险。2021 年塔国国家电力公司负债总额达到 323 亿索莫尼，比 2020 年增加 33 亿索莫尼。塔吉克斯坦国家电力公司的巨额负债背后，是制度老化的管理失效，以及政府放任的惰性滋生。该公司已拖欠塔国财政部超过 241 亿索莫尼。[①] 更危险的是，银行体系对国企的“灵活还款规则”更助长了债务肆无忌惮地扩张。国企债务与银行业高度绑定——塔国国家银行对国企贷款的坏账率已超过 35%，一旦爆发连锁违约，可能引发全国性金融危机。债务累累的恶果最终将由全体塔国国民共同承担，政府每年用于补贴亏损的财政预算会大大挤占教育、医疗等公共服务的投入。

（3）抑制市场竞争

国有企业对资源的垄断性控制，使得市场竞争机制彻底失灵。国有企业在土地划拨、矿产开采权审批中享有绝对优先权，以塔吉克铝业公司为例，塔铝集团下属矿区的地租仅为私营企业的 1/10；其作为国家工业支柱，长期以低于市场价 30%的价格从国有电力公司购电。这种能源补贴，本质是国有

① 参见中华人民共和国商务部网，https：//tj. mofcom. gov. cn/jmxw/art/2022/art_ f2ae4c7e9d4e4f57964974bd82b991b3. html，2025 年 2 月 23 日访问。

企业间的利益输送。电力公司的财政不透明导致供电成本高昂，多年来债台高筑，最终通过财政补贴的方式来掩盖经营亏损。这种扭曲的定价机制不仅削弱了电力企业的技术革新动力，更挤压了私营企业的生存空间。

(4) 腐败问题

政策倾斜进一步固化国企的惰性，在企业内部为腐败的滋生提供沃土。2016 年，八大国有企业负债总额高达 50 亿索莫尼，其中塔吉克斯坦电力公司一家便占据总债务的 97%。[①] 国企管理者深知，无论经营如何糟糕，国家最终会通过财政注资或债务重组来为其兜底。这种惰性思维导致企业缺乏发展改革的动力，内部腐败滋生。

3. 评述

国有垄断的"双刃剑"效应在塔吉克斯坦体现得尤为明显：一方面，政府通过资源集中实现了对战略行业的控制；另一方面，垄断导致的创新停滞使产业升级举步维艰，如塔吉克铝业公司技术落后，设备老化的问题至今未能破解，只能生产初级铝锭。当前，塔政府正面临艰难抉择——是继续强化垄断以短期维稳，还是打破体制壁垒引入市场竞争，这或将决定这个资源型国家能否走出"资源诅咒"的阴影。

（三）竞争法规的执行情况

1. 反垄断局的职能

首先，反垄断局负责审查企业并购、收购等经营者集中行为，防止市场垄断。根据塔吉克斯坦《商品市场竞争及限制垄断行为法》第 16 条规定，个人取得一个商业实体的授权资本中具有表决权的股份 20%以上的，需向反垄断局申报并取得书面批准。反垄断局将在收到申请后 30 日内完成审查。[②] 若未通过审查，企业不得实施并购，且国家登记部门对未经批准的并购登记将视为法律上无效。如果请求的批准可能导致某个经营主体的市场支配地位增强，或者申请时提供了对决策至关重要的虚假信息，国家反垄断机构有权驳回请求。跨境交易若对塔吉克斯坦市场产生影响也适用该条款，对于外资并购项目，反垄断局需评估交易是否可能限制竞争或损害市场。

其次，反垄断局还负责审查企业间是否存在垄断协议以及滥用市场支配

---

① 参见 zhuoerbufanlaol：《为什么塔吉克斯坦需要国有财产私有化》，载微信公众号"行走中亚"，2022 年 3 月 9 日。

② 参见朱中华：《赴塔吉克斯坦投资与承包工程的风险分析》，载微信公众号"中国投资参考"，2022 年 7 月 1 日。

地位等行为，确保市场公平竞争。反垄断局重点评估交易是否可能导致市场支配地位形成、限制价格竞争或损害消费者权益。若存在竞争风险，反垄断局可要求交易方采取资产剥离、业务分拆等补救措施；认定经营主体在商品市场的支配地位并管理登记簿，制定价格调节和垄断监管程序；对涉嫌违反反垄断法的行为（如协同行为、滥用市场支配地位、限制竞争协议等）发起调查并作出裁决，强制终止违法行为、恢复原状、没收违法所得、实施罚款或行政处罚，甚至强制企业重组、清算或终止协议。

此外，该局还行使对政府及司法领域的监督与干预权。反垄断局要求国家或地方权力机构撤销违法法规、修改协议并采取保障竞争措施，监督其行为符合反垄断法；向法院提起诉讼，请求认定违法法规或协议无效、确认招标无效、强制企业重组等，并参与司法审理；制定反垄断监管规则（如价格监管程序、合规审查流程），分析市场竞争状况并发布法律解释。

最后，机构承担促进竞争的政策引导与国际协作职能。反垄断局向政府提出经济政策建议，推动消除垄断并优化市场结构；监督国家援助对竞争的影响，参与私有化反垄断审查，协调公共服务收费标准；公开反垄断决定，与国内外机构交换信息并参与国际合作，推动反垄断与市场竞争相关计划实施。

2. 企业并购的反垄断审查流程

（1）申请与材料提交：企业需向反垄断局提交并购申请及相关材料，包括交易详情、市场影响评估报告等。

（2）审查与反馈：根据《关于商品市场竞争及限制垄断行为法》，反垄断局需在收到企业并购申请后30天内作出书面回复。若认为交易可能限制竞争，可要求企业采取补救措施以恢复市场公平。

（3）登记执行：企业需在获得批准后，方可完成并购的法定登记程序。未经批准的登记视为无效。

3. 塔吉克斯坦反垄断工作效率与透明度评估

（1）反垄断与反不正当竞争案件的救济渠道

在塔吉克斯坦，不正当竞争案件的司法救济可通过行政与司法双重渠道实现。首先，企业或个人可向国家反垄断局提交申诉，由该机构依据《保护竞争法》对涉嫌垄断协议、滥用市场支配地位等行为展开调查，若查实违法可对侵权方处以罚款、强制终止违法行为等行政措施。若对反垄断局作出的行政裁决存在异议，当事人可依据《行政诉讼法》向法院提起行政诉讼。其次，当事人也可直接向经济法院或普通法院提起诉讼，要求侵权方停止不正当竞争行为、赔偿损失或撤销违法并购协议，法院将综合《民事诉讼法》《经济程序法》及《欧亚经济联盟竞争规则》等法律法规，结合案件具体侵权行为性质和危害程度作出裁决。特别需要注意的是，诉讼需在知道或者应当知道侵权行为后 1 年内提起，跨境案件可依托塔吉克斯坦加入的《保护工业产权巴黎公约》等国际条约协调管辖，建议企业优先通过行政程序快速止损，必要时辅以司法诉讼强化权利救济。

（2）司法机构资源配置

塔吉克斯坦司法体系分为三级：基层法院、上级法院和最高法院，并设有专门的知识产权法院，但未明确提及竞争法领域的专属司法渠道。对于反垄断案件，企业需通过诉讼途径寻求救济，根据情况由塔国法庭裁决。若涉及外国投资企业还有可能由外国经济法庭裁决。[①] 但实践中塔吉克斯坦司法系统效率较低，且存在判决执行难的问题。很多情况下，企业需要请政府部门出面协调。

（3）反垄断与反不正当竞争案件处理效率

塔国法律规定了 30 天的审查期限，但实践中可能因案件的复杂性或各种原因导致审判延迟。近年来塔吉克斯坦通过修订《保护竞争法》等法规加强反垄断监管，但实践中仍存在执行不到位的问题。司法机关可能因政府财政压力或行政干预而作出不法裁判。实践中，行政部门常常对检察官、辩护律师和法官施加压力。腐败和效率低下是塔国司法系统目前存在的严重问题。[②]

4. 评述

从法律框架看，塔吉克斯坦通过《商品市场竞争及限制垄断行为法》等法规，明确了反垄断局的职能边界，建立了较为完整的申报、审查及救济机制。反垄断局通过资产剥离、业务分拆等补救措施的裁量权，进一步强化了执法灵活性，展现了立法层面的科学性。然而，法律文本的完善与执行效能之间存在显著落差。司法系统效率低下、行政干预司法独立、腐败盛行等问题严重削弱了竞争法规的实际效力。此外，塔吉克斯坦的反垄断执法过度依赖行政程序，司法救济渠道的孱弱导致企业维权路径受限。国内司法系统透明度不足等问题，可能使外资企业面临更高的法律风险。

塔吉克斯坦的竞争法规体系若要与国际接轨，需从三方面发力：一是强化司法独立性，减少行政干预；二是优化资源配置，设立竞争法专门法庭以

---

① 参见郭学兰：《中亚五国企业法律概论》，知识产权出版社 2013 年版，第 99 页。

② See United States Department of State · Bureau of Democracy, Human Rights, and Labor, Tajikistan 2023 Human Rights Report（April22, 2024）, https://www.state.gov/reports/2023-country-reports-on-human-rights-practices/tajikistan/#:~:text=The%20law%20provided%20for%20an, for%20lenient%20sentencing%20or%20release.

提高审判专业性；三是加强国际合作，引入外部监督机制以遏制腐败。唯有如此，才能弥合制度与实践的鸿沟，构建更具吸引力的法治化营商环境。

九、企业退出

（一）监管框架

1. 企业退出的概念与类型

企业退出一般是指企业基于自身战略调整、经营状况分析或市场环境变化，根据国家相关法律法规或制度要求，通过特定机制终止企业在某一行业、市场或经济区域的经营活动，并完成法律关系的清算以及企业剩余财产的处理的过程。企业退出是实质上的经济学概念而形式上的法律概念。企业退出原因和影响因素在于经济理由，而法律主体资格的消失则是企业经济退出结果的表现。①

企业退出根据不同划分标准可分为不同类型，根据驱动因素不同可大致分为战略型退出以及司法强制型退出两种。

企业的战略型退出是指企业基于资源再配置效率以及动态能力优化，主动剥离、重组或终止其非核心业务，以实现活力释放以及战略聚焦的决策活动。战略型退出通常为企业自主选择的，是一种自愿行为。主要包括资产剥离、分拆以及战略收缩三种类型。资产剥离时企业通常会选择将企业子公司股权通过控制权移转的方式出售给竞争对手或私募基金，以此来实现企业的高质化转型。除此之外还有企业选择将自身物理资产或无形资产拆分出售，从而使企业聚焦于某一专门领域以此提高企业在该专门领域的竞争力。企业分拆（sell-offs）是指重组企业对业务和资产进行分类，保留符合其战略导向的业务和资产，卖掉不符合其战略导向的业务和资产的行为。② 企业在选择分拆时通常也有两种方式，一种是仅选择股权分拆，将企业子公司股权通过 IPO 独立上市，与母公司形成战略协同；另一种则是完全分拆，即子公司成为独立的法人实体，母公司原股东则按照比例获得新公司股权。企业在面临战略收缩时通常有三种选择，首先便是简单的地理市场的退出，企业选择关闭或出售效益不佳地区的业务，实现在该区域的退出。典型案例就是美国家得宝公司选择退出中国零售市场，从而专注北美核心市场；其次是产品线的终止，针对技术落后或市场需求减少的产品，企业往往选择关闭其生产线，从而使

① 参见毕鲁光：《高增长行业企业退出影响因素研究》，东北财经大学 2016 年硕士学位论文。

② 参见席小言：《企业分拆战略研究》，载《价格月刊》2007 年第 6 期。

企业聚焦于新技术的研发；最后为企业的产能收缩，企业在面临诸如国家层面去产能政策时，通过关停高污染工厂或出售过剩产能以提高产能利用率，进而提高企业竞争力。企业实施收缩战略，不是就此萎缩、放弃发展，而是为了借此减轻负担、调整结构、改革体制、完善机制、升级管理、培训人才、改进产品。①

企业的司法强制型退出是指企业因遭遇持续性经营失败或严重违法行为，由特定主体经司法程序强制终止其主体资格并清算其剩余财产的行为。司法强制型退出通常并非由企业自主选择，其法律本质为“非自愿清算”。主要包括破产清算、破产重整以及司法强制退市三种类型。破产清算是企业存续过程中的一个特殊阶段，与企业正常经营阶段相比，具有特殊性。② 破产清算通常由企业债权人或债务人在企业剩余资产不足以清偿全部债务，或企业已明显缺乏清偿能力时向司法机关提出申请，司法机关在决定受理后指定破产管理人接管企业资产，债权人随后在一定期限内进行债权申报，而后通过拍卖、变卖、转让等方式变现企业资产并按法定顺序分配，分配完毕后由法院裁定终结破产程序，完成工商注销登记，使企业法人人格归于消灭。破产重整是指当企业法人不能清偿到期债务且明显缺乏清偿能力时，通过法院裁定，允许企业在一定期限内对其债务和资产进行重组，恢复企业经营能力。相比于破产清算与破产和解，破产重整提供了更为积极的风险化解方式，体现了破产法的拯救功能，也代表了现代破产法的发展趋势。③ 司法强制退市是指上市公司因丧失持续经营能力或严重违反证券监管法规，由证券交易所依据法定程序及司法裁决终止其上市资格的制度安排。该机制通过市场出清，可以有效维护资本市场资源配置效率以及投资人的合法权益。

2. 具体类型

（1）破产

①个人破产。

塔吉克斯坦共和国《民法典》第 26 条直接规定了个人破产制度，即无法满足债权人要求的个体经营者，可由法院裁决宣告破产。并且该法院裁决构成国家登记机关注销其作为个体经营者资格的依据。此外还需注意的是，在进行个体经营者破产认定程序时，个体经营者的债权人也可以主张与其实施的经营活动无关的债务要求。即使债权人并未在破产程序中提及上述要求，

---

① 参见孙航：《论战略收缩期中小企业人力资源规划重点》，载《人民论坛》2012 年第 11 期。

② 参见周泽发：《企业破产清算会计存在的问题及改进建议》，载《投资与合作》2024 年第 8 期。

③ 参见刘波君：《破产重整程序中债权人权力的保护与救济》，载《农业发展与金融》2025 年第 1 期。

但在个体经营者破产程序终结后依然有效。被宣告破产的个体经营者，其债权人提出的清偿要求应通过其可供执行的财产实现，具体的清偿顺序以及执行程序则需参考塔国有关破产的法律的相关规定。《民法典》还规定，在完成与债权人的清算程序后，被宣告破产的个体经营者可以免除履行与其经营活动有关的剩余债务，以及在破产程序中被确认的其他未履行要求，但具有人身性质的要求以及对公民生命健康造成损害的赔偿责任除外。免责制度是个人破产制度的核心。免责制度是在个人破产程序终结后，有条件地免除了债务人债务，同时债权人的债权因得不到偿还而受到影响。个人破产制度的终极价值在于通过债务免责实现社会公平与经济效率的平衡。若仅有债务清算而无免责，破产制度将失去“重启人生”的功能。

②法人破产。

《民法典》第66条明确了法人破产的一般规定，即除国有公司、国有组织、国有基金及宗教组织外，法人可依法院裁定被宣告破产。法院认定法人破产的依据、法人的清算程序以及法人债权人债权的受偿顺位，则由塔国有关破产的法律以及其他法律予以规定。法人在被宣告破产后，就应依法进入清算程序。并且自被宣告破产之日起，无论法人债务原定履行期限是否到期，破产法人全部债务履行期限视为届至；并且停止计算该破产法人全部债务的违约金以及利息，解除法律对该破产法人财产所设定的全部执行限制，该破产法人为被告的所有未生效诉讼程序也即告中止，对该破产法人所提出的财产性权利主张也仅得通过破产程序行使。但还需注意如若破产法人与其债权人另有约定的则从其约定，不再适用上述所列规定。

（2）重组

《民法典》第58条明确了法人重组的一般规定，即法人可通过合并（merge）、兼并（accession）、分立（separation）、分拆（allocation）或转型（transformation）的方式进行重组，法人重组的决议由法人创立者（参与者）或其法人章程授权机构作出。为防止市场支配地位滥用，维护公平竞争秩序，58条第2款规定，法人创立者（参与者）、其授权机构或法人章程规定的重组机构未在法院裁定期限内完成重组，法院应任命该法人的外部管理人并责令其执行重组任务。此规定旨在通过结构性调整消除市场垄断效应，通过司法强制重组手段，将反垄断监管从“事后罚款”转向“结构性矫正”，体现了预防性规制理念。还需注意的是，以合并、兼并或转型方式进行的法人重组须经国家授权机关同意。信贷机构重组法律规定还需参照银行法有关规定。

法人合并、兼并时，权利义务分别依《权利义务转移书》由新设法人以及存续法人承继。法人分立、分拆时，原法人权利义务分别依《分立资产负债表》由新设法人分割以及按比例承继。法人转型时，原法人权利义务依《权利义务转移书》由新设法人完整承继。

①合并。

《股份公司法》第94明确了股份公司合并的相关规定，两个或数个股份公司终止存续，通过权利义务转移书将其全部财产、权利以及义务转移至新设股份公司而设立新公司的行为，应认定为股份公司的合并。为确保合并过程公开透明，防止暗箱操作损害股东及债权人利益，法律要求各合并方股份公司董事会（监事会）应将合并的重组事项、权利义务转移书的通过以及合并协议的批准提交股东大会进行决议，并注明法律规定的必要信息。各合并方股份公司股东大会应当依照塔国立法规定的程序，就上述董事会（监事会）提交的决议作出决议。该规定体现了公司治理中董事会与股东大会的权力分工，即董事会负责执行层提案，而股东大会行使最终决策权。新设股份公司章程的通过及公司机构选举，由依合并协议规定期限召开的该新设股份公司股东大会完成。新设股份公司股东大会召集及召开程序的特别规定，由合并协议予以确认。股份公司合并后，原各公司法人人格消灭，合并各方终止存续，权利义务由新设公司概括承继。

《有限责任公司法》第58条明确了有限责任公司合并的相关规定，合并系指两个或数个公司终止存续，通过将其全部权力及义务转移至新设公司而设立新公司的行为。需要注意的是，此种合并为新设合并，区别于吸收合并，合并后原公司法人资格消灭，权利义务由新设公司概括承受，新公司独立承担责任。各合并方公司股东大会应根据《民法典》一般要求以及《有限责任公司法》对合并协议的特别规定做出决议，决议内容需包括批准合并协议（含合并条件、股份转换规则）、通过新设公司章程以及批准权利义务转移书。合并协议需由新设公司全体股东签署，以体现全体合意。并与其章程共同构成设立文件，以此具有约束新公司及股东的效力，并符合《民法典》以及本法相关规定。合并后，根据概括承继原则，原公司全部资产、负债、合同及诉讼权利义务自动转移至新设公司，并以权利义务转移书为法定转移文件。

②兼并。

《股份公司法》第95条明确了股份公司兼并的相关规定，兼并系指被兼并股份公司终止，其财产、权利及义务依《权利义务转移书》转移至另一股份公司的行为。此种兼并区别于上文提到的新设合并，属于吸收合并。被兼并方股份公司董事会需将兼并事项、《权利义务转移书》以及兼并协议提交股东大会审议，且兼并协议内容应符合本条第2款要求。被兼并方股份公司股东大会应按照法定程序，对董事会所提交文件进行审议并形成决议。存续方股份公司董事会（监事会）应将被兼并方股份公司股东大会批准通过的重组事项、权利义务转移书以及兼并协议提交股东大会决议，并评估被兼并方债务风险，确保符合 5%股本限制。存续方股份公司股东大会对本公司董事会（监事会）提交的兼并事项、《权利义务转移书》以及兼并协议进行批准通过。需要注意的是，若兼并导致股权结构发生变化或经营范围调整，还需修改公司章程。若存续方股份公司章程修改涉及股东权益重大调整则会触发股东联合会议，股东联合会议需双方股东共同出席，并按合并后股权比例或约定规则进行表决。第 95 条第 5 款规定了小规模兼并的例外规则，被兼并方总资产及负债≤存续方股本的 5%时，由存续方董事会（监事会）决议即可，无需股东大会批准。

《有限责任公司法》第 29 条明确了有限责任公司兼并的相关规定，兼并系指一个或多个公司终止，将其全部权利义务转移至另一存续公司。被兼并公司终止其法人资格，其全部资产、负债、合同及诉讼权利义务概括转移至存续公司。各参与兼并公司的股东大会应就重组事项、合并协议的批准及《权利义务转移书》的通过作出决议。如若发生公司章程修改涉及股东权益重大调整（如股东结构、持股比例）或需选举存续公司新机构（如董事会改组）等事项，即可召开股东大会，召开大会遵循程序自治原则，召开时间、议程及表决规则可由兼并协议灵活约定，但不得剥夺股东基本权利。存续公司根据概括承继原则，承继被兼并方全部权利义务，包括未披露债务及或有债务。

③分立。

《股份公司法》第 96 条明确了股份公司分立的相关规定，分立系指股份公司终止，其全部财产、权利及义务转移至新设股份公司，且原公司股份转换为新设公司股份的行为。分立时，原公司的权利义务依分立资产负债表转移至新设股份公司。为确保分立过程透明、合法，防止资产转移逃避债务，法律规定分立方董事会（监事会）需尽到提案义务，需将分立方案、新设公司设立、股份转换规则及分立资产负债表提交股东大会审议。决议内容包括：股份转换规则（含转换比例、面值调整、类别股处理）、股东权利保障、新公司设立细节（含名称、住所、股本结构等）。为强调股东权益保护，法律规定保留股东持股比例，若公司章程无特别规定，股东在新公司的持股比例须与原公司一致，并且强调类别股平等对待，优先股、普通股等不同类别股份的转换权利需独立规定，不得交叉损害。法律还规定相应债权人保护机制，股东大会分立决议通过后，需立即通知决议后产生的债权人，并且还需在两个月内向全体债权人发送书面通知，并在法定出版物刊登公告。若因分立导致债权实现困难，债权人可以要求提前偿债或赔偿损失，以实现自身救济。需要注意的是，新设公司对原债务承担连带清偿责任，债权人可向任一新公司主张全部债权。

《有限责任公司法》第60条明确了有限责任公司分立的相关规定，分立系指公司终止，其全部以确认的权利及义务转移至新设公司。公司分立后，原公司终止，法人人格消灭，资产、负债、合同、知识产权及未决诉讼，均通过分立资产负债表由新设公司概括承继。以分立形式重组的公司股东大会需履行批准分立方案（含分立原因、目的）、确定程序及时限（如资产评估期、债权人通知期）、通过新设公司设立方案（含名称、住所、股本结构）、批准分立资产负债表等义务。各新设公司股东应设立协议，明确股东间权利义务分配、出资比例等有关事项。新设公司股东大会应批准公司章程，以明确公司治理结构、经营范围等有关事项，并选举产生董事会、监事会等公司治理机构。若为全资子公司，则可以由原公司直接指定。分立资产负债表作为权利义务移转的唯一法定依据，需经审计并公示，分立时，原公司的全部权利及义务应根据分立资产负债表转移至新设公司。

④分拆。

《股份公司法》第97条明确了股份公司分拆的相关规定，分拆系指原股份公司存续，将其部分权利义务转移至新设股份公司的行为。分拆后原公司继续存在，仅转移部分权利义务以及债务，未转移债务仍由原公司承担。分拆方股份公司董事会（监事会）需将分拆方案（含程序、条件）、新设公司的设立、股份转换规则（包括分配或收购）以及分立资产负债表提交股东大会审议。分拆方股份公司股东大会应对上述提交事项作出决议。同时新设股份公司股东大会应批准其章程并选举公司机构。特别需要注意的是，若新设公司唯一股东为原公司，原公司股东大会直接批准新公司章程及机构。并且为保障股东相应权利，反对或未表决股东有权按原持股比例获得新公司股份，且其权利（如分红权、表决权）不得低于原公司章程的规定。分拆时，原公司的部分权利义务依分立资产负债表转移至各新设股份公司，分立资产负债表一般需由独立第三方审计，并列明资产与负债分配明细。

塔吉克斯坦共和国《有限责任公司法》第61条明确了有限责任公司分拆的相关规定，公司分拆系指原公司存续，将其部分权利义务转移至一个或多个新设公司的行为。分拆方公司股东大会应当就分拆事项、程序及时限、新设公司的设立以及分立资产负债表的批准等事项作出决议，并修改分拆方公司章程（包括股东结构变更、持股比例调整等分拆决议规定事项），必要时还可处理选举公司机构等其他事项。公司董事会、监事会由新公司股东大会选举，若新公司唯一股东为原公司，分拆决议、章程批准及机构选举由原公司股东大会直接完成，以简化程序。为保护股东权益，股东可要求按公允价格回购股份或按原持股比例获得新公司股份，并且转换规则不公还可提起决议撤销之诉。类别股（如优先股）需单独约定转换规则，避免权利的稀释。

⑤转型。

《股份公司法》第 98 条明确了股份公司转型的相关规定，即股份公司可依法定要求转型为有限责任公司或生产合作社。转型方股份公司董事会（监事会）需将转型方案（程序、条件）、股份转换规则（如股份转换为有限责任公司出资额或合作社股份）提交股东大会审议。除此之外，具体内容还应包括新法人治理结构、员工安置等。转型方股份公司股东大会应就董事会（监事会）提交的事项进行审议并形成决议。转型完成后新设法人的全体参与人应召开联合会议，根据相关法律规定批准其章程并选举（任命）法人治理机构。但是需要注意，联合会议需符合目标组织形式的法律要求，如有限责任公司需签署股东协议，合作社需选举理事会。

《有限责任公司法》第 62 条明确了有限责任公司转型的有关规定，有限责任公司可以转型为股份公司、补充责任公司或生产合作社。转型目标组织形式分别有不同特点，股份公司中股东以股份为限担责，适合大规模融资，并且股东权利与持股比例挂钩；补充责任公司中当公司资产不足清偿公司债务时，股东还需在出资额外承担补充清偿责任；生产合作社强调成员平等参与，利润按劳分配，一般适用于农业、手工业等领域。转型方股东大会应就转型事项、程序及时限、公司股份转换为股份公司、补充责任公司或生产合作社成员股份的具体规则、转型后新设法人的章程以及《权利义务转移书》作出决议。转型后新设法人全体股东应根据相关法律选举其机构，并指定机构（如董事会秘书）负责向登记机关提交组织形式变更信息。且还需在法定期限内完成登记，否则转型无效。公司转型通过法人形式变更以实现法人的治理优化或责任调整，以此实现法人的良性发展。

（3）清算

《民法典》第 62 条明确了法人清算的一般规定，法人的清算导致其终止，且其权利义务不通过法定继承程序转移至他人。清算导致法人主体资格归于消灭，但其权利义务不通过继承转移，而需通过法定程序处理，即具有非承继性，区别于合并、分立，法人清算后无权利义务继受主体。法人清算完成后，原股东或创始人一般不再对未清偿债务承担责任，但恶意讨债的除外。法人清算主要有两种形式，其一为由于法人存续期限届满、目标实现、股东一致同意解散等原因进行的自愿清算，由法人创立者（参与者）或法人章程授权机构作出决议。其二则是基于法院裁定而进行的强制清算，若发生设立违法，即法人在设立时即存在不可纠正的严重瑕疵，如虚假出资；非法经营，即法人无证经营或从事禁止性活动，如洗钱；持续违规，即社会团体、宗教组织、基金会持续从事违背其章程宗旨的行为；执照吊销，即法人执照被吊销且执照规定业务为其唯一合法经营范围等情况时，国家授权机关便可向法院申请强制清算。法人因破产宣告被清算的，以及法人财产不足以清偿债权人的，依照《民法典》第 66 条之规定。此外，在涉及金融机构清算时实行特别法优先原则，优先适用银行法、保险法等法律规定，若无规定，则适用本法。

法人创立者（参与者）或清算决议机构（如董事会）需向登记机关履行即时报告义务，采取正式函件或法定表格等书面形式通知登记机关。登记机关则需要在国家法人登记簿上标注清算状态，并在官网进行实时公示，以确保信息公开透明。上述人员或机构应依法组建清算组，清算组成员需符合法定资格，如无相关利益冲突、具备财会或法律专业知识等，并在决议中明确清算程序及时限。自清算组成立之日起，原法人机构的财产管理权自动终止，由清算组全权负责，清算组需负责资产清点、估值与变现、债务的核查与清偿等义务。此外，法人机构实施取得财产，如签订新合同、接受赠予，清偿债务，包括部分清偿或与债权人达成和解等行为时需取得清算组书面同意。

清算组需在国家指定的定期刊物及法人登记机关官网，发布关于法人清算的公告，内容需明确债权人申报债权的程序（如申报方式、材料要求）及时限（≥2 个月）。清算组还需主动联系已知债权人，同时以书面形式通知债权人关于法人的清算事宜，避免遗漏。清算组需通过查阅财务记录、公告催告、委托律师调查等方式全面识别债权人。债权人申报期限届满后，清算组应编制临时清算报告，列明资产清单（不动产、应收账款等）、债权申报清单（含异议债权）、审查结果（确认、驳回）。临时清算报告由原股东会或清算决议机构批准，以示权力的交接。非国有被清算法人货币资金不足以清偿债权人要求时，清算组应通过公开拍卖的程序变卖法人财产进行清偿，具体程序可参照法院执行规则。同时禁止低价处置，若拍卖价格明显低于市场价，债权人可撤销申请。若法人资产不足以清偿债务或存在破产迹象，如停止支付、资不抵债时，清算程序即转为破产程序，按照破产相关法律规定。清偿顺序依照《民法典》第 65 条规定，但需特别注意的是，第四顺位需在临时清算报告批准 1 个月后延迟支付，旨在预留资金应对潜在争议债权。

在涉及国有企业清算时，特别规定了债权人的追索权，即国有公司清算后资金不足的，债权人可诉请以国家财政资金或国有资产所有者资产补充清偿，但该规定可能涉及政府协调，清偿周期较长。

清偿债权人后的剩余财产按照物权优先的原则进行分配，剩余财产优先分配给特定财产享有所有权或担保物权的股东，但允许通过章程约定或其他分配方式进行分配。清算企业在国家法人登记簿完成注销时，法人资格正式消灭，登记机关还需同步更新官网信息，防止“僵尸企业”存续。

《民法典》第65条规定了法人清偿顺位规则。担保权优先，担保债权人可就特定担保财产（如抵押房产、质押股权）优先受偿，但需遵循法定变现程序，为体现社会公益保护，人身损害赔偿债权优先于普通债权。劳动债权保障，解雇赔偿金及著作权报酬优先于税款，以此避免劳动者权益受损。国家税收次位，税款清偿顺位低于劳动债权，但高于普通商事债权，平衡财政利益与私权保护。普通债权最后，无担保债权人按比例分配剩余财产，体现风险自担原则。同一顺位债权人按债权比例分配财产。特别需要注意的是，银行、保险公司等清算适用关于信贷机构清算的特别法规定执行。为防止债权长期悬置，未获清偿且未及时主张的债权视为消灭。若在清算过程中存在恶意转移资产的行为，债权人可追溯原股东责任。本条通过法定顺位以及担保物优先原则，可以有效平衡债权人利益与社会公共利益。

此外，《有限责任公司法》和《股份公司法》还规定了有关有限责任公司以及股份公司清算的特别规则。

3. 塔吉克斯坦的企业退出监管评述

企业退出机制是市场经济运行中必不可少的一环，而企业退出制度则是该机制的重要制度保障。它既是市场经济主体优化资源配置、适应市场变化的重要手段，也是政府对市场主体退出行为的程序性保障。塔吉克斯坦共和国以本国《民法典》为基石建立了一套较为系统的企业退出制度，该项制度依托《民法典》并融合多部法律，覆盖了从企业家个人破产到各类企业法人退出的各种情形，实现了不同法律规定之间的相互补充。塔吉克斯坦企业退出制度通过类型化设计与多层次立法，构建了兼具经济理性与法律规范的法律制度框架，为市场主体提供了多元的退出路径，并且在债权人保护与国有企业监管等方面形成特色。

然后，由于其关于企业退出的规定分布在多部法律之中，且法律规定较为繁杂，对于市场主体而言，学习和遵守成本较高。因此，可以考虑制定一部专门的企业破产法来对企业退出问题进行专门规定，也可以更好地完善本国法律体系。

（二）企业退出之公共服务的可获得性

1. 企业退出主管机关

塔吉克斯坦共和国《民法典》第58条第2款规定，为依法限制垄断活动，若法人的创始人或授权机构未能及时对法人进行重组，则由法院任命外部总经理接手法人管理权，代表法人出庭，对该法人进行重组。第63条第2款规定，法人实体或做出法人实体清算决定的机构的创始人（参与者）根据本准则成立清算委员会并制定清算程序和条款。清算委员会自任命起掌握法人实体机构权力，法人收购财产或偿还债务需经清算委员会同意。第64条规定，清算委员会需在报纸、网站刊登法人相关数据声明其债权人，并且采取一切手段确定债权人以及接收应收账款，并以书面形式通知债权人。在债权人提出要求的期限终止后，清算委员会需制成临时清算资产负债表，内容包括有关被清算法人实体的财产结构、债权人施加的要求清单以及其对价结果的信息。如果被清算的法人（国有公司和组织除外）的资金不足以满足债权人的要求，则清算委员会根据为执行法院决议而设立的程序，从公开招标中出售法人的财产。如果该法人实体的财产不足以清偿债权人的债权要求，或者存在破产迹象，清算委员会应当提交关于认定该法人实体破产的申请。

《有限责任公司法》第63条第2款规定，公司股东大会关于公司自愿清算和清算委员会的任命，应根据公司董事会（监事会）的建议、执行董事机构或公司股东的建议做出。第3款对公司股东涉及国家问题做出专门规定，即清算委员会结构中需添加政府管理国有财产的机关、出售国有财产的专门机构、共和国国有财产管理机关或地方当局的代表，否则清算委员会无法成立。第64条规定，公司偿还债款后剩余财产由清算委员会按法律规定顺序在公司股东之间进行分配。

《股份公司法》第99条规定，如果法院通过分立或分拆决定授权进行强制重组的股份公司机构没有及时进行该决定中规定的重组，法院指定受托人并责成其以分立或分拆的形式进行重组。自任命时，将董事会（监事会）和股份公司执行机构的权力以及股东大会的权力传递给它。该法第100条第2款规定，在自愿清算股份公司的情况下，被清算的股份公司的董事会（监事会）根据股东大会的决定，提出清算股份公司和任命清算委员会的问题。自愿清算的股份公司股东大会决定清算股份公司并任命清算委员会。第100条第3款规定，自任命清算委员会时起，将股份公司管理的所有权力移交给它。清算委员会代表被清算的股份公司在律师处辩护。该条第4款同样规定了公司股东涉及国家时的情况。该法第101条规定了清算委员会的部分职责，清算委员会在新闻机关发布有关法人实体注册、股份公司清算信息、债权人提出要求的数据。清算委员会采取措施确定债权人和接收应收账款，并书面通知债权人清算股份公司。债权人提出要求的期限终止后，清算委员会制作临时清算资产负债表。如果清算的股份公司有资金不足以满足债权人的要求，清算委员会按照为执行判决而设立的顺序从公开招标中出售股份公司的其他财产。自清算之日起，清算委员会根据《民法典》根据临时清算资产负债表确定的优先顺序向清算股份公司的债权人支付款项。清算委员会在与债权人完成计算后，制作清算资产负债表，由股东大会与对被清算的股份公司进行国家登记的机构协调批准。

2. 塔吉克斯坦企业退出公共服务的可获得性评述

塔吉克斯坦共和国通过多部法律构建起了关于企业破产管理机构的规范体系。首先以《民法典》为基础，明确在限制垄断等特定情形下，法院可任命外部总经理介入法人重组，保障市场竞争秩序。在清算环节，由法人创始人等组建清算委员会，清算委员会需履行积极处理债权债务，多渠道告知债权人信息，编制临时清算资产负债表等义务。

塔吉克斯坦《有限责任公司法》与《股份公司法》在此基础上，针对企业特性细化规定。公司的清算决策及清算委员会任命有特定流程，当股东涉及国家时，清算委员会必须纳入相关国有财产管理机关代表，凸显国家对国有资产监管。

这一破产管理机构体系，分工明确、流程清晰，既可以保障企业破产清算工作的有序进行，又能够兼顾不同类型的企业，尤其是对涉及国有资产的企业着重监管。

（三）企业退出效率

1. 一般规定

塔吉克斯坦共和国《民法典》第 64 条是关于法人清算程序的规定，第 1 款规定法人信息披露由清算委员会执行，且期限不得少于自清算公告发布之日起两个月。该条第 6 款规定，清算委员会应根据《民法典》第 65 条规定的优先程序和临时清算资产负债表，自批准之日起向被清算法人实体的债权人支付款项，但第四队列的债权人除外，其付款应在临时清算资产负债表批准之日起的 1 个月后支付。《民法典》第 67 条规定，从认定该法人实体破产的那一刻起：若此前未到期，该法人实体的所有债务的偿还期限均视为已到期；该法人实体的所有债务的罚金和利息的计收停止；法律规定的对该法人实体财产提出索赔的所有限制均予以解除；除已产生法律效力的裁决外，以该法人实体为被告的所有诉讼程序均告中止；所有针对该法人实体的财产诉求，只能在破产程序范围内提出。

2. 有限责任公司

《有限责任公司法》第57条第3款规定，除了以合并和转型形式进行的重组情况外，自因重组而设立的法人实体完成国家注册之时起，公司即被视为已完成重组。当一家公司以与其他公司合并的形式进行重组时，参与合并的公司应在规定时间内，同时向负责进行国家注册的机构提交一份将上述信息录入统一的国家法人实体和个体工商户登记册的申请。自将被合并公司活动终止的数据以及公司章程性文件变更的数据录入统一的国家法人实体和个体工商户登记册之时起，该公司即被视为已完成重组。当以转型形式进行的公司重组，自将公司组织和法律形式变更的数据录入统一的国家法人实体和个体工商户登记册之时起，即被视为重组完成。该条第5款规定，公司有义务在公司重组决议获批之日起30日内，以书面形式将公司重组决议通知公司所有已知债权人，并在发布法人实体国家注册信息的报刊上发布关于该获批决议的公告。在公司以合并或整合形式进行重组时同样需如此操作。在此情况下，公司债权人自收到通知之日起30日内，或自获批决议公告发布之日起30日内，有权以书面形式要求公司提前终止或履行相应债务，并赔偿其损失。

3. 股份公司

《股份公司法》第93条第3款规定，除了以并入和转型形式进行的特定重组情况外，从新产生的法人实体完成国家注册之时起，该股份公司即被视为已完成重组。当股份公司通过其他股份公司并入的方式进行重组时，参与并入的股份公司应按照规定程序，同时向负责国家注册的机构提交将上述信息录入统一的国家法人实体和个体工商户登记册的申请。自将被并入的股份公司活动终止的数据以及股份公司章程性文件变更的数据录入统一的国家法人实体和个体工商户登记册之时起，该股份公司即被视为已完成重组。当股份公司以转型的形式进行重组时，自将股份公司商业模式变更的数据录入统一的国家法人实体和个体工商户登记册之时起，即被视为重组完成。该条第5款规定，股份公司必须在其重组决议作出之日起30日内（若股份公司以合并或并入的形式进行重组，则自参与合并或并入的最后一家股份公司作出相关决议之日起30日内），以书面形式将该事项通知股份公司的债权人，并在《股份公司法》规定的用于发布法人实体国家注册信息的印刷出版物上，发布关于已作出的该决议的公告。《股份公司法》第96条为股份公司分立的规定，该条第5款规定，股份公司必须在股东大会作出分立决议之日起两个月内，向所有债权人发出书面的分立通知，并在出版物上刊登相应公告。通知（公告）应附分立资产负债表，以及每家新组建的股份公司的名称和地址信息。该条第6款规定，已重组股份公司的债权人有权在收到通知（公告发布）之日起两个月内，要求股份公司提前履行相应债务并进行赔偿。《股份公司法》第101条第1款规定，股份公司在清算时，债权人申报债权的期限自股份公司清算消息发布之日起不得少于两个月。

4. 评述

在法人清算程序上，塔吉克斯坦共和国《民法典》规定清算委员会执行信息披露，期限不少于两个月，付款有特定顺序和时间要求，如第四队列债权人付款在临时清算资产负债表批准1月后，这些规定旨在有序处理债务，保障债权人权益，但较长的信息披露和付款间隔可能在一定程度上影响退出效率。对于破产的认定，《民法典》明确了债务到期、罚金利息停止计收等规定，这些规定虽能规范破产后的程序，但同时也增加了程序的复杂性。

在企业重组时，塔吉克斯坦共和国《有限责任公司法》与《股份公司法》都要求企业在规定时间内通知债权人并公告。如有限责任公司和股份公司在重组决议获批或作出后30日内通知债权人，股份公司分立时需在股东大会决议后两个月内通知债权人等，这些规定都可以在兼顾效率的同时有效保障债权人知情权。

但众多时间以及程序上的要求，可能会导致企业在材料准备、信息公示等环节耗费较多精力，进而影响重组进程。如果可以针对部分程序做出适当简化势必可以提高企业退出效率。

十、国际贸易

塔吉克斯坦，在国际贸易发展的进程当中面临着诸多挑战，其地理位置的限制及政治环境的制约使得整体经济发展较为缓慢，并且国家整体基础建设的薄弱和法律体系的不成熟都对其国际贸易发展形成阻碍。但是伴随着“一带一路”倡议的稳步推进与落实，塔吉克斯坦在世界贸易格局当中的地位日益凸显，也逐渐变成了连接欧亚大陆贸易层面的关键节点。

当前，塔吉克斯坦在国际贸易当中仍具有充分进步的空间。对于贸易层面而言，该国的相关法律框架尚未充分建设，并且社会整体治理水平也有亟待解决的问题，在国际贸易实际操作层面也存在许多效率低下的现实问题。因此，本书针对以上这些问题深入分析塔吉克斯坦国际贸易相关的法律法规体系、并对监管体制和实务操作效率等问题作出回应，试图探寻出一条合理的优化路径，可为政策制定者提供有效的决策依据，为各方企业参与到塔吉克斯坦的贸易合作领域中提供有益的参考。

（一）塔吉克斯坦国际贸易现状概述

塔吉克斯坦的国际贸易近年来呈现出增长态势，但其长期层面仍面临着贸易失衡和出口种类单一化等问题。根据相关统计报告，塔吉克斯坦2024年1—10月的商品出口总额约为15.5亿美元，同比增长1.6%，约75%的出口包括矿产品（电力、水泥、煤炭、矿石和精矿）和金属，包括贵金属，即原材料；进口总额增长至57.7亿美元，同比增长24.2%，进口结构中，机械设备（3.78亿美元）、车辆（3.27亿美元）和贱金属（3.16亿美元）占比较高，总体贸易逆差进一步扩大至42.2亿美元。① 自“一带一路”倡议开展以来，塔吉克斯坦的贵金属出口额持续增加，特别是在2024年上半年的贵金属进口额激增到了3.43亿美元，这也一定程度上反映出该国对资源型经济的高度重视和依赖。②

塔吉克斯坦的对外贸易合作伙伴主要包括俄罗斯、中国、哈萨克斯坦和瑞士，在2023年，塔吉克斯坦和俄罗斯的贸易交往十分密切，双方贸易总额高达17亿美元，占比达到塔吉克斯坦外贸总额的20.6%。塔吉克斯坦在2023年从俄罗斯进口了价值总额15.8亿美元的商品，涉及能源和工业设备等领域。紧随其后，中国以15亿美元的贸易总额成为塔吉克斯坦的第二大贸易伙伴。对于塔吉克斯坦而言，中国在该国的国际贸易当中扮演着双重角色，一方面，中国作为其主要的进口来源国，占其进口总额的22.1%，为其提供了丰富的商品和服务；另一方面，中国以其出口总额的20.3%，为塔吉克斯坦的产品走向国际贸易之路打开了广阔的市场。2024年上半年，该国与全球106个国家开展了贸易。该国主要贸易伙伴是俄罗斯（9.68亿美元）、中国（8.77亿美元）、哈萨克斯坦（6.69亿美元）和瑞士（6.4亿美元）。与此相比，瑞士因贵金属贸易与塔吉克斯坦保持着紧密的联系，2024年1月至10月对该国的出口占比高达19.3%，也再一次凸显了塔吉克斯坦在国际贵金属贸易中的重要地位。③

目前来看，塔吉克斯坦已经与全球超过111个国家建立起了相互贸易关系，充分展现了该国在国际贸易当中的积极参与。然而其经济结构的单一脆

---

① 参见《塔吉克斯坦对独联体国家贸易额同比增长19.5%》，载顺企网，https://blog.11467.com/b9538105.htm，2025年2月10日访问。

② 参见《塔吉克斯坦贸易差额为负数，高达24亿美元》，载每日经济网，https://cn.dailyeconomic.com/2024/08/20/106929 html，2025年2月10日访问。

③ 参见《塔吉克斯坦对独联体国家贸易额同比增长19.5%》，载顺企网，https://blog.11467.com/b9538105.htm，2025年2月10日访问。

弱，并且过度依赖原材料的出口，这也使得该国的贸易收入极易受到国际市场行情的影响。同时，该国大量进口机械设备以及能源类产品，也会进一步加剧其贸易逆差的压力。在区域合作方面，塔吉克斯坦与周边国家的贸易总数近些年来也在显著增长，2023 年塔吉克斯坦与俄罗斯贸易额超过 17 亿美元，同比增长 2.5%，其中，塔自俄进口额为 15.8 亿美元，对俄出口额为 1.347 亿美元，塔俄贸易占塔对外贸易总额的 20.6%。在独联体国家中，哈萨克斯坦与塔吉克斯坦的贸易额排名第二，达 11.488 亿美元，占塔对外贸易总额的 13.8%，同比下降约 20%，其中，塔自哈进口额约为 8.93 亿美元，对哈出口额约为 2.558 亿美元；塔与乌兹别克斯坦的贸易额超过 5 亿美元，同比减少 9.2%；与白俄罗斯的约为 9390 万美元，同比增长 5%；与吉尔吉斯斯坦的约为 1170 万美元，同比减少 22.5%；与阿塞拜疆的约为 750 万美元，同比增长 20%；与亚美尼亚的为 65.48 万美元，增长 1.5 倍。从数据上可以表明，该国与哈萨克斯坦等邻国贸易额所产生的波动，揭示了塔吉克斯坦在区域经济一体化进程当中仍存在不稳定性，经济结构的单一化对于塔吉克斯坦的经济复苏及未来的发展过程都可能会产生一定的影响。

鉴于此，塔吉克斯坦应对当下的经济结构失衡状况，最有效的举措便是在未来的发展战略当中采取推动产业升级和实施多元化的贸易策略，减轻对于原材料出口的依赖，并充分发展第三产业和相关高新技术产业。同时深化与中国等贸易大国的相关投资合作，促进中资银行在塔吉克斯坦拓展跨境金融领域的业务，进而增强经济抗风险能力，推动其持续发展。

（二）塔吉克斯坦国际贸易的法律框架

首先，塔吉克斯坦的《宪法》确立了其主权国家的地位，为国际贸易活动提供了根本的法理基础与法律依据。在此基础上，塔吉克斯坦的商事法律法规体系通过规定商事主体资格、商事行为规范以及商事合同效力等方面的内容，为该国的国际贸易活动提供了具体的规范指导。通过基础法律规则的构建并辅之对外贸易法律规则的框架，例如，该国的《对外贸易法》专项规定了对外贸易的管理机制、相关促进措施以及投资保护等措施方面的内容，从而充分确保跨境贸易的高效与安全。

其次，从对外贸易的角度而言，《海关法》通过制定关税政策、进出口管制及税收制度等法律框架从而明确该国的对外贸易结构与经济走向，特别是关税和出口管制层面，其规范体系以《出口管制法》为基础，明确了对“管制货物、技术和软件”的出口限制，并结合《海关法》对相关贵金属、战略性矿产资源的严格管制也可以充分保证出口的透明性并防止本国资源的过度外流。关税层面的调整和区域合作政策的落实，一方面可以保护国内产业的孵化与发展，另一方面也能在一定程度上契合对外开放的国际需求。①

再次，为确保国内产业免受外部冲击的同时满足复杂的国际贸易规范要求，则不可避免地需要建立相关争议解决规范体系，为国际贸易纠纷以及本土企业利益协调需求提供相应的法律依据。因此《国际商事仲裁法》明确规定了常设仲裁机构与临时仲裁庭的管辖权，以及对仲裁裁决的承认与执行程序。通过对国际商事仲裁协议效力的认可，并同时要求国内法院不得干预已提交仲裁的争议，允许双方当事人自主选择仲裁规则，从而实现对于争议解决的机制建立，最终增强外国投资者在塔吉克斯坦进行贸易往来的信心。② 此外，塔吉克斯坦作为《纽约公约》的缔约国，通过条约效力使得其仲裁裁决可在全球绝大多数国家中具有执行效力，进一步提升了其在跨国贸易中对于争端解决的便捷性和效率性。

最后，在塔吉克斯坦的国际贸易法律框架中，依据《税法典》的相关条款，企业法人需缴纳的所得税率为25%，并且对于符合条件的外资企业塔吉克斯坦的相关法律规定其可享受 5 年的免税期；在增值税的征收上，该国的出口产品适用零税率的政策优惠，用于技术改造的进口生产设备可免除增值税的缴纳。此类税收激励政策的实施，可以充分改善该国长期以来的对外贸易结构，在调动外资流入的积极性基础上实现对于本国国际贸易的多元化需求。

总体而言，一国整体的贸易法律框架是该国参与到全球贸易秩序的基础，它不仅需要为国内外的投资者提供了法律保障，还需要充分地促进经济活动的开展。塔吉克斯坦近年来在不断地加强和完善其国际贸易法律法规体系，结合“一带一路”战略框架，以国内立法和国际协定为基础，通过修改和完善包括《宪法》《商法典》《海关法》《对外贸易法》以及《税法典》等相关法律法规，并辅以对外国投资者的优惠政策，共同搭建起较为完整的贸易法律法规秩序，从而适应其经济全球化和区域一体化的战略要求。

（三）国际贸易监管框架分析

在分析研究国际贸易的过程中，必须注重将研究视角从贸易机制的建立转向到制度落实与保障。塔吉克斯坦的国际贸易法律体系的实际运作需要靠

---

① 参见《塔吉克斯坦共和国出口管制法》，载一带一路法治地图网，https://qhsk.sz.gov.cn/qhbr/law/detail/408，2025 年 2 月 13 日访问。

② 参见《塔吉克斯坦共和国国际商事仲裁法》，载一带一路法治地图网，https://qhsk.sz.gov.cn/qhbr/law/detail/322，2025 年 2 月 13 日访问。

监管框架的完善与适配。在监管层面，其应基于国内立法与国际条约的相互呼应，制定一系列的出口管制、关税政策和相关的规制措施，进而可构建出一套平衡市场保护与贸易自由的监管体系。

1. 法律体系与出口管制

前文提到，塔吉克斯坦出口管制的相关法律法规明确了对“管制货物、技术和软件”的出口限制，尤其是关于军民两用物资以及大规模杀伤性武器的相关技术，并且规定相关企业在进行贸易的过程中需要严格履行申报和审批义务。以铝制品为例，其作为该国重要的管制出口商品，出口过程中需要通过政府层面的审核以保证交易的透明性，对于贵金属的出口也需要经过严格的监管程序，从而防止金属资源的过度外流。

2. 关税政策与进口限制

在关税与进口监管方面，塔吉克斯坦通过制定相应的差异化关税政策，以实现对本土环境的保护和减排要求的达成。例如，根据该国法律，对于2013年之前生产的燃油汽车实行禁止进口的措施，并且对二手车实行25—100美元的阶梯式关税政策，以减少老旧车辆对环境的压力。同时，塔吉克斯坦还规定了对电动汽车实施零关税的政策，显著促进了绿色新型能源技术的引进。此外，为了维护国内市场发展，避免因低价倾销而损害国内市场的利益，塔吉克斯坦对于如棉花、烟草等部分农产品的出口实施质量与数量的管制，使得更好地推动国内市场与国际贸易的互利共赢、共同发展。

3. 贸易便利化改革

在进行国际贸易的过程中，对于两国经营者最大的挑战是双方遥远的距离以及两国对于贸易经营不同的法律规定以及政策的规定。为进一步推动国际贸易的高效进行，塔吉克斯坦于2020年试行“一站式审批服务模式”，通过整合海关、税务等部门职能，允许企业通过单一窗口提交进出口文件，来显著降低合规成本，简化贸易程序。同时，塔吉克斯坦还参与了“READY4Trade中亚项目”，与哈萨克斯坦、吉尔吉斯斯坦等邻国共同建立贸易门户网站，统一区域贸易规则与数据标准，从而大大推动了中亚区域的经济合作。

4. 评述

总体而言，塔吉克斯坦的国际贸易监管体系虽然在《出口管制法》《外商投资法》等方面已经与国际标准基本保持一致，但在地方执法层面仍然存在对政策的理解具有偏差、操作标准不统一等显著问题，致使企业面临“法规冲突”或“政策模糊”等困境，且呈现出“立法先行，执行滞后”的现实问题，同时，塔吉克斯坦在资源出口和关税管制等领域也呈现出较强的保护主义倾向，虽然在一定程度上可以维护经济主权，但也与国际市场自由化趋势相矛盾。笔者认为塔吉克斯坦在未来的发展过程中需要提高海关数字化技术，并且通过中亚区域合作机制统一贸易数据标准，以破解“中央立法热、地方执行冷”的困局。此外，在平衡开放与保护时，可以借鉴“中国—中亚自贸区”的实践经验，探索“渐进式开放”的发展模式，只有将法律文本的“国际化”转化为执行的“本土化”，才能真正提升其在中亚贸易网络中的枢纽地位。

（四）公共服务与基础设施建设

1. 交通基础设施的法律保障

塔吉克斯坦绝大部分的国土为山地，地形地貌复杂，因此，被称为“高山之国”，这也决定了塔吉克斯坦的交通基础设施的建设成本要远高于其他国家。为改善因交通基础设施的落后而长期制约其经济发展的情况，塔吉克斯坦通过国际合作与专项立法逐步改善交通环境。在公路方面，其核心干线以首都杜尚别为中心辐射周边国家，包括连接中国的塔中公路和连接吉尔吉斯斯坦的塔吉公路。塔吉克斯坦政府还将交通列为优先发展领域，加大对其的投资建设，大力推动发展。在铁路方面，塔吉克斯坦铁路网络分为北、中、南三段，总长仅 680 公里，其存在铁路设施不够完善，且依赖邻国乌兹别克斯坦的过境线路情况，这直接导致的问题是塔吉克斯坦的铁路运输效率格外低下，大大限制了经济的发展。为解决这一困境，《运输法》规定铁路为国家所有，并通过《2025 年交通规划》推动南北铁路连接项目，例如杜尚别—瓦赫什铁路段建设，以减少对邻国的依赖。

2. 能源基础设施的法律驱动

“水电兴国”是塔吉克斯坦的基本国策，该国水力资源储量居世界第八位，人均第一，其中罗贡水电站是塔乃至中亚地区在建规模最大的水电站。塔吉克斯坦政府把大力建设水电站作为国民经济发展的优先领域，力争把塔打造成为地区电力的出口大国。[①] 水电资源开发作为该国的战略核心，塔政府制定了《水电开发中长期发展规划》，该规划将塔吉克斯坦的水电开发分成了三个阶段，力求实现重大飞跃。不仅如此，在推动水电资源开发的过程中，塔吉克斯坦还为其发展提供法律保障，《投资法》为外资进入能源领域提供税收优惠，法律规定外资占比 30% 以上的企业可享 5 年的免税期，以此吸引中

---

① 参见本书编委会编：《企业对外投资国别（地区）营商环境指南：塔吉克斯坦（2020）》，第 10 页，载中国国际贸易促进委员会网，http://www.ccpit.org/，2025 年 1 月 3 日访问。

国、俄罗斯等国的投资，大大推动了塔吉克斯坦水电能源建设的发展。但是，塔吉克斯坦电力基础设施的分布不均与输电损耗问题依然突出。尽管水电占发电总量的90%以上，但冬季枯水期仍需依赖燃煤电厂补充供电，导致环境污染与成本上升。此外，电力出口依赖阿富汗、巴基斯坦等不稳定的市场，国际协议的执行风险较高。塔吉克斯坦政府通过《能源安全法》强化跨境电力贸易的合同保障，并推动区域电网互联项目，以平衡供需矛盾。这些法律工具虽然保障了其发展，但由于塔吉克斯坦的技术不够高端、资金不够充足以及地缘政治波动仍威胁其可持续性的发展。

3. 公共服务设施的法律规制

塔吉克斯坦由于基础较为薄弱，其仍然是亚洲固定电话普及率最低的国家之一，宽带普及率也不高。[①] 近几年，塔吉克斯坦在通信设施建设方面取得了一定的进展，2020 年初，塔吉克斯坦 Megafon 通信公司投用该国 5G 网络的首个区段，这意味着其已经进入第一批采用新通信标准的国家行列，这将为塔吉克斯坦发展现代数字经济奠定重要基础。[②] 尽管如此，塔吉克斯坦依然在法律的制定与实施方面有很大的矛盾。在通信领域方面，城乡差距问题依然明显。根据《通信法》，政府鼓励外资进入通信领域，并通过税收优惠推动网络基础设施建设。目前，该国拥有多家运营商，3G/4G 网络覆盖主要城市，城市移动电话网络基本形成。但是，网速较慢，且费用高昂，2M 带宽的上网费用每月需要 1000 美元，远远超过了塔吉克斯坦人民的平均消费能力。并且，农村地区的通信覆盖率不足 13%，严重制约了数字经济的发展。[③] 为改善这一状况，塔吉克斯坦政府制定了《2025 年数字发展战略》，提出将互联网普及率提升至 50%，并通过税收减免政策鼓励企业投资偏远地区基站建设。但仍需解决的问题依然是资金短缺和技术滞后而导致的政策实施效果有限。所以，本文认为需通过修订《通信法》进一步细化农村通信设施建设的财政支持条款，并加强与国际组织的合作，以缩小城乡数字鸿沟。

除了通信设施的建设以外，塔吉克斯坦在医疗与教育设施建设方面也面临着较为明显的资源分配不均衡的问题。在医疗设施建设方面，存在着严重的资金短缺、管理不善等问题，基层医疗机构因设备老化和专业人员的短缺，难以满足居民需求。在教育设施建设方面，城乡差距的问题就更加突出，为

① 参见互联网世界统计协会，https：//internetworldstats. com。

② 参见本书编委会编：《企业对外投资国别（地区）营商环境指南：塔吉克斯坦（2020）》，第 13 页，载中国国际贸易促进委员会网，http：//www. ccpit. org/，2025 年 1 月 3 日访问。

③ 参见《中亚五国投资指南土库曼斯坦（基础设施状况）》，载亚欧商务网，http：//www. cniru. org/hybg/1570. html，2025 年 2 月 27 日访问。

此塔政府也在积极推动学校网络覆盖率，推动数字化教学。笔者认为，需要制定相关法律强化中央和地方的责任划分，并借鉴“中塔经济走廊”模式引入外资参与医院和学校建设，以此更好地推进塔吉克斯坦的公共基础设施的建设。

4. 评述

总体而言，塔吉克斯坦的公共服务与基础设施建设与之前相比已有显著进步，但仍然存在法律滞后与监管执行不到位的情况，其交通、能源领域的专项立法与国际合作虽取得成效，但政策执行中的资金缺口、技术依赖与区域不稳定因素仍构成挑战。笔者认为，塔吉克斯坦在今后发展过程中，仍需大力发展生产力，不断提高经济水平，同时，需通过完善相关法律规定细化产业引导，强化地方问责机制，并借助“一带一路”推动国际合作，深化跨国技术转移，以实现从“山地屏障”到“区域枢纽”的转型。

（五）评估

根据2005—2014年的评估数据显示，塔吉克斯坦的国际贸易效率呈现先下降后稳步上升的趋势，这一变化与塔吉克斯坦的经济结构调整密切相关，早期塔吉克斯坦依赖农业和矿产资源的出口模式，而后期通过政策优化与国际合作逐步提升了贸易流程的规范性，提高了国际贸易的效率。

从贸易结构上来看，塔吉克斯坦长期存在出口单一化与进口需求失衡的问题。2024年数据显示，其出口商品中75%为矿产品和包括贵金属在内的金属，而进口则以机械设备、车辆和贱金属制品为主。[①] 这种用资源来换技术的方式虽然短期内能够拉动出口增长，但也会导致贸易逆差持续扩大，这样的结构性矛盾表明，塔吉克斯坦贸易效率的提升仍受到产业基础薄弱和法律执行不一致的限制。

塔吉克斯坦的国际贸易效率与其参与的区域合作机制紧密相关。作为“渝新欧”铁路沿线国家之一，塔吉克斯坦已经成为亚欧供应链中不可或缺的一部分。然而，过度依赖如俄罗斯、中国等少数市场则会导致该国的贸易风险集中，例如，俄乌冲突后俄罗斯经济萎缩直接冲击了塔吉克斯坦的能源进口与汇款收入，大大减少了塔吉克斯坦的贸易出口额。

笔者认为，在未来发展过程中，塔吉克斯坦需通过法律与政策的协同改革提升效率。首先，通过完善相关法律规定，推进国家基础设施的建设，强

① 参见《塔吉克斯坦贸易差额为负数，高达24亿美元》，载每日经济网，https://cn.dailyeconomic.com/2024/08/20/106929.html，2025年3月2日访问。

化交通与能源项目的可持续性发展；其次，加强监管体系，推动数字化系统建设，保证政策的落实以及减少人为的干预；最后，积极参与“一带一路”的国际合作，推进国际贸易的进行与发展，构建跨国技术协同发展体系，逐步摆脱对资源的过度依赖。

第四章　营商环境治理典型案例

一、阿洛伊斯·舍恩伯格诉塔吉克斯坦［Alois Schönberger v. Republic of Tajikistan，ICSID Case No. ARB（AF）/19/1］①

本案是塔吉克斯坦的首例索赔案，原告为奥地利公民 Schönberger 先生，被告为塔吉克斯坦 Levakan-M 公司。纠纷源于 Schönberger 先生在香港注册的 Super Perfect Investments Limited 公司与 Levakan-M 公司签订的棉花采购协议。

基本案情：

本案是因塔吉克斯坦当地银行未向原告支付银行担保而引起的经济纠纷。原告声称，塔吉克斯坦 Agroinvestbank 银行作为担保方，参与了原告与两家塔吉克斯坦公司间的棉花购买合同交易，但交易未能如期交付货物，且未退还原告已支付款项。

2013 年 2 月 11 日，Schönberger 先生拥有的一家香港公司 Super Perfect Investments Limited（即 Super Perfect）和一家名为 Levakan-M（即 Levakan）的塔吉克斯坦公司签订了两份合同，合同的内容为由 Super Perfect 购买 Levakan 所销售的 20000 公吨棉花。根据与所签的合同可知，Levakan 需要按时按量保证棉花作物的供应，并接受 Super Perfect 公司的分期付款，而 Super Perfect 公司则需要及时支付相应的资金。且该合同明确规定，塔吉克斯坦银行 Agroinvestbank Open Joint Stock Company（即 AIB）将为 Levakan 公司交付的棉花提供担保，金额为 1100 万美元。AIB 已出具一份金额为 1100 万美元的银行担保。

2013 年 2 月 11 日，Super Perfect 公司同时与第二家名为 ALM LLC（即 ALM）的塔吉克斯坦公司签订了一份合同，由 Super Perfect 公司购买 ALM 公司销售的 10000 公吨棉花。根据与 ALM 所签的合同可知，ALM 需要按时按量地保证棉花作物的供应，并接受 Super Perfect 公司的分期付款，而 Super Per-

① 参见 Alois Schönberger v. Republic of Tajikistan，https：//investmentpolicy. unctad. org/investment-dispute-settlement/cases/954/sch-nberger-v-tajikistan，2025 年 2 月 7 日访问。案例原文网址：https：//www. italaw. com/cases/8291.

fect 公司则需要及时支付相应的资金。ALM 合同明确规定，AIB 将保证 ALM 交付棉花，金额为 600 万美元。随后 AIB 出具了金额为 600 万美元的担保函。

随后，Super Perfect 公司正式履行了 Levakan 和 ALM 合同项下的预付款义务。但 Levakan 和 ALM 均未履行其合同规定的义务。

由于 AIB 银行的多数股权一直以来都由塔吉克斯坦控制和拥有，且塔吉克斯坦前副总理 Murodali Alimardon 先生自始至终都参与并协调了 AIB 与 Levakan 和 ALM 合同的各个方面，因此，AIB 在本案中的行为可视为塔吉克斯坦的行为。2014 年 2 月 19 日，Super Perfect 根据 Levakan 担保要求 AIB 支付保金 1100 万美元；同时根据 ALM 担保要求 AIB 支付 60440902 美元。2014 年 2 月 24 日，AIB 向 Super Perfect 发出正式函件，回应了对方的两项要求，明确表示拒绝履行 Levakan 保证及 ALM 保证，并要求对方撤回相关要求。因此，AIB 始终未能履行其相关承诺。

2014 年 11 月 6 日，Super Perfect 公司根据瑞士国际仲裁规则在瑞士日内瓦提起仲裁程序，针对 AIB 提起诉讼。

2018 年 3 月 16 日，Super Perfect 公司向塔吉克斯坦杜尚别市经济法院申请执行该裁决，但于同年 5 月 28 日遭到拒绝，此举明显违反了塔吉克斯坦的法律规定，特别是其签署的《承认及执行外国仲裁裁决纽约公约》。随后，Super Perfect 公司于 2018 年 6 月 28 日向塔吉克斯坦共和国最高经济法院提起上诉，反对裁决未得到执行，但再次遭到拒绝。

裁判结果：根据双方当事人提供的证据，仲裁庭多数成员作出以下裁决：①鉴于根据双边投资协定第 1 条第 2 款，不存在合格投资，仲裁庭无权审理案件的是非曲直。②所有其他索赔请求均被驳回。③被申请人应向申请人偿还一半的仲裁费用。[①]

综上，法院最终判决有利于国家，即申请人的索赔被驳回。

二、穆罕默德·阿马尔巴洛尔诉塔吉克斯坦［Mohammad Ammar Al-Bahloul v. The Republic of Tajikistan，SCC Case No. V（064/2008）］[②]

在本案件中，原告为奥地利公民 Mohammad Ammar Al-Bahloul，而被告则是塔吉克斯坦共和国（The Republic of Tajikistan）。Al-Bahloul 先生对基于四

---

① 参见 REQUEST FOR ARBITRATION under the ICSID Additional Facility Rules，https：//www.italaw.com/sites/default/files/case-documents/italaw11658.pdf，2025 年 2 月 7 日访问。

② 参见 Mohammad Ammar Al-Bahloul v. The Republic of Tajikistan, https://investmentpolicy.unctad.org/investment-dispute-settlement/cases/325/al-bahloul-v-tajikistan，2025 年 2 月 6 日访问。案例原文网址：https：//www.italaw.com/cases/65。

项碳氢化合物勘探协议替吉克斯坦政府提起诉讼。由于塔吉克斯坦政府未能根据 Al-Bahloul 先生与替吉克斯坦国家石油和天然气委员会签订的协议，在塔吉克斯坦四个地区（Rengan、Sargazon、Yalgyzkak 和 East Soupetau）的碳氢化合物勘探颁发许可证，导致发生经济纠纷。

基本案情：

Al-Bahloul 先生在塔吉克斯坦从事石油与天然气的开采业务中，于 2000 年 12 月与塔吉克斯坦国家石油和天然气委员会签订了四项协议，依据该四项协议，塔吉克斯坦政府应按时颁发相应的许可证从而保证开采的顺利进行。然而政府却延迟向两家合资公司颁发许可证，或完全未颁发。这些合资公司的成立目的是增加当前运营钻孔中石油和天然气的开采量。根据塔吉克斯坦国内法，政府官员有义务履行上述承诺，从而达到提升石油和天然气的开采量的目的。政府的不作为致使原告投资项目受阻，严重损害了其投资及合理的利润预期。此外，塔吉克斯坦国内法院根据公司资本过剩和严重亏损的法律规定，下令将合资公司（Petroleum SUGD）的资本减少至双方实际出资的水平。原告还主张在本次法庭程序中缺乏正当程序。

此次纠纷涉及塔吉克斯坦政府不发放和延迟发放许可证，以及减少一家合资企业的资本和清算另一家合资企业的问题。该案例有两个显著特点。首先，被告未出席本案的诉讼程序；其次，申请人提供的事实证据有限且缺乏直接性。因此，法庭难以全面掌握这场争端的具体细节和真实情况。

裁判结果：

在审查其管辖权时，法院认为，投资者通过非 ECT 状态下的中间公司间接控制其投资这一事实，并不影响 ECT 的适用性。委员会随后发现，本案中既没有违反公正和公平的条约标准，也不存在拒绝司法的情况，且塔吉克斯坦国内的法院也没有滥用法律。因为这一申请既不是恶意的，也不是明显错误的。由于证据不足，仲裁庭驳回了关于待遇较差和国民待遇的主张。同样，由于缺乏证据，仲裁庭也驳回了征用索赔。尽管如此，仲裁庭依据总括条款裁定，2000 年 12 月的协议已被违反。然而，法院未下令具体履行该裁定，原因是原告 Al-Bahloul 先生已离境塔吉克斯坦 9 年。仲裁庭同样未判给赔偿，原因是建议的损害赔偿评估方法包含大量未经证实的假设，且缺乏其他估值方案。①

综上，法院最终判决双方均胜诉，即发现责任但未判给损害赔偿。

---

① See Mohammad Ammar Al-Bahloul v Tajikistan - SCC Case No. V 064/2008 - Final Award - 8 June 2010, https: //www. transnational-dispute-management. com/legal-and-regulatory-detail. asp? key=8955, 2025 年 2 月 6 日访问。

三、塔中矿业有限公司与北京中矿东方矿业有限公司建设工程设计合同纠纷案①

本案原告为塔中矿业有限公司，住所地塔吉克斯坦共和国卡拉库姆市阿尔登—托普坎村列宁街22号。被告为北京中矿东方矿业有限公司，住所地北京市西城区百万庄大街16号1号楼7层1704室。

基本案情：

2013年6月15日，塔中矿业公司（发包人）与中矿东方公司（设计人）签订《设计合同》，约定设计人采用的主要技术标准是中国国家现行标准进行项目名称为阿尔登—托普坎铅锌矿采选改扩建工程建设。设计人需对设计文件中的遗漏或错误进行修正或补充。若因设计错误导致工程质量事故并造成损失，设计人除需采取补救措施外，还应免除受损部分的设计费用，并承担总合同金额10%的违约金责任。2014年12月，中矿东方公司向塔中矿业公司提交《初步设计（说明书）》《初步设计（图纸）》。诉争斜坡道项目工程于2014年6月开始施工，并于2018年4月完成了斜坡道的建设。斜坡道建设完成后，塔中矿业公司在生产过程中发现斜坡道的运输效率非常低，功能根本无法满足产能需求。塔中矿业公司委托长沙矿山研究院有限责任公司（以下简称长沙矿山研究院）进行鉴定，长沙矿山研究院认为中矿东方公司确定的方案是不合理且不经济的，增加了投资和斜坡道工程量，并且加剧了采掘失调，延缓了达产时间。因此，塔中矿业公司仅向中矿东方公司主张22615337.41元的赔偿数额。

裁判结果：

一审法院认为，塔中矿业公司主张中矿东方设计图纸有问题导致施工工程效率较低，不符合约定要求，使塔中矿业公司支出不必要的建设费用，要求中矿东方承担赔偿责任。根据查明事实，中矿东方公司向塔中矿业公司出具《初步设计（说明书）》《初步设计（图纸）》，并未提供施工图设计，而根据合同约定中矿东方公司须提供施工图设计，塔中矿业公司提出诉讼请求时并未在举证中提交中矿东方公司参与的施工图设计，塔中矿业公司前期谈话中亦认可中矿东方公司仅提供初步设计并认为初步设计亦可以作为施工依据，其在随后谈话中提出相反意见，缺乏证据佐证，法院不予采信。塔中矿业公司要求延期举证，根据诉讼进度其早应提供相关证据，所以对其延期举

① 相关文书参见北京市第二中级人民法院（2019）京02民初410号民事判决书；北京市高级人民法院（2020）京民终225号民事判决书。

证申请，不予准许。结合合同约定以及长沙矿山研究院出具意见，施工图应是施工的依据，但诉争斜坡道项目于 2014 年 6 月开始施工，塔中矿业公司在中矿东方公司并未出具施工图设计的情况下组织人员进行施工，即使初步设计存在不完善的地方，但施工依据与中矿东方公司无关，系塔中矿业公司自行决定，施工工程存在问题不可归责于中矿东方公司，要求中矿东方公司承担产生的赔偿责任缺乏依据。继而，塔中矿业公司提出斜坡道设计问题鉴定申请、斜坡道工程建设成本鉴定申请，基于上述意见，鉴定已无必要，对塔中矿业公司申请不予准许。最终一审法院判决驳回塔中矿业公司的诉讼请求。

二审法院认为，本案中，塔中矿业公司主张中矿东方公司设计确定的斜坡道工程方案不合理且不经济，导致增加了投资和工程量，并且加剧了采掘失调，延缓了达产时间，不符合约定要求，使塔中矿业公司支出不必要的建设费用，要求中矿东方公司承担赔偿责任。而依据双方签订的改扩建工程设计合同、补充协议及合同变更的约定，诉争的采矿工程设计阶段分为方案设计、初步设计以及施工图设计，施工图则为施工的最终依据。而本案中，本院确认，因双方在合同履行过程中发生纠纷，中矿东方公司并未向塔中矿业公司交付完整的施工图。即便塔中矿业公司依照中矿东方公司已经交付的非正式施工图进行施工并导致了塔中矿业公司所主张的损失，亦无可归责于中矿东方公司之处，塔中矿业公司要求中矿东方公司承担因设计问题导致的赔偿责任缺乏根据。故一审法院不予准许塔中矿业公司所提申请，并无不当。最终，二审法院判决驳回上诉，维持原判。

典型意义：

本案二审中，塔中矿业公司就一审法院不准许塔中矿业公司鉴定及延期举证申请提出了上诉请求。其认为，本案实体审理实际在 11 月 22 日之后才正式开始，距一审法院于 12 月 10 日作出判决实际仅半个月的时间，远远短于普通工程设计纠纷的审理时间，甚至短于适用简易程序的简单民事案件的审理时间。然而，本案涉及极其复杂的工程设计专业问题，且工程位于塔吉克斯坦偏远山区，尽管塔中矿业公司已全力组织人员对本案所涉证据资料进行整理，并四处寻找愿意接受委托前往塔吉克斯坦对本案所涉关键事实进行鉴定的专业机构，但客观上搜集证据及确定鉴定机构仍存在重大困难。一审法院在未考虑塔中矿业公司存在前述现实困难的情况下，对于塔中矿业公司的鉴定申请及延期举证申请均不予同意，实际上剥夺了塔中矿业公司的辩论权和提供证据的权利，就此驳回塔中矿业公司的诉讼请求对塔中矿业公司完全不公平。故此案件揭示了在塔吉克斯坦企业与中国企业的纠纷处理中，由于地域限制而产生的交流不及时、不顺畅就是一个重要问题，需要引起额外的重视与处理。

四、四川赛德工程管理有限责任公司、陕西煤化中亚投资（建设）有限公司等建设工程监理合同纠纷案①

本案原告为四川赛德工程管理有限责任公司，住所地：成都市锦江区梨花街50号11楼、12楼。被告为陕西煤化中亚投资（建设）有限公司，住所地：塔吉克斯坦共和国杜尚别市凯悦酒店101室。

本案是最高人民法院发布首批查明和适用域外法典型案例的案例五。本案的重点为需要准确查明塔吉克斯坦国法律，并依法认定一人有限责任公司股东连带责任。

基本案情：

本案中，被告陕西煤业化工建设（集团）有限公司（以下简称陕煤公司）于2016年与塔吉克斯坦共和国签署《国营单位和私营单位伙伴关系协议》（以下简称《协议》），随后于2017年中标塔吉克斯坦共和国丹哥拉经济特区高压输变电项目，并在该国注册成立了陕西煤化中亚投资（建设）有限公司（以下简称陕煤中亚公司）。2017年7月3日，被告陕煤中亚公司向原告发出了《中标通知书》。2017年9月29日，原告与被告陕煤中亚公司签订《塔吉克斯坦哥拉经济特区220KV输变电工程施工工程委托监理合同》（以下简称《监理合同》），负责对上述工程进行监理。2018年8月30日涉案工程圆满完工，并于2018年11月12日投运送电。但原告至今未收到监理费。

原告四川赛德公司认为，其已经按照合同约定全面履行了监理义务，被告陕煤中亚公司应当全额支付监理费36万美元及迟延付款利息。且陕煤公司作为陕煤中亚亚公司唯一股东，二者在财产、管理及人员方面存在混同，应当对上述债务承担连带责任。

陕煤中亚公司辩称，四川赛德公司未完全按照合同约定履行监理义务，无权向陕煤中亚公司主张相应监理费；案涉项目监理费未达到合同约定的支付条件，四川赛德公司无权主张相应的监理费；四川赛德公司存在合同约定考核金扣除情况，应当扣除相应的考核金；四川赛德公司未按照要求向陕煤中亚公司开具相应的发票，导致陕煤中亚公司无法对其付款。

被告陕煤公司辩称，其与陕煤中亚公司不存在混同情形，不应当承担连带责任。且陕煤公司与塔吉克斯坦政府签订《协议》后设立陕煤中亚公司，

---

① 相关文书参见陕西省西安市中级人民法院（2020）陕01民初49号民事判决书；陕西省高级人民法院（2021）陕民终892号民事判决书。

由其负责项目建设职责。随后由陕煤中亚公司与四川德赛公司签订《监理合同》，并由双方实际履行，故陕煤公司与本案无关，不是适格被告。

裁判结果：

西安市中级人民法院认为，双方的争议焦点为：（1）二被告是否应向原告支付监理费及相应利息；（2）如果存在支付义务，二被告支付的金额应如何确定。

涉案合同的委托人为本案被告陕煤中亚公司，监理人为原告四川赛德公司，依据合同相对性原则，被告陕煤公司并非本案适格主体。原告四川赛德公司主张被告陕煤公司与被告陕煤中亚公司存在人格混同情形，但其提供的证据不足以证明上述主张，故原告四川赛德公司针对被告陕煤公司的诉讼请求本院依法予以驳回。

在合同履行过程中，原告四川赛德公司依据监理合同向被告陕煤中亚公司主张监理费 18 万美元，被告陕煤中亚公司表示同意支付。故被告陕煤中亚公司应向原告四川赛德公司支付该笔监理费。双方当事人均认可案涉项目工程竣工且投运使用，四川赛德公司已完成涉案项目的投运前监理初检报告，陕煤中亚公司认可四川某工程公司已经移交部分监理资料，故剩余基本监理费的支付条件部分实现。

最终判决陕煤中亚公司支付四川赛德工程公司监理费 22.68 万美元及利息，驳回四川某工程公司其余诉讼请求。四川赛德工程公司和陕煤中亚公司均不服一审判决，向陕西省高级人民法院提起上诉。

陕西省高级人民法院认为，一审中对陕煤中亚公司应付监理费的认定符合合同约定，陕煤中亚公司上诉理由不能成立。四川赛德公司要求陕煤公司对其全资设立的陕煤中亚公司的债务承担连带责任，涉及股东义务问题，应适用陕煤中亚公司设立登记地法律即塔吉克斯坦共和国法律予以认定。《民法典》第 57 条第 3 款、第 94 条规定，有限责任公司股东可以为一名自然人或法人，股东负有足额出资的义务，一般情况下公司的股东以其出资为限承担责任，但也存在法定和约定的例外情形。《民法典》第 116 条第 2 款、《有限责任公司法》第 7 条分别对例外情形作出了规定，但对一人公司并未采取举证责任倒置即法人人格混同推定的做法。因此四川赛德公司提供的证据不足以证明其关于陕煤公司与陕煤中亚公司人格混同的主张，故该请求应予驳回。一审判决认定事实基本正确，对股东义务的法律适用错误，但裁判结果正确，该院二审判决驳回上诉，维持原判。

典型意义：

本案中，二审的陕西省高级人民法院认为西安市中级人民法院所做的一审判决，虽然认定事实基本正确，但对股东义务的法律适用错误。对于如何判断被告陕煤公司所辩称的其与陕煤中亚公司财产独立，人格并不混同，不承担连带责任的主张，应当根据《中华人民共和国涉外民事关系法律适用法》的规定，适用股东权利义务应适用登记地即塔吉克斯坦共和国的法律。为明确塔吉克斯坦共和国境内一人有限责任公司股东所承担的连带责任之具体规定，在相关各方当事人均无法提供相应外国法律的情况下，陕西省高级人民法院委托与高等院校共同建立的法律政策协同创新中心，对塔吉克斯坦共和国相关法律条文进行了深入的查明工作。该工作不仅为准确适用“一带一路”共建国家，特别是中亚地区的法律提供了重要的参考，而且为中国企业进一步深入参与共建“一带一路”倡议，扩大和优化经贸投资、推进重大项目建设，提供了有力的司法支持和明确的法律指引。①

五、LLCNUZAM 与佛山市禅城区湘林木业经营部买卖合同纠纷案②

本案原告为 LLCNUZAM。法定地址塔吉克斯坦共和国杜尚别市 fuchik88 街。注册号 001-5742。被告为佛山市禅城区湘林木业经营部。住所地广东省佛山市禅城区。注册号为 440602600251282。

基本案情：

2014 年 8 月 30 日，原告 LLCNUZAM 工作人员在被告处填写《新绿洲专卖店订货合同》，约定订货产品为橡木地板 1000㎡、金额 183600 元，地脚线橡木 400㎡、16800 元，合计 200400 元；预付定金 8 万元、付款方式 POS。同日，原告员工在被告处刷卡消费 8 万元，POS 单原件虽有部分字体模糊，但可辨识出收款单位为湘林木业经营部。

2014 年 11 月 4 日，LLCNUZAM 作为委托单位将木材送至广东省质量监督木材及木制品检验站进行检测，检验内容为样品是否橡木。2014 年 11 月 17 日，广东省质量监督木材及木制品检验站作出木材第 2014045478 号《检验报告》，认定样品不是白栎或红栎。原告据此向被告提出异议，要求被告严格按合同提供木板，或退还原告已交付的定金 8 万元。被告拒不履行。原告为维护合法权益，故向广东省佛山市禅城区人民法院起诉，请求判令被告退还已收取的定金 80000 元，并支付违约金。

---

① 参见《最高人民法院发布首批查明和适用域外法典型案例之——案例五 准确查明塔吉克斯坦国法律 依法认定一人有限责任公司股东连带责任——四川某工程公司、某中亚公司与陕西某化工公司建设工程监理合同及股》，https：//br. oms. ilawpress. com/Template/ydyl/case/detail？code＝17725，2025 年 2 月 8 日访问。

② 参见广东省佛山市禅城区人民法院（2015）佛城法民二初字第 1603 号民事判决书。

一审法院认为，本案属买卖合同纠纷。原告 LLCNUZAM 为塔吉克斯坦共和国注册登记的有限公司，故本案属于涉外民事案件，应按照涉外民事诉讼程序的特别规定处理。因被告住所地、合同签订地在佛山市禅城区，根据《中华人民共和国民事诉讼法》第 265 条的规定，本院对本案有管辖权。因原、被告同意本案适用中华人民共和国法律，根据《中华人民共和国民法通则》第 145 条规定，本案应适用中华人民共和国法律。

裁判结果：

虽然案涉《新绿洲专卖店订货合同》未经原、被告盖章确认，但原、被告对双方订立上述合同均无异议，可见该合同系双方真实意思表示，为有效合同，双方应依约履行。原告诉请返还定金，并要求解除双方买卖合同。首先，关于产品质量问题，虽然案涉检验报告的检材系由原告单方提供，鉴定程序存在瑕疵，但原告以产品不符合约定为由提起本案诉讼，被告收到应诉材料后至今仍未能提供任何证据如产品检测报告、产品实物等证明其货物符合合同约定；其次，虽然讼争合同没有对交货方式及交货时间作明确约定，但合同签订至今达 1 年多之久，显然已超过合理期间。被告作为供货方，应对其是否履行合同义务承担举证责任。根据《中华人民共和国合同法》第 94 条的规定，当事人一方迟延履行主要债务，经催告后在合理期限内仍未履行，另一方当事人可以解除合同。本案中，未有证据证明被告已履行合同义务，现原告主张解除买卖合同并诉请返还定金，符合法律规定，一审法院予以支持。关于原告诉请的利息问题，因合同未明确约定交货时间，原告在起诉前也未通知被告解除买卖关系，故利息应从原告主张之日即起诉之日计算，超出部分不予支持。

综上所述，最终法院判决被告佛山市禅城区湘林木业经营部在本判决发生法律效力之日起 10 日内向原告 LLCNUZAM 返还定金 8 万元及支付利息（按中国人民银行同期贷款利率计算，从 2015 年 11 月 23 日至付清之日止）；驳回原告 LLCNUZAM 的其他诉讼请求。

六、福建省长鸿建设集团有限公司、中国十五冶金建设集团有限公司建设工程合同纠纷案①

原告：福建省长鸿建设集团有限公司，住所地福建省福清市三山镇金园路 1 号。被告：中国十五冶金建设集团有限公司，住所地湖北省黄石市西塞山区沿湖路 700 号。

---

① 参见湖北省黄石市西塞山区人民法院（2022）鄂 0203 民初 1116 号民事裁定书。

基本案情：

原告与被告于2012年签订了《建设工程施工合同》，工程项目为塔吉克斯坦帕鲁特金矿采选工程矿山建设工程。被告负责该工程日常管理的是其下属金采矿业分公司。合同签订后，原告组织人员、调运施工生产设备按约进场施工，于2018年履约完成全部施工项目，并于2019年5月竣工验收合格。最终双方确认工程量为218180628.97元。2022年1月26日，被告出具的《对账单》经双方签字盖章确认，被告尚欠原告工程款28359244.14元。2022年元月，被告支付原告1000000.00元工程款。至起诉之日，被告尚欠原告工程款27359244.14元，经原告多次催讨无果。故原告诉至法院，请求法院判令被告立即支付工程款27359244.14元，并承担利息损失约2079302.00元。

但本案被告十五冶公司在提交答辩状期间，对管辖权提出异议。其认为本案所涉及的工程名称为塔吉克斯坦帕鲁特金矿采选工程矿山建设工程，工程地点在塔吉克斯坦共和国，工程对象是塔吉克斯坦共和国的帕鲁特金矿。根据中国《最高人民法院关于适用〈中华人民共和国民事诉讼法〉的解释》（以下简称《民事诉讼法解释》）第520条规定，本案既属于标的物在中华人民共和国领域外的情形，也属于产生、变更或者消灭民事关系的法律事实发生在中华人民共和国领域外的情形，而且工程建设涉及开发他国自然资源矿产，应当认定本案属于涉外民事案件；且案涉合同所涉工程总体标的额就已经超过2亿，款项争议数额达数千万，牵涉两国法律规定及中塔两国签署生效的条约文件，是“一带一路”倡议在中亚推行的典型案例，应当认定本案属于《中华人民共和国民事诉讼法》第19条、《民事诉讼法解释》第1条中的争议标的额大、案情复杂的重大涉外案件，应当由中级人民法院审理。

裁判结果：

经湖北省黄石市西塞山区人民法院审查，本案涉及的建设工程施工合同纠纷属于合同纠纷范畴。该建设工程施工合同项目位于塔吉克斯坦共和国境内，属于标的物位于中华人民共和国境外的情形，符合中国《最高人民法院关于适用〈中华人民共和国民事诉讼法〉的解释》第520条第3项关于标的物在中华人民共和国域外的民事案件属于涉外案件的规定。在本案中，承包人的注册地位于湖北省黄石市西塞山区。依据中国《最高人民法院关于明确第一审涉外民商事级别管辖标准以及归口办理有关问题的通知》第1条可知，湖北省高级人民法院负责审理诉讼标的额人民币8000万以上的第一审涉外民商事案件，而辖区内其他中级人民法院则负责审理诉讼标的额人民币500万元以上的案件。鉴于本案的诉讼标的额为27，359，244.14元，根据上述规定，本案应由湖北省黄石市中级人民法院管辖。因此，裁定中国十五冶金建设集团有限公司提出的管辖权异议成立，本案将移交湖北省黄石市中级人民法院处理。

七、河南豫龙重工机器有限公司与塔吉克斯坦共和国玛布代努尔公司（MABDAINUR）公司合同纠纷上诉案①

上诉人：河南豫龙重工机器有限公司，住所地河南省郑州市中原区淮河路29号。被上诉人：塔吉克斯坦共和国玛布代努尔公司（MABDAINUR），住所地塔吉克斯坦共和国索格德州伊斯特拉夫市奥利街索蒙一号（Tadjikistan，Sogdregion，istaravshan. 01iSjmon1）。

基本案情：

郑州中院于2014年4月17日立案受理了上诉人河南豫龙重工机器有限公司（以下简称豫龙公司）与被上诉人塔吉克斯坦玛布代努尔公司（MAB-DAINUR，以下简称玛布代努尔公司）的合同纠纷一案。随后，豫龙公司向郑州中院提出管辖权异议，但被郑州中院驳回。豫龙公司不服，向河南省高级人民法院提出上诉，于2014年10月16日被驳回。后郑州中院依法于2015年6月1日作出（2014）郑民三初字第67号民事判决书，判决豫龙公司于判决生效之日起10日内支付玛布代努尔公司人民币2641082.22元；驳回玛布代努尔公司的其他诉讼请求。豫龙公司不服该判决，遂向河南高院提出上诉。河南高院于2015年9月2日受理后，依法组成合议庭，于2015年10月28日公开开庭进行审理，但豫龙公司于开庭审理前向河南省高院申请撤回上诉。河南省高院经审查认为，豫龙公司申请撤回上诉系其真实意思表示，不违反法律规定。最终做出终审裁定，准许河南豫龙重工机器有限公司撤回上诉，双方当事人按原审判决执行。

八、中国黑龙江某企业投资塔吉克斯坦建材市场②

自2005年起，中亚地区持续面临建筑原材料供应链失衡问题。区域内水泥、砖瓦等建材价格呈现非理性上涨态势，该现象引发我国企业跨境投资布局的显著趋势。黑龙江省某中资企业基于系统性市场调研，最终选定塔吉克斯坦作为建筑用砖领域战略投资标的。

---

① 参见河南省高级人民法院（2015）豫法民三终字第00168号民事裁定书。其他相关文书参见郑州市中级人民法院（2014）郑民三初字第67号民事裁定书；河南省高级人民法院（2014）豫法民管字第00160号民事裁定；郑州市中级人民法院（2014）郑民三初字第67号民事判决书。

② 参见陈波：《中亚投资法律风险与典型案例》，中国法制出版社2016年版，第142—143页。转引自北京市律师协会：《中亚国别法律风险评估报告——塔吉克斯坦篇》（2012年版），第269页。

经多轮商务磋商，该中资企业与塔吉克斯坦本土企业签署战略合作协议，拟组建合资公司实施建筑用砖生产项目。依据协议框架，中方承担技术设备输出及生产物资保障，持股比例 51%；塔方提供固定资产（含办公场所及工业用地）与营运资金，持股比例 49%。

在完成商务部境外投资备案程序后，双方于 2007 年正式成立合资红砖生产企业。根据公司章程，中方代表出任董事长职务，塔方委派人员担任总经理职位。

由于合资企业治理架构存在制度性缺陷，且中方未派驻具备双语能力及跨国管理经验的专业团队，实际运营控制权被塔方全面掌控。企业进入生产阶段后，塔方以经营亏损为由实施资产转移，将核心生产设备划转至关联企业。在此情况下，中方被迫以远低于公允价值的对价转让 51%股权。

依据塔吉克斯坦《有限责任公司法》第 32 条，董事长职权仅限于召集董事会会议并行使表决权，不介入日常经营活动，亦无对外代表权限。总经理作为公司唯一法定执行机构，依据第 35 条规定可全权处理企业运营事务，其法律地位等同于我国《公司法》规定的法定代表人。

本案例揭示，投资主体对东道国《合资经营企业法》与《公司法》的制度差异认知不足，叠加跨国法律顾问团队与属地化运营团队双重缺位，导致重大经营决策信息不对称及股东权益受损。该跨国投资纠纷具有典型实证研究价值，为“一带一路”共建国家投资实践中建立制度性风险管控机制提供了重要启示。

第五章　主要产业或产业支柱有关的营商环境规制细则

塔吉克斯坦矿产资源丰富，主要矿产有煤、金、银等，次要矿产有石油、天然气、铜等，具有很大的出口潜力。其中，煤炭资源储量大，质量高；金属矿产资源丰富，100多种具有工业开采价值。[①] 除了金、银、锑、铅、锌等优势矿产资源外，还有多种稀有稀土金属矿物，但目前整体开发程度不高，具有较大的投资潜力。[②] 塔吉克斯坦也鼓励采矿行业的投资，包括半化学、稀有和天然金属矿床等自然资源的开发。因此，矿业能源业属于塔吉克斯坦的主要产业，外国企业可以重点投资塔吉克斯坦矿业、基础设施相关行业。但是，塔吉克斯坦目前尚未形成统一的矿业领域立法，关于矿业领域的法律法规散见于以下法律法规：《底土法》《产品分成协议法》《能源法》《矿产资源法》《环境保护法》《许可法》《许可条例》《特定活动许可法》《税法典》。

一、矿产能源产业外商投资监管体系分析

目前，塔吉克斯坦境内针对外商投资的主要法律为《投资法》《外国投资法》《矿产资源法》以及《许可法》。[③] 在法律体系中，塔吉克斯坦建立了较为完整的外国投资保护和约束机制，主要包括以下内容。

（一）投资保障

一方面是给予外国投资者国民待遇。[④] 塔吉克斯坦保证外国和国内投资者受到平等对待，禁止基于国籍、民族、语言、性别、种族、宗教、经济活动开展或投资来源国等因素的歧视，确保各类投资者在投资活动中享有公平的

---

① 参见本书编委会编：《企业对外投资国别（地区）营商环境指南：塔吉克斯坦（2020）》，第41页，载中国国际贸易促进委员会网，http://www.ccpit.org/，2025年1月3日访问。

② 参见《塔吉克斯坦矿业投资法律政策简析及风险提示（上）》，载环俄网，https://www.huanenet.com/tjkst/3652.html?，2025年2月20日访问。

③ 参见《塔吉克斯坦矿业投资法律政策简析及风险提示（上）》，载环俄网，https://www.huanenet.com/tjkst/3652.html?，2025年2月20日访问。

④ 参见《投资法》第4条。

竞争环境。能源企业也可基于多种产权形式设立和运营，包括国有、私有、股份制等，且所有者在法律面前平等，国家禁止对不同产权形式企业的歧视，保障了外商投资能源企业的产权形式选择自由和产权安全。[①]

另一方面是向投资者提供全面的权利保障。第一是法律层面的保障。[②] 塔吉克斯坦共和国现行法律和其他规范性法律行为，以及塔吉克斯坦批准的国际法律行为，保证投资者的权利和合法利益得到充分和无条件的保护。当投资立法发生变动时，投资者在5年内可选择对自己有利的条件。投资者有权就国家机关颁布的与法律相悖的法规及官员的不法行为造成的损害要求赔偿。第二是人员流动保障。[③] 即在塔吉克斯坦进行投资活动的外国投资者以及外国工作人员，除法律特别规定的区域外，有权在该国全国境内流动。第三是收入使用保障。[④] 投资者在塔吉克斯坦境内获得的利润可以进行再投资，也有权汇出境外。若投资活动非因投资者自身过错而终止，投资者有权获得投资及相关货币收入或等值商品的补偿。第四是货币交易保障。[⑤] 投资者在塔吉克斯坦投资活动中涉及的所有支付，有权将本币自由兑换为其他货币，也可购买外币用于境外支付。货币交易需遵循塔吉克斯坦《外汇调节和外汇监督法》，为防止非法收入合法化，会依据法律对投资者的外汇汇款进行限制。第五是信息获取保障。[⑥] 塔吉克斯坦国家机关的正式通知以及与投资者利益相关的规范性法律文件，会依据该国法律规定进行公布。投资者可免费获取法人注册数据、章程、不动产登记协议以及许可证相关信息（受法律保护的商业秘密等信息除外）。第六是国有化和征用保障。[⑦] 在自然灾害、事故、传染病等不可抗力情况下，财产被征用需根据财产的市场价值补偿被征用人；依据《宪法》进行国有化时，也应对财产所有者进行补偿，补偿金额基于市场价值确定。第七是权益转让保障。[⑧] 在有保险合约保证的情况下，当外国国家授权机关或保险公司支付保款，且投资权益转让给他们时，只有当投资者在塔吉克斯坦境内完成投资和履行合同义务时，这种转让权才会被承认。第八是投资责任限制。[⑨] 塔吉克斯坦共和国不对居民和非居民吸引投资的义务负责，除非

---

① 参见《投资法》第11条。
② 参见《投资法》第4条。
③ 参见《投资法》第6条。
④ 参见《投资法》第7条。
⑤ 参见《投资法》第8条。
⑥ 参见《投资法》第9条。
⑦ 参见《投资法》第11条。
⑧ 参见《投资法》第12条。
⑨ 参见《投资法》第13条。

这些义务由国家和法律保障。第九是知识产权保障。[①] 投资者对知识产权相关的所有权利，均受塔吉克斯坦法律保护，确保投资者的创新成果得到法律认可和保护。第十是再投资保障。[②] 投资者纳税后，可自主决定将利润在塔吉克斯坦境内进行再投资。再投资过程中，投资者享受投资法规定的全部法律保护、保障和优惠政策，鼓励投资者持续投入资金，促进经济发展。

塔吉克斯坦准入行业导向性明确，设置了鼓励、限制和禁止的行业名单，矿业开采属于限制进入的行业；能源行业，包括水电、煤炭、石油天然气勘探开发则属于鼓励进入的行业。[③] 同时，塔吉克斯坦对投资模式的管理也较为开放，接受各种投资主体和投资形式以及投资种类，允许外国政府、企业、自然人投资。以中国为例，目前，中国与塔吉克斯坦已取得良好的合作效果，中国企业在塔吉克斯坦投资范围广、深度大，主要投资行业包括基础设施、农业、电力、矿业、石油天然气等。未来，随着“一带一路”建设的推进，中塔两国合作前景会越来越好。

（二）矿业企业的设立与运营

《外国投资法》对矿业企业的设立与运营做了全面规定，涵盖设立的主体、程序、形式；运营中的权利义务、财务税收、员工管理以及企业变更与终止等方面，为矿业企业的规范发展提供了法律依据。

1. 矿业企业的设立

法律规定，包括外国人、外国公民、无国籍人士、外国非法人组织、主权国家和国际组织在内的外国投资者，可以单独或与塔吉克斯坦公民、法人共同参与矿业企业的设立。设立前，大型建设和重建领域的矿业企业需要专家委员会批准，部分还需要卫生、生态专家的认可。设立时，企业在所在地的国家公证处进行注册，提交书面申请、企业章程等一系列证明文件。代表处等分支机构由授权机构注册，自申请之日起两周内，注册成功的企业获得法人资格。[④]

2. 矿业企业的运营

企业依法享有多项权利，有权自主确定产品和服务价格、销售产品类型、

---

① 参见《投资法》第 15 条。

② 参见《投资法》第 17 条。

③ 参见《塔吉克斯坦投资环境及中塔投资合作》，载丝路印象，https://www.zcqtz.com/news/205965.html，2025 年 1 月 21 日访问。

④ 参见《外国投资法》第 12—14 条。

选择适合自己的供应商。投资超过创办预算30%的企业，有权无需许可证出口产品和服务，所有外资企业进口用于自身活动的产品和服务均无需许可证。对作为外国投资者固定资产投资而进口到塔吉克斯坦的财产，依据相关税法和关税法享有特权。在购买保险方面，企业可自主决定是否购买风险和财产保险。①

企业在运营中也需要履行一系列义务。首先，是必须依据塔吉克斯坦相关法律履行纳税的义务。其次，是需要按照规定记录企业账册、存档和提交统计报告。再次，是企业财产可用于担保公司债务，包括贷款等。企业对土地和其他自然资源的使用权等产权也可用作担保。最后，是在财务方面需要严格按照塔吉克斯坦的法律进行管理，税务机关有权在其管辖权范围内对企业进行调查，企业有义务提供相关文件。②

3. 矿业企业的变更与终止

企业可根据创始人的申请或依据塔吉克斯坦法律规定的破产程序进行清算。清算时，对企业积累的资产按照实际价值征税。企业在运营的过程中，若要对章程等文件进行修改，需依照法律规定的程序进行。③

（三）主要监管机构及职能

作为中亚重要的资源富集国家，塔吉克斯坦通过立法构建了一套多层次、多维度的矿产能源产业监管框架，对外商投资实施系统性管理。其监管体系以《矿产资源法》《能源法》《产品分成协议法》《特定活动许可法》为基础，形成了以政府主导、专业机构协同的监管格局。

1. 塔吉克斯坦共和国政府（Government of the Republic of Tajikistan）

根据《矿产资源法》第5条，政府负责制订矿产资源利用的国家规划、签发许可证、管理国家矿产资源基金、协调国际合作等。④《能源法》第6条规定，政府在能源领域的职责包括制订行业政策、管理燃料能源综合体、批准重大项目审查程序等。⑤ 具体而言，在矿产能源产业方面，其核心职能包括以下方面：战略规划，制订矿产开发的国家计划，如《国家矿产资源基金管理办法》和《能源安全战略》；管理许可证，通过能源部下属机构颁发矿产勘探、开采及能源项目许可证；开展国际合作，主导签署国际条约，如与中国、

---

① 参见《外国投资法》第18—21条。

② 参见《外国投资法》第22—24条。

③ 参见《外国投资法》第29条。

④ 参见《矿产资源法》第5条。

⑤ 参见《能源法》第6条。

俄罗斯等国的能源合作协议；协调地方与中央在矿产资源分配中的争议。2020年1月22日，塔吉克斯坦通讯社杜尚别报道，塔吉克斯坦政府批准了私人开采有色金属和贵金属、宝石和半宝石的程序，允许私人开采金、银、铂、锡、钨和钛等金属，钛铌酸钠铈矿（拉普兰石）、磷铈镧矿（独居石）、磷钇矿、氟碳铈镧矿等稀土矿物，以及红宝石、蓝宝石、贵橄榄石、黄玉、绿柱石、尖晶石、斜硅镁石、石榴石、玉石、玛瑙、石英石、萤石等，开采者可在财政部所属各地区财政局办理开采许可证。①

2. 塔吉克斯坦共和国能源和水资源部（Ministry of Energy and Water Resources of the Republic of Tajikistan）

塔吉克斯坦能源和水资源部简称能源部。《能源法》第7条规定，能源部是执行国家能源政策的核心机构，承担能源产业监管主体职能，其主要工作包括两个部分：能源管理和水资源管理。负责颁发能源活动许可证、制订行业标准、监控能源企业运营等。② 其核心职能包括：颁发许可证，对电力、石油、天然气等能源项目进行许可审批；监管行业活动，监督能源企业的安全标准、环境保护及市场行为，确保符合《能源法》第4条的环境保护要求；促进投资，协调国际投资者参与能源项目。能源部针对重点领域制订引资策略，聚焦水电、新能源及油气开发三大领域，通过差异化政策引导外资流向。在油气开发领域，面对国内油气资源开采能力不足的困境，塔吉克斯坦能源部通过“技术换资源”策略吸引外资。例如，在北部“列宁那巴德石油天然气”项目中，外资占比超98%，承担勘探成本并共享收益，显著提升了资源开发效率。此外，能源部规划南部天然气管道系统建设及多个区域的油气勘探项目，吸引外资参与。截至2024年，国际资本已覆盖塔吉克斯坦油气勘探的关键区域，推动年天然气产量逐步回升。③ 在水电领域，推动国际融资与区域协同。罗贡水电站作为塔吉克斯坦最大的能源工程，通过沙特发展基金1亿美元贷款及国际融资组合，有效缓解资金压力。该项目年发电量占全国50%，并通过CASA-1000输电工程向阿富汗、巴基斯坦出口电力。④ 此外，能源部积极推动与印度的水电合作，依托WAPCOS公司技术支持，加速中小

---

① 参见《塔允许私人开采贵金属及宝石》，载商务部网，https://m.mofcom.gov.cn/article/i/jyjl/e/202002/20200202934131.shtml，2025年3月24日访问。

② 参见《能源法》第7条。

③ 参见《塔吉克斯坦对外招商引资开发石油天然气》，载“走出去”导航网，https://ofdi.sww.sh.gov.cn/xmjwtz/7663.jhtml，2025年3月25日访问。

④ 参见《塔吉克斯坦与沙特阿拉伯公共投资基金讨论能源领域投资》，载商务部网，http://fec.mofcom.gov.cn/article/xgzx/xgzxtzhzcj/202404/20240403487565.shtml，2025年3月1日访问。

型水电站建设，提升区域能源互联互通水平。[①] 在新能源领域，能源部通过吸引绿色投资和技术引进，推动新能源转型，并设定 2030 年风光装机 700 兆瓦的目标，通过税收优惠吸引沙特公共投资基金（PIF）参与绿色能源项目。2024 年，沙特企业与塔吉克斯坦合作开发 500 兆瓦清洁能源项目，涵盖浮动太阳能技术，推动本地绿色技术升级。同时，中塔经贸合作框架下，中国企业通过技术转移参与巴达赫尚自治区风光储项目。[②] 多年来，塔吉克斯坦能源部同差异化引资策略、国际融资合作及政策创新逐步实现能源领域外资利用的多元化，未来随着中亚能源市场整合加速，其经验或将为区域国家平衡资源开发与可持续发展提供参考。

3. 塔吉克斯坦共和国国家投资与国有资产管理委员会（State Committee on Investment and State Property Management of the Republic of Tajikistan）

根据《产品分成协议法》，国家投资与国有资产管理委员会是塔吉克斯坦在 PSA 框架下平衡国家资源主权与吸引外资的核心机构，通过审批、审查、政策引导及国际合作，平衡资源开发与国家利益，推动国家经济可持续发展。其在矿产能源领域的外商投资监管中承担以下核心职能：第一，对 PSA 项目进行审批与监管。该委员会负责评估和批准产品分成协议，确保协议内容符合国际规范、具备技术可行性和经济合理性。[③] 对本国投资者和外国投资者的资质进行审核，确保其具备开发高成本、高风险矿床的技术与资金能力。第二，国有资产管理。一方面，委员会通过监督 SPA 项目中涉及的地质信息、矿物样本等的归属权，确保初始地质信息归国家所有；另一方面，通过协议条款的约束，防止国有资产在开发过程中被不当转移或私有化。第三，保护投资者协议并协调政策。确保投资者在 PSA 框架下获得的财产权、经营权等不受地方政府或行政机构的非法限制；与财政部、能源部等部门协作，落实 PSA 项目的税收优惠和海关政策，推动政策落地。第四，监督矿产开发的安全操作标准和环境保护合规。委员会参与制定并监督 PSA 项目的安全操作标

---

① 参见《塔吉克斯坦与印度探讨水电领域投资合作》，载中华人民共和国商务部网，http：//fec. mofcom. gov. cn/article/xgzx/xgzxtzhzcj/202410/20241003543079. shtml，2025 年 3 月 26 日访问。

② 参见《塔吉克斯坦与沙特阿拉伯公共投资基金讨论能源领域投资》，载中华人民共和国商务部网站，http：//fec. mofcom. gov. cn/article/xgzx/xgzxtzhzcj/202404/20240403487565. shtml，2025 年 3 月 1 日访问；《中国—塔吉克斯坦政府间经贸合作委员会第十三次会议在京召开》，载中华人民共和国商务部网，https：//m. mofcom. gov. cn/article/syxwfb/202405/20240503508392. shtml，2025 年 3 月 22 日访问；Masdar enters Tajikistan market with plans to explore 500mW clean energy projects，including floating solar，https：//www. zawya. com/en/press-release/companies-news/masdar-enters-tajikistan-market-with-plans-to-explore-500mw-clean-energy-projects-including-floating-solar-au87fbba，2025 年 3 月 21 日访问。

③ 参见《产品分成协议》第 1 条。

准，确保矿产开发符合国家安全、环境保护及公共健康要求；联合环境部门审查项目的环境影响评估，确保开发活动符合国家环保法规。2024 年上半年，国家投资与国有资产管理委员会主导签署了 3 份总额达 20.16 亿美元的新投资协议，涉及建设生产企业，涵盖能源、采矿和制造业领域。①

4. 塔吉克斯坦共和国国家地质信息基金会（National Fund of Geological Information of the Republic of Tajikistan）

根据《矿产资源法》第 28 条规定，国家地质信息基金会负责收集、存储和提供地质数据，确保信息透明。其核心职能包括数据管理和技术审查。为投资者提供矿产储量、地质结构等关键信息，支持勘探决策，并对矿产储量报告进行国家鉴定，确保数据准确性。② 国家地质信息基金会整合全国地质勘探数据，建立矿产资源数据库，为政府决策、企业投资提供技术支持。例如，依据《2012—2020 年地质部门发展规划》，基金会协调完成 22 个重点勘探项目，累计投入超 1000 万索莫尼，覆盖稀有金属、油气等战略资源领域。在矿产地质信息管理方面，由国家矿产资源地质信息基金会行使管理职能。当投资者在矿山作业时发现贵重金属、半贵重金属和其他具有实验或科学价值的矿石等，矿产资源利用人应暂停作业，将发现的矿石信息通报给国家矿产资源地质信息基金会，只有在取得基金会许可以后，才能恢复矿产作业。③ 矿产资源利用人也必须保证向该基金会提供地质信息或信息材料、勘探所得矿产资源中可采储量和包含相应成分的丢失储量以及与矿石开采无关的矿产资源利用数据。④

5. 塔吉克斯坦共和国矿山监管机关（Mining Supervision Authority of the Republic of Tajikistan）

《矿产资源法》第 38、39 条规定，矿山监管机关负责监督矿山作业安全、环境保护及对资源的合理利用。⑤ 矿山监管机关是各机关的统称，其中的核心监管机构是国家地质总局（General Office of Geology）、工业和新技术部（Ministry of Industry and New Technologies）、工业和采矿监督局（Safe Conduction of Works in Industry and Mining Supervision）。国家地质总局是矿业领域的核心管理机构。2025 年 2 月 1 日，塔吉克斯坦霍瓦尔通讯社 2 月 1 日杜尚别报道，

---

① 参见《上半年塔吉克斯坦引进外资 19.5 亿美元》，载证券之星，https://finance.stockstar.com/IG2024080800023924.shtml，2025 年 2 月 24 日访问。

② 参见《矿产资源法》第 30 条。

③ 参见《矿产资源法》第 19 条。

④ 参见《矿产资源法》第 22 条。

⑤ 参见《矿产资源法》第 38、39 条。

据塔吉克斯坦地质总局消息，2024 年，塔吉克斯坦地质总局与 122 家公司签署矿权协议，矿权出让收益约 1.79 亿索莫尼（约合 1658 万美元），其中，认购矿权税约为 1.78 亿索莫尼（约合 1648 万美元），商业发现矿权税约为 131.2 万索莫尼（约合 12.1 万美元）。[①] 私人开采贵金属和宝石的地段需要经国家地质总局确认，特别是涉及河谷、碎岩坡等敏感区域时，需经其审核。[②] 工业和新技术部的职能是参与矿业项目的整体规划并制订技术标准，协调工业发展与矿业开发的关系。该部门推动了矿业现代化技术的应用，如支持塔中矿业等企业提升产能至 600 万吨/年的目标。[③] 工业和采矿监督局专注于矿山建设与运营阶段的合规性监督，确保安全生产标准的执行，其关键作用是检查矿产设备、工艺流程是否符合安全规范，对违规行为进行处罚；参与事故调查，对违反安全生产规则导致人员伤亡的矿山吊销许可证。[④]

二、矿产资源管理的法律制度

（一）矿业权类型

根据塔吉克斯坦法律，矿产资源属于底土资源，由国家所有。[⑤] 《底土法》在地下资源利用部分指出，底土可以进行的活动有：地质研究、[⑥] 矿产生产、[⑦] 地下结构建设运营、[⑧] 设立保护区[⑨]以及材料收集。[⑩] 在开展矿产资源的勘探或者开采活动前，首先需要获得底土使用许可，底土使用权的许可证的发放应根据《某些活动许可法》进行。在矿业开发的勘探和开采阶段，矿业企业需要获得的底土使用许可分别为地质研究许可和采矿许可。国家地矿总局负责发放地质研究许可，工业和新技术部负责发放采矿许可，通过塔吉克

① 参见《2024 年塔吉克斯坦地质总局矿权出让收益约 1658 万美元》，载中华人民共和国商务部网，https://tj.mofcom.gov.cn/jmxw/art/2025/art_343ab7c69dcf4227afc2a2a67d1ba056.html，2025 年 3 月 25 日访问。

② 参见《塔允许私人开采贵金属及宝石》，载中华人民共和国商务部网，https://m.mofcom.gov.cn/article/i/jyjl/e/202002/20200202934131.shtml，2025 年 3 月 27 日访问。

③ 参见《15 年荣耀，西藏珠峰推动塔中矿业开启新征程》，载西藏珠峰，https://www.xizang-zhufeng.com/ArticleShow.asp?id=80，2025 年 3 月 27 日访问。

④ 参见《塔允许私人开采贵金属及宝石》，载中华人民共和国商务部网，https://m.mofcom.gov.cn/article/i/jyjl/e/202002/20200202934131.shtml，2025 年 3 月 27 日访问。

⑤ 参见《底土法》第 1 条。

⑥ 参见《底土法》第 7、8、22 条。

⑦ 参见《底土法》第 7、8、15、16 条。

⑧ 参见《底土法》第 7、8、26、27 条。

⑨ 参见《底土法》第 7、8、34 条。

⑩ 参见《底土法》第 7 条。

斯坦全国统一的许可证电子登记平台可以查询到许可证的授予、延期和终止等相关登记信息。

1. 地质研究许可

依据《特定活动许可法》颁发底土地质研究许可，这确保了地质研究许可的规范性和合法性，使许可的授予有法可依，统一了许可证颁发标准。① 通过地质勘查区确定研究范围，地质勘查区是地质地下资源研究许可证的附件，以图形和文字形式明确。② 这种明确的规定使地质研究区域清晰，避免不同研究活动之间相互干扰，保障研究工作有序开展。获得地质勘查区的底土使用者，在规定范围内拥有专属使用权，可以在采矿区内自费进行地质研究，③ 这有利于充分发挥研究者的研究积极性，提高地质研究效率。但如果地质研究许可证持有人在已探明矿床的矿产储量获得批准后的两年内未行使这一权利，则将丧失该权利。④

2. 采矿许可

采矿许可的颁发依据和采矿区域的确定同上述地质研究许可一致。不同的是，《底土法》针对采矿许可有一些特殊情况的规定。即在特定情况下，如土地所有者进行常见矿产生产、个体和小规模采矿时，有专门的许可和监管规定。《底土法》第 15 条规定，地块所有者有权自行决定在其地块内生产常见矿物并建造地下结构以满足自身需要，而无须在最深 5 米的深度进行爆破作业；《底土法》第 16 条规定底土使用者有义务将生产的贵金属交付给在该地区经营的相关活动企业或专门组织的接待中心，无权出售给第三方法人或公民，其他生产的矿产应按照授予的许可证进行销售。⑤ 这些特殊规定兼顾了不同主体的实际需求，同时确保采矿活动规范有序。

关于采矿许可的类型，《底土法》第 12 条的规定，许可类型包括勘探许可（Exploration License）和开采许可（Extraction License）。塔吉克斯坦的底土资源所有权归国家所有，因此采矿许可的发放主体为国家，许可由塔吉克斯坦政府或其授权机构统一批发和发放。⑥ 采矿许可附有采矿分配证，用于采矿的底土地块以采矿分配区的形式提供。获得采矿分配区的底土使用权人拥有根据授予的许可证在其边界内使用底土的专有权。未经获得采矿分配证的

---

① 参见《底土法》第 8 条。
② 参见《底土法》第 11 条。
③ 参见《底土法》第 8、22 条。
④ 参见《底土法》第 8 条。
⑤ 参见《底土法》第 15—16 条。
⑥ 参见《底土法》第 5 条。

底土使用权人的同意，不得在该采矿分配证覆盖的区域内实施使用底土的任何活动。采矿分配证由采矿业监督机构进行发放和登记。

（二）矿业权的取得方式

根据《底土法》的相关规定，底土资源由国家所有，禁止买卖、赠与、抵押或者未经授权交换底土地块，投资人可通过出让的方式获得底土使用权。除非法律另有规定，底土使用权人可以是国家、合作社、国企、机构、组织、法人（无论形式为何）和公民（包括其他国家的法人和公民）。[①] 根据《外国投资法》第33条的规定，外国投资者和外国投资企业可以获得塔吉克斯坦自然资源的勘探、加工和经营权。[②] 根据《许可法》的相关规定，外国自然人和法人可按照与塔吉克斯坦自然人和法人相同的条件和方式获得许可证。[③] 但是，外国法人必须至少在塔吉克斯坦设立自己的分支机构或代表处才能获得许可证。[④] 根据上述法律规定，塔吉克斯坦对外国投资者申请使用底土没有特殊限制，根据《底土法》以及《许可条例》的相关规定，底土的使用活动遵循特别许可制度，底土使用许可的获得方式主要包括如下三种：申请，即投资者可以向相关主管部门提交申请，经过审批后获得底土使用许可，这是最常见的方式，适用于符合条件的企业和个人；参与招投标，即当同一块底土资源上存在多个投资竞争者时，可能会通过公开招标的方式来选择获得使用权的企业或者个人；[⑤] 签署产品分成协议，即对于一些特殊的矿产资源，塔吉克斯坦政府与投资者签订产品分成协议，规定了矿产资源开采的相关条款。[⑥]

（三）矿业权的有效期限

塔吉克斯坦针对外商投资的矿业权（包括勘探和开采许可）的有效期限主要依据其《底土法》和《许可条例》的规定。根据底土使用条款，底土应提供一定期限或无限制的使用。总体而言，用于建造和运营与矿产生产无关

---

① 参见《底土法》第8条。

② 参见《底土法》第33条；《塔吉克斯坦外国投资企业的相关法律保障》，载中华人民共和国商务部网，https：//tj. mofcom. gov. cn/zcfg/qt/art/2013/art_ b34c63111145490db2fcad298b10d34e. html，2025年2月20日访问。

③ 参见《许可法》第3条。

④ 参见吴永高：《塔吉克斯坦矿业投资法律政策简析及风险提示（上）》，载金诚同达，https：//jtn. com/CN/booksdetail. aspx？Lan=CN&PageUrl=majorbook&keyid=00000000000000007154&type=06001&utm，2025年2月21日访问。

⑤ 参见《底土法》第20条。

⑥ 参见吴永高律师团队：《塔吉克斯坦矿业投资法律政策简析及风险提示（中）》，载微信公众号“永高矿业律师”，2023年5月8日。

的地下结构、建立特别行政区以及用于其他目的的底土场地可以无限期提供，具体细则由许可证进行规定，并可根据底土使用者的倡议进行扩展。底土使用条款应自授予此类使用权之日起算。①

在塔吉克斯坦现行法律框架之下，矿业权的期限通常不区分本国企业和外国投资者。② 根据《底土法》第 25 条、第 30 条规定，勘探许可的标准有效期限通常为 3—5 年，具体时长取决于勘探区域的规模和复杂程度。若勘探工作在标准期限内未完成，企业可根据实际情况申请延长，但需要提交勘探进展报告和技术经济论证，续期一般不超过 2—3 年，总期限通常不超过 8 年。开采许可的标准有效期较长，通常为 15—25 年，具体取决于矿床储量、开发计划和投资规模。与勘探许可一样，开采许可期满后可申请续期，但需要提交资源剩余储量报告、环境影响评估和未来开发计划，续期时长与原许可期限时长相当。③

（四）矿业权的终止

《底土法》《许可法》和《许可条例》从矿业权的终止情形、终止程序等方面对矿业权终止进行了规定，以保障资源合理利用和相关方权益。

首先，是矿业权的正常终止。具体包括矿业权期限届满，这意味着矿业权在规定的合法时间结束后自然终止；许可证持有人主动放弃矿业权，这是持有人的自主选择导致的终止。④ 在这种情况下，地下资源使用者的权利自然结束，需按照相关规定对设施进行妥善处理。

其次，是因特定条件触发的终止。一是当出现许可证中规定的导致无法继续行使权利的关键情形，如遇到矿产资源枯竭、地质条件发生重大变化使得开采无法继续等情况时，矿业权终止。⑤ 二是被许可方合同或法定义务违约。《许可条例》明确列举了违约行为（包括虚假申报、未提交年度报告等），并规定了终止许可的程序。⑥

最后，是特殊情况下的提前终止。一是环境保护或安全生产违规。《底土法》第 21 条规定，被许可方必须遵守环境保护法规，若造成生态环境破坏或未履行复垦义务，许可可以被终止。⑦《环境保护法》第 22 条规定，对严重污

① 参见《底土法》第 11 条。
② 参见《投资法》第 10 条。
③ 参见《底土法》第 25、30 条。
④ 参见《底土法》第 20 条。
⑤ 参见《底土法》第 21 条。
⑥ 参见《许可条例》第 40 条。
⑦ 参见《底土法》第 23、24、27、42 条。

染或未通过环境审计的项目，政府可以吊销其许可。① 二是为了国家安全或公共利益的需要。《底土法》第5条规定，国家保留在国家安全或公共利益需要时，有收回底土使用权的权利。②《许可条例》第18条规定，企业有义务定期提交资源储量报告，在没有达到开发标准时，可以终止对其的许可。③ 三是被许可方未通过定期审查或续期失败。《许可条例》第28条规定，对许可的续期需要重新审查技术、财务和环保的合规性，在上述事项未通过审查时，许可将被终止。④

对于因特定情况导致的矿业权提前终止，相关部门做出决定后，会立即书面通知地下资源使用者。而对于因违反规定等情况导致的终止，在以书面通知地下资源使用者其违规行为及整改要求后，若使用者未在3个月内采取措施消除违规行为，相关部门才会做出终止决定。矿业权的终止，通常会以撤销或收回许可证的方式进行。⑤

（五）资源使用限制与环境保护

在塔吉克斯坦，自然保护、自然资源的合理利用与再生以及环境问题的改善是一项全国性任务，在《环境保护法》的总则部分即提出，环境立法的任务是规范社会与自然领域的关系，以保护自然资源和人类的自然栖息地，合理利用和再生自然资源，预防经济和其他活动对生态环境造成的有害影响，加强该领域的合法性和法治秩序。⑥ 在该法中，虽未有专门针对外商矿业投资的条款，但相关规范体现在多个条文之中。

1. 资源使用限制

《环境保护法》第19条规定，对自然资源的利用包括自然使用限制和自然利用限制。自然使用限制是各地区的生态限制系统，代表了在一定时期内限制自然资源的使用、环境中污染物质的排放和重置以及为企业、自然使用者建立的废物容纳的限制。自然利用的限制是由塔吉克斯坦在环境保护领域特别授权的国家机构为企业（自然资源使用者）设定的从必要阶段实现自然资源使用量的规范量开始，到最大允许排放量和环境中污染物质的重置，以及考虑到该地区的生态条件，确定制造业废物安置的标准量。

---

① 参见《环境保护法》第9、44、53条。
② 参见《底土法》第5条。
③ 参见《许可条例》第18条。
④ 参见《许可条例》第28条。
⑤ 参见《底土法》第21条。
⑥ 参见《环境保护法》第1条。

该条规定自然使用限制是一种限制体系，针对企业设定自然资源使用量、污染物排放和废弃物处理的限制。外商矿业投资涉及自然资源开采，必须在这些限制范围内进行，避免过度开采资源、超标排放污染物，防止对生态环境造成不可挽回的破坏。

2. 环境保护要求

《环境保护法》第 39 条规定了企业、建筑物和其他财产的设计、建造、重建、调适的一般生态要求。即在企业各设施的各建设运营环节，都要遵循生态安全和民众健康保护要求，落实自然资源保护、合理利用与再生以及环境改善措施。该法第 47 条规定了为物业供电的生态要求，虽针对能源行业，但矿业投资也可以参考其中对项目规划建设运营的环保规定。该法第 54 条是关于保护地球的气候和臭氧层的规定，要求要控制有害气体的排放，矿业投资也需要遵守，以减少对气候和臭氧层的破坏。

（六）违约责任

《底土法》和《环境保护法》具体从违法行为界定、责任类型、纠纷解决以及损害赔偿四个方面对违约责任进行了较为详细的规定。

1. 违法行为界定

《底土法》明确了一系列违反地下资源相关规定的行为。包括违反本法规定的地下资源使用程序；未按照许可范围、期限、方式开展活动；未经授权擅自使用地下资源，即在未获得合法许可时就开展相关作业；违反法定程序批准的关于地下资源使用安全作业、地下资源和环境保护的标准，例如，在开采过程中未采取有效环保措施导致地下资源污染，或使矿床属于无法开采的状态；侵犯地质及其他信息的所有权或保密性，非法获取、使用或泄露相关信息等。①

《环境保护法》中也规定了一系列生态违法行为，包括污染环境及其对人类健康、动植物、国民经济造成危害的；不采取恢复环境和自然资源再生的措施；未按照国家环境保护管理机构的指示执行的……②

2. 纠纷解决

当涉及地下资源使用的纠纷发生时，应当按照塔吉克斯坦共和国立法规定的程序解决。纠纷可能源于地下资源使用权的争议、违反合同约定、对监

① 参见《底土法》第 49 条，该条详细列举了 11 种违法违规行为。

② 参见《环境保护法》第 82 条。

管措施不服等。主要解决途径包括协商、调解、仲裁和诉讼。当纠纷发生时，当事人可以先尝试自行协商解决，若协商不成的，可请求相关行政部门或专业调解机构进行调解。若纠纷涉及合同约定，且合同中有仲裁条款，可先提交至仲裁机构仲裁。若以上方式均无法解决纠纷，可向有管辖权的法院提起诉讼。在纠纷解决的过程中，当事人各方需提供相关证据以证明自己的主张，从而维护自己的合法权益。① 这也提醒投资者在从事相关活动时要注意证据留痕，以免困于纠纷。

3. 损害赔偿

《底土法》第 51 条明确了损害赔偿的责任主体、赔偿方式以及特殊情况下的处理办法。具体而言，因企业、机构、组织、公民、监管和行政部门的活动给地下资源使用者造成损害的，应使用自有资金和相应预算进行赔偿。若地下资源地块未交付使用，赔偿通过向塔吉克斯坦共和国预算或地区和城市预算支付款项的方式进行。经相关方协商一致，损害赔偿的货币形式可替换为恢复受损地下资源自然属性的工作，如对受污染的地下土壤进行修复。对于未经授权使用地下资源和未经授权在矿产赋存区域进行建设的行为，应立即停止，且在未经授权使用期间产生的费用不予赔偿，以维护法律的严肃性和资源管理秩序。②

《环境保护法》第 83 条也规定了对违反自然保护立法造成损害的赔偿义务，包括赔偿的顺序和范围。法律规定，对因违反自然保护立法而对环境造成损害的赔偿是自愿的，或者是根据法院或仲裁庭的决定，根据既定的命令费率和计算规模，根据所遭受的损失，包括错过的利润和利益，对恢复被破坏的环境状况进行赔偿。

三、矿业开发的税收制度

《税法典》对开展矿业活动的过程中需要缴纳的各种税费作出了明确规定。在塔吉克斯坦进行矿业开发，根据开发阶段的不同，需要缴纳企业所得税、矿产资源使用税、增值税、关税、超额利润税、土地税、环保税以及地方附加税。税率、征收对象（范围）以及相应的法律依据如下表所列。

① 参见《底土法》第 50 条。

② 参见《底土法》第 51 条。

表 5-1　塔吉克斯坦矿业开发各阶段需缴纳税费统计

税种	税率/征收标准	征收对象/范围	法律依据
企业所得税	15%	矿业企业 年度净利润	《税法典》第 145 条
矿产资源使用税	按矿种差异征收：贵金属：4%—8%；有色金属：2%—6%；非金属矿：1%—3%	开采的矿产资源价值（按市场价格计算）	《底土法》第 38 条 《税法典》第 220—225 条
增值税	18%	矿产销售、服务及进口商品	《税法典》第 168—178 条
关税	0—15%	矿业设备及材料进口	《关税法》第 15 条
超额利润税	利润率超过 20%时，按超额部分征收 10%—30%	矿业企业超额利润	《税法典》第 241 条
土地使用税	按土地面积和用途征收：矿区：0.5—2 美元/公顷/年	矿业开发占用的国有或私有土地	《土地法》第 62 条
环保税	根据污染类型和排放量阶梯征收： 废水：10—50 美元/吨固体废弃物：5—20 美元/吨	矿业活动产生的污染物	《环境保护法》第 30 条
地方附加税	由地方政府决定，通常为企业利润的 1%—3%	部分州/市 要求缴纳	《地方税法》

四、塔吉克斯坦外商矿产能源行业投资实践

（一）中塔工业园：共建"一带一路"的矿业合作典范

中塔工业园位于塔吉克斯坦索格特州，距胡占德市约 30 公里，是中塔共建"一带一路"的重点项目。园区占地 69 万平方米，规划年采选矿石 600 万吨，年产铜、铅、锌等金属 35 万吨，填补了塔吉克斯坦有色金属加工的空白。2017 年投产的园区一期包括年产 5 万吨粗铅的冶炼厂，提供 600 个就业岗位；二期建设将进一步推动塔工业现代化。中塔工业园引入中国设备、技术及标准，提升塔吉克斯坦采矿、冶炼能力，助力当地培养产业人才。索格

特州副州长安瓦尔·雅库比表示，“中塔工业园极大地带动了当地经济发展”。西藏珠峰资源副总裁李耀武表示，园区实现“真正互利共赢”。

而园区依托的阿尔登-托普坎铅锌矿，曾因资金技术匮乏荒废，后由塔中矿业投资超6亿美元重建。塔中矿业作为西藏珠峰资源股份有限公司的全资子公司，是塔吉克斯坦首家外商独资企业，依托阿尔登-托普坎等超大型铅锌矿资源，建成年处理400万吨原矿的现代化选矿厂及年产5万吨粗铅冶炼厂，不仅填补了塔吉克斯坦有色金属深加工空白，年产能占中亚地区铅锌精矿市场的25%，还创造了4000余个直接就业岗位，带动周边上万人就业。通过连续五年位列塔吉克斯坦纳税额第一的税收贡献，对道路、医院、学校等基础设施的援建以及资助百余名塔籍学生赴华留学进行人才培养，显著提升了当地经济与社会发展水平。同时，企业自身通过“采选冶一体化”模式，形成亚洲最大铅锌矿生产基地之一，并通过“世界级有色金属产业园区”升级计划，确保在2025年将产能提升至600万吨/年，推动塔国工业现代化进程，成为“一带一路”框架下资源开发与产业协同的典范。①

（二）资源换基建模式：TBEA电站与金矿互换

作为全球能源装备制造领域的领军企业，特变电工股份有限公司自2019年起以创新的“资源换基础设施”模式，在塔吉克斯坦能源与资源领域开启了具有里程碑意义的合作。这家总部位于新疆的国家级高新技术企业，凭借其在输变电、新能源和新材料领域的全产业链优势，通过投资建设杜尚别2号热电厂，成功换取了该国北部上库马尔格和东多巴两座金矿的开发权。这种以基建投资置换稀缺资源的合作模式，不仅为塔吉克斯坦破解能源短缺困局提供了关键支撑，更开创了中塔两国在“一带一路”框架下优势互补、协同发展的新路径。②

杜尚别2号热电厂是塔吉克斯坦首座现代化热电联产项目，总投资5.09亿美元，分两期建设，总装机容量400兆瓦，年发电量22亿度，可满足首都杜尚别60%的电力需求，并为70万居民提供冬季供暖。③ 该项目采用先进环保技术，包括全封闭式煤场、等离子点火系统等，实现污染物超净排放，成

---

① 参见《15年荣耀，西藏珠峰推动塔中矿业开启新征程》，载西藏珠峰，https://www.xizangzhufeng.com/ArticleShow.asp?id=80，2025年3月20日访问。

② 参见《中国特变电工2019年开始开发塔吉克斯坦金矿》，载东北网，https://zezx.dbw.cn/system/2019/04/01/001324875.shtml，2025年3月28日访问。

③ 参见商务部研究院编：《共同梦想——“一带一路”故事丛书》，人民出版社2019年版，第38页。

为塔吉克斯坦能源独立的标志性工程。根据协议，特变电工以电站建设成本（约3.3亿美元）置换两座金矿的开采权，直至塔方偿还全部投资。若金矿储量不足，塔政府承诺追加其他矿区权益。两座金矿探明储量达64.7吨黄金，平均品位超2克/吨，潜在经济价值显著。① 该模式不仅解决了塔吉克斯坦能源短缺问题，还为中国企业获取稀缺资源提供新路径，体现了中塔在“一带一路”框架下的务实合作与共同发展愿景。

五、塔吉克斯坦矿产能源行业相关规制汇总

（一）项目投资

1.《投资法》

该法旨在规范塔吉克斯坦投资相关关系，明确投资激励的法律经济基础，保障投资者权利。涵盖投资基本概念、投资者保障、国家支持、投资者要求等多方面内容。

该法总则部分明确了投资、再投资、投资争端等概念（第1条）以及投资活动的对象与类型（第3条）。第二部分是关于投资和投资者权利的保障，包括平等对待保障（第4条）、法律保护保障（第5条）、其他保障（6—17条）。第三部分规定了国家对投资的支持（18—19条）。第四部分是对投资者的要求，包括投资者对法律的遵循和对劳动关系的认可（第20—21条）。最后，是关于争端解决条款，包括争端的解决途径（第22条）、法律责任（第23条）。

2.《外国投资法》

该法主要规定了外国在塔吉克斯坦投资的相关法律、经济和社会条件，旨在保障外国投资者权益，促进塔吉克斯坦的经济发展。

该法总则部分对投资的相关定义进行了规定（第1—3条）、规定了投资的方式和范围（第4—7条）。针对外国投资者的权利保障，该法主要体现了两个方面。一方面是关于税收与征收的保障（第8条）；另一方面是其他保障，主要包括费用支持、资金自由以及再投资保障（第9—11条）。对于外资企业的设立与运营，该法也有具体的规定（第12—29条）。同时，该法规定，外国投资者有权获取证券（第30—31条），有权获取土地和其他财产的使用权

① See Dirk van der Kley, The Full Story Behind China's Gold Mine-Power Plant Swap in Tajikistan, https://thediplomat.com/2018/04/the-full-story-behind-chinas-gold-mine-power-plant-swap-in-tajikistan/, (last visited on Mar. 21, 2025).

(第32—35条)。最后，是关于争端的解决条款，包括争端解决的途径（第36条)、国际协议优先规定（第37条)、自由贸易区的规定（第38—39条)。

(二) 项目许可

《特定活动许可法》主要涉及对特定类型的经济活动实施许可的规定，旨在确保这些活动符合国家安全、环境保护、社会利益等方面的要求。根据该法律，塔吉克斯坦政府对某些行业和活动设立了许可制度，经营者必须获得相应的许可证才能开展业务。许可证制度适用于多个领域，如建筑、矿产开采、医疗、教育等。该法确定了需要许可的活动类型，为从事某些活动的权利颁发许可证确立了法律依据，旨在确保符合标准和资格要求，以确保保护个人、社会和国家的利益和安全。许可是指与颁发许可证、重新颁发确认许可证可用性的文件、暂停和更新许可证、撤销许可证以及由许可机构控制被许可方在实施与许可要求、条款和条件相关的许可活动时遵守规定的活动。

许可的基本原则如下：①确保塔吉克斯坦共和国领土上经济空间的统一；②设立一个统一的持牌活动类型清单；③在塔吉克斯坦共和国境内建立统一的许可程序；④通过法规就某些类型活动的许可详情制定许可要求和条件；⑤许可的公开和公开性；⑥在实施许可时遵守合法性。授予许可证的活动类型只能由许可证持有人的法人实体或个体企业家进行。该许可证适用于塔吉克斯坦共和国全境。该法规定了颁发许可证的程序，并验证了向许可证颁发机构提交的文件清单。同时，该法规定下列活动应获得强制性许可：①经营爆炸性、火灾危险性、化学危险性生产设施；②石油、天然气、煤炭的开采、生产、开发以及石油和天然气网络设施的开采；③石油、天然气及其加工产品的储存和销售（为确保法人实体或个体企业家自身需求而进行特定活动的情况除外)；④工业安全专业知识；⑤工业爆炸物的制造、储存、分销、运输和使用；⑥电能的产生、传输和分配（除非为法人实体或个体企业家的自身需要而进行特定活动)；⑦与核能有关的所有作业；⑧大地测量和制图活动；⑨水文气象活动；⑩与放射性物质的进出口、生产、销售、使用、运输、储存、加工和处置有关的活动。

(三) 项目监管

《底土法》旨在确立地下资源研究、保护和使用的法律基础，规范相关领域关系。涵盖了地下资源的所有权、使用、管理、保护以及违规责任等多方面内容，是监管地下资源领域投资的主要依据。

该法总则部分，规定了底土的基础与定义（第1条)、所有权与国家基金

（第2—3条）、政府与地方权限（第5—6条）。在地下资源使用部分，规定了地下资源使用的类型与许可（第7—8条、11条）、地下资源的限制与使用者（第9—10条）以及对特殊情况的规定（第14—18条、20—22条）。在地下资源的有效利用与保护部分，规定了地下资源使用的基本要求与安全规定（第23—24条）、救援服务与企业管理（第25—27条）、信息管理与保护（28—35条）。该法还规定了国家对自然资源使用关系的监管，明确了监管的目标与行政管理（第36条），以及监督与内部控制两手抓的监管方式（38—42条）。关于地下资源使用的费用支付，该法也有明确，具体到高昂费用的收取对象、方式和用途（第43—48条）。同时，违反地下资源立法应当承担相应的责任，该法规定行为人对违法或侵权行为应当承担刑事、行政以及其他责任（第49—51条）。

（四）项目建设

1.《土地法》

该法涉及土地的所有权、使用、管理及其保护等方面的规定，目的是合理利用土地资源，保障土地所有者的权利，确保土地使用的可持续性。该法律共有7个部分，由52条组成，涉及以下事项：①总则（第1节，第1—6条）；②底土管理（第2节，第7—22条）；③合理利用和保护底土（第3节，第23—35条）；④国家底土管理法规（第4节，第36—42条）；⑤底土使用费（第5节，第43—48条）；⑥违反底土立法的责任（第6节，第49—51条）；⑦国际协议（第7节，第52条）。底土应为国家的专有财产，国家可以按固定期限或无限期占有授予特许权（第2条）。国家领土上的所有底土，包括使用和未使用的底土地块，均应构成底土的存量（第3条）。

2.《矿产资源法》

塔吉克斯坦的《矿产资源法》是规范其矿产资源开发、利用与保护的核心法律，共有七章。第一章一般规定，规定了该法的立法基础为塔吉克斯坦《宪法》，以及规定矿产资源的国家专有所有权。第二章是对矿产资源利用的规定，主要规定了矿业权的权利类型包括地质研究许可证和开采许可证，以及矿业权的授予程序即通过直接谈判或招标方式授予，外资需要符合国家安全和环保审查，贵金属等特殊矿种还需要进行额外审批。第三章是矿产资源的合理利用和保护。开发矿产资源需要遵循技术规范，防止资源浪费和环境污染，发现稀有矿产时需暂停作业并及时上报。企业需保障员工安全，设立矿山救援队，关闭矿山时需完成地质报告和生态修复。第四章是关于矿产资源利用关系的国家调整的规定。由政府统筹资源规划，协调区域开发，地方机关负责日常监督和纠纷处理；要制订技术标准，即制订地质研究、开采和安全作业标准，强制企业遵循环保和质量规范。第五章是矿产资源利用的费用支付相关规定。费用体系包括资源使用权费、地质研究补偿费等，亏损项目可申请减免；外资需按合同约定以货币、产品或服务形式支付费用，以保障国家收益。第六章规定了违反本法的责任。第七章是关于国际条约的规定。

3.《能源法》

这部法律旨在促进能源的高效使用、节能技术的开发与应用，提高全社会对能源节约和环境保护的意识。该法规范了节能和能源效率领域的社会关系，确定了燃料和能源资源和产品的使用程序。

节能是指合理利用和减少能源产生、转换、运输和消耗过程中的损失。替代燃料应被视为用于减少或替代较昂贵的主要燃料和能源资源以及稀缺能源类型的各种燃料（液化气、沼气、发电机气、生物质产品、水煤燃料等）。可再生能源应被视为持续存在的各种来源，与提取的燃料类型无关，这些燃料定期源自太阳能、风能、地热水、生物质和河流等。能源效率应被视为经济上合理的能源资源有效利用，同时考虑到现有设备和技术的发展程度，同时尊重环境保护的要求，实现燃料和能源资源的有效利用。

本法的效力适用于以下活动：①组织生产能源资源和产品，无论其组织和法律形式如何；②监测和促进能源资源和产品在采矿、生产、加工、储存、运输、转化、分配和消费过程中的有效利用；③开发和实施用于燃料和能源资源及产品的提取、生产、加工、储存、运输、转化、分配和消费的高效技术，以及高效类型的燃料和能源消耗设备和装置、计量装置、能源消耗的控制和调节；④公务员部门为监督和控制能源资源和产品、电力和热能以及供水系统的高效生产、生产、运输和使用而开展的活动；⑤将节能和能源效率与环境保护活动相结合；⑥为节约能源和能源效率提供财政、信息和人员支持；⑦节能设备、材料、建筑工地、车辆、其他耗能产品和设施的标准化和认证。本法适用于所有民用、工业、市政和国防用途的对象，以及供水系统，无论其组织和法律形式如何。节能和能源效率领域的法律规定应基于以下原则：①有效和合理地利用能源资源，同时考虑到生产、技术、环境和社会条件；②支持和鼓励使用节能和节能的技术、材料和设备；③节能和能源效率措施的一致性和复杂性；④规划节能和能源效率；⑤自然人和法人实体参与实施节能和能源效率措施。

本法共7章，分为32条。第一章是一般规定；第二章确立了政府和授权国家机构在节能和能源效率领域的能力；第三章涉及国家监管；第四章涉及节能和能源效率领域的信息提供；第五章涉及在节能和能源效率领域有公众参与和国家支持的组织的节能和能源效率；第六章涉及国家监督；第七章涉及可再生能源开发基金。

4.《环境保护法》

塔吉克斯坦《环境保护法》以宪法为基础，旨在通过严格规范经济活动、保障公民环境权益、强化国家监管及推动国际合作，实现生态保护与可持续发展。该法共十三章，确立了生态优先、科学决策、责任追究等原则，要求所有企业在选址、建设、运营中遵守环境质量标准，强制重大项目进行生态审查。通过税收优惠等经济激励和污染赔偿等惩罚措施平衡发展与保护，同时设立特别保护区维护生物多样性。法律规定公民有权成立环保组织，参与环保决策并监督执行，政府可通过教育与科研提升公众环保意识。法律明确了环境违法行为的法律责任，强调污染者需承担修复费用。该法最后，规定了经济活动要遵循国际环保原则，推动跨国合作并切实履行国际义务。

5.《环境影响评估法》

塔吉克斯坦《环境影响评估法》旨在通过规范经济活动对环境的潜在影响，保障生态安全与可持续发展。该法律明确规定所有可能对环境造成负面影响的项目（包括建设、改造、采矿等）必须进行环境影响评估，并将项目分为四类（A—D 类）实施差异化管理：A 类高风险项目需全面评估并提交政府审批，B 类中等风险项目需遵循最佳技术标准，C 类低风险项目仅需提交影响声明，D 类微小影响项目仅需合规性确认。评估流程涵盖选址审查、初步评估、全面分析及运营后监测四个阶段，要求开发者提供包含环境现状、技术方案、环保措施及公众意见的详细报告。法律强调预防优先、全程参与、公众透明和科学评估原则，规定政府机构、开发者及公众共同承担责任，未履行评估义务或违规者将面临法律追责。同时，公众有权参与评估过程并获取相关信息，确保决策透明与社会监督。

（五）项目运营

《产品分成协议法》主要规定了塔吉克斯坦共和国在签订、履行和终止产品分成协议（PSA）时，国家与投资者之间在地下资源使用、产品运输、加工、精炼、储存、使用、销售或处置等方面的关系。

在产品分成协议的签订、履行和终止过程中，主要涉及两大参与方。一方是塔吉克斯坦共和国政府（或其授权的国家机构），政府在其中承担着管理、监督和保障国家利益的重要职责；另一方则是投资者，包括外国投资者和本国投资者，他们为矿产开发带来了资金、技术和先进的管理经验。此外，该法律明确了多个监管机构，如塔吉克斯坦共和国政府、塔吉克斯坦共和国投资和国有资产管理国家委员会以及其他国家机构，这些机构共同协作，确保协议的执行符合国家利益和法律法规要求。

产品分成的具体规定是这部法律的核心内容之一。通常情况下，生产出的产品会依据产品分成协议在国家和投资者之间进行分配。在协议中，会详细确定产品的产量和成本，同时充分考虑标准工艺损失。为保障投资者的前期投入能够得到合理补偿，协议会明确补偿性产品的数量，并且规定这一数量不得超过总产量的70%。此外，还会明确产品分成的具体程序，包括投资者向国家转移产品或其货币等价物的方式，以及投资者获取自身应得产品份额的流程。在某些特殊情况下，依据矿床独特的地质和经济条件、技术设计参数以及可行性研究结果，产品分成协议可以规定其他的分成方式或货币等价物的确定程序。同时，投资者在执行协议工作过程中获取的初始地质、地球物理和化学信息以及矿物样本，其所有权归属于国家，这一规定确保了国家对关键资源信息的掌控。

为了吸引投资者积极参与矿产开发项目，该法律为投资者提供了一系列切实的保障措施。一方面，明确保障投资者依据产品分成协议获得的财产及其他各项权利，让投资者能够安心投入资金和技术；另一方面，对行政当局和地方政府的规范性法律行为进行限制，防止其随意出台限制投资者权利的规定。只有在为确保安全运营、保护矿产资源、维护环境和公众健康，以及保障公共和国家安全的情况下，监管国家机构发布的限制才具有效力。此外，该法律还包含其他重要规定。政府将批准需依据产品分成协议开发的矿产清单，尽管目前该清单尚未批准，但这一举措将进一步明确合作的资源范围。同时，为投资者提供特殊的税收制度和进口实施协议工作所需货物的特殊海关制度，这些优惠政策降低了投资者的运营成本，提高了投资项目的吸引力。

参考文献

一、著作

（1）《一带一路沿线国家法律风险防范指引》系列丛书编委会编：《一带一路沿线国家法律风险规范指引（塔吉克斯坦）》，中国财经出版传媒集团、经济科学出版社 2017 年版。

（2）本书编委会：《企业对外投资国别（地区）营商环境指南：塔吉克斯坦（2020）》，载中国国际贸易促进委员会网，http://www.ccpit.org/，2025 年 1 月 3 日访问。

（3）郭学兰：《中亚五国企业法律概论》，知识产权出版社 2013 年版。

（4）陈波：《中亚投资法律风险与典型案例》，中国法制出版社 2016 年版。

（5）李敬、雷俐、邓靖：《“一带一路”相关国家贸易投资关系研究》，经济日报出版社 2016 年版。

（6）郭学兰、邱天、买小芳：《中亚五国竞争法律制度研究》，九州出版社 2024 年版。

（7）王林彬等：《“丝绸之路经济带”框架下中国与中亚便利化及投资保护法律机制研究》，法律出版社 2023 年版。

（8）国家税务总局国际税务司国别（地区）投资税收指南课题组编：《中国居民赴塔吉克斯坦投资税收指南》（2022 年版）。

（9）马幸荣：《中亚五国税收法律概论》，知识产权出版社 2012 年版。

（10）刘晓红：《“一带一路”法律研究》，中国政法大学出版社 2021 年版。

（11）漆彤：《“一带一路”国际经贸法律问题研究》，高等教育出版社 2018 年版。

（12）孙力主编：《中亚国家发展报告（2017）》，社会科学文献出版社 2017 年版。

（13）石佑启等：《“一带一路”法律保障机制》，人民出版社 2016 年版。

（14）陈彤：《中亚经济法律问题研究论文集》，企业管理出版社 2014

年版。

（15）倪正茂、李晶：《走向法治的塔吉克斯坦》，法律出版社 2017 年版。

二、论文期刊

（1）初阔林、李洁：《“一带一路”视阈下中国与中亚交通互联的意涵、困境与策略》，载《理论月刊》2018 年第 11 期。

（2）穆沙江·努热吉、米克拉提·艾力西尔：《“一带一路”倡议下中国和塔吉克斯坦贸易现状》，载《宏观经济》2022 年第 4 期。

（3）依力米奴尔·努尔买买提、李全胜：《中国和塔吉克斯坦商品贸易互补性与竞争性研究》，载《商业经济》2024 年第 2 期。

（4）李佳：《中国新疆与塔吉克斯坦农产品贸易互补性及影响因素分析》，载《贸易经济》2025 年第 4 期。

（5）赵青松：《中国与塔吉克斯坦 20 年经贸合作发展回顾及前景展望》，载《新疆财经》2013 年第 3 期。

（6）穆沙江·努热吉、侯卓：《中国与塔吉克斯坦双边贸易演变及互补性分析》，载《北方经贸》2023 年第 7 期。

（7）何圆圆：《中亚转型国家塔吉克斯坦和乌兹别克斯坦比较研究：转型过程、宏观经济和农产品贸易》，载《兰州文理学院学报（社会科学版）》2018 年第 4 期。

（8）石静霞、董暖：《“一带一路”倡议下投资争端解决机制的构建》，载《武大国际法评论》2018 年第 2 期。

（9）李悦、杨殿中：《中国对中亚五国直接投资的现状、存在的问题及对策建议》，载《经济研究参考》2014 年第 21 期。

（10）唐宏等：《中亚五国能源产业发展及其对区域经济的影响》，载《干旱区地理》2014 年第 3 期。

（11）郑守瑛：《塔吉克斯坦投资法律制度研究》，新疆大学 2016 年硕士学位论文。

三、网络文献

（1）商务部对外投资和经济合作司等编：《对外投资合作国别（地区）指南：塔吉克斯坦》（2024 年版），载商务部“走出去”公共服务平台，https://www.mofcom.gov.cn/article/gbdqzn，2025 年 2 月 12 日访问。

（2）中国国际贸易促进委员会法律事务部、中国经济信息社编著：《“一带一路”国别法律研究（第三辑）：塔吉克斯坦》，新华出版社 2018 年版。

（3）《塔吉克斯坦国家概况》，载中国一带一路网，https://www.yidaiyilu.gov.cn/country/Tajikistan。

（4）《塔吉克斯坦国家概况》，载中华人民共和国外交部网，https://www.mfa.gov.cn/web/gjhdq_676201/gj_676203/yz_676205/1206_676908/1206x0_676910/。

（5）《塔吉克斯坦民间习俗》，载中华人民共和国商务部网，http：//tj.mofcom.gov.cn/tggk/art/2015/art_1fbc0ed069cd4d94aaddd4fdf093fef4.html。

（6）《塔吉克斯坦的气候条件》，载中华人民共和国商务部网，https://tj.mofcom.gov.cn/tggk/art/2016/art_ac7725c5f66e42daa1ad946f7fd4d7f0.html。

（7）zhuoerbufanlaol：《塔吉克斯坦税收法律制度背景介绍》，载微信公众号“行走中亚”，2022年4月14日。

（8）《塔下议院审议通过塔吉克斯坦共和国〈税法典〉修正案》，载驻塔吉克斯坦共和国大使馆经济商务处，https://tj.mofcom.gov.cn/jmxw/art/2021/art_e06f8b3430ce478b8c17bb3e5bc1719b.html。

（9）《“一带一路”税收征管合作机制开展第七次税务部门主题日活动》，载国家税务总局，http：//www.chinatax.gov.cn/chinatax/n810219/n810744/n1671176/n3465625/c5232228/content.html。

（10）《塔吉克斯坦部分进口商品需进行电子编码》，载驻塔吉克斯坦共和国大使馆经济商务，https://tj.mofcom.gov.cn/jmxw/art/2025/art_ea8daf1c9a454530a69ce9adbafdb867.html。

（11）《塔国家银行：新税法带来政策性利好》，载驻塔吉克斯坦共和国大使馆经济商务处，https://tj.mofcom.gov.cn/jmxw/art/2022/art_66e5c978b195456f80dce2a77419c172.html。

（12）《塔预算收入中税收收入减少》，载驻塔吉克斯坦共和国大使馆经济商务处，https://tj.mofcom.gov.cn/jmxw/art/2022/art_2b4e571ebd43474bb5df77d7913fe6bd.html。

（13）赵乐、牛丽贤：《塔吉克斯坦新税法提高资源税率》，载微信公众号“牛博士矿业与金融观察”，2022年1月11日。

（14）Ruin：《塔吉克斯坦已从“谷歌税”中获得了超过350万索莫尼》，载微信公众号“走进塔吉克”，2022年8月16日。

（15）《哈萨克斯坦自2022年起对外国互联网公司开征增值税》，载驻哈萨克斯坦共和国大使馆经济商务处，https://kz.mofcom.gov.cn/jmxw/art/2021/art_7a0e9aeb4cc24f32ab5911036a243806.html。

（16）zhuoerbufanlaol：《塔吉克斯坦〈税法典〉中的56个基本概念》，载微信公众号“行走中亚”，2022 年 11 月 7 日。

(17)《塔吉克斯坦推出鼓励科技创新等一揽子改革举措》，载国家税务总局，https://www.chinatax.gov.cn/chinatax/c102680/c5239187/content.html。

(18)《塔吉克斯坦对独联体国家贸易额同比增长 19.5%》，载顺企网，https://blog.11467.com/b9538105.htm。

(19)《塔吉克斯坦贸易差额为负数，高达 24 亿美元》，载每日经济网，https://cn.dailyeconomic.com/2024/08/20/106929.html。

(20)《塔吉克斯坦共和国出口管制法》，载一带一路法治地图网，https://qhsk.sz.gov.cn/qhbr/law/detail/408。

(21)《塔吉克斯坦共和国国际商事仲裁法》，载一带一路法治地图网，https://qhsk.sz.gov.cn/qhbr/law/detail/322。

(22)《中亚五国投资指南土库曼斯坦（基础设施状况）》，载亚欧商务网，http：//www.cniru.org/hybg/1570.html。

(23)《塔吉克斯坦贸易差额为负数，高达 24 亿美元》，载每日经济网，https://cn.dailyeconomic.com/2024/08/20/106929.html。